BLAUE REIHE

Aus der BLAUEN REIHE empfehlen wir:

Personalmanagement in Sozialunternehmen
978-3-8029-5489-4

Konflikt-Coaching und Verhandlungsführung
978-3-8029-5438-2

Digitale Arbeitswelten von helfenden Berufen
978-3-8029-5490-0

Wie die Anwerbung von ausländischen Fachkräften gut gelingen kann
978-3-8029-5476-4

Brigitta Nöbauer

PERSONAL-ENTWICKLUNG IN SOZIALUNTERNEHMEN

Einflussfaktoren – Handlungsfelder – Konzepte – Strategien – Ziele

WALHALLA

Bibliografische Information der Deutschen Nationalbibliothek
Die Deutsche Nationalbibliothek verzeichnet diese Publikation in der Deutschen Nationalbibliografie; detaillierte bibliografische Daten sind im Internet über http://dnb.dnb.de abrufbar.

Zitiervorschlag:
Nöbauer, B. (2019): Personalentwicklung in Sozialunternehmen
Walhalla Fachverlag, Regensburg

Herausgeber der BLAUEN REIHE sind:

- Prof. Dr. Paul Brandl, Fachhochschule Oberösterreich
- Prof. Dr. Astrid Herold-Majumdar, Hochschule für angewandte Wissenschaften München
- Prof. Dr. Thomas Prinz, Fachhochschule Oberösterreich
- Prof. Dr. Klaus Schellberg, Evangelische Hochschule Nürnberg
- Prof. Dr. Armin Schneider, Hochschule Koblenz

Weitere Infos zum Herausgeber-Team und zur BLAUEN REIHE finden Sie unter: www.fokus-sozialmanagement.de

Produktion: Walhalla Fachverlag, 93042 Regensburg
Umschlaggestaltung: grubergrafik, Augsburg
Printed in Germany
ISBN 978-3-8029-5487-0

SBL-SDK-1119-26424-POD

Gesamtinhaltsverzeichnis

Tabellenverzeichnis

Abbildungsverzeichnis

Abkürzungsverzeichnis

Abb.	Abbildung
bzw.	beziehungsweise
ebd.	ebenda – Zitat aus der gleichen Quelle wie das vorherige Zitat
et al.	(lat.) und andere – bei Verwendung von mehr als drei Autoren
f.	folgende
FAQ	(engl.) Frequently Asked Questions, häufig gestellte Fragen
ff.	fortfolgende
ggf.	gegebenenfalls
HR	Human Resources
i. S.	im Sinne
i. w. S.	im weiteren Sinn
IT	Infomationstechnologie
Kap.	Kapitel
LKI	Lernkulturinventar
LTSI	Lerntransfer-Inventar
MA	Mitarbeiter, Mitarbeiterin
o. J.	ohne Jahresangabe (Veröffentlichungsjahr)
PE	Personalentwicklung
SGB	Sozialgesetzbuch
SGB XI	Sozialgesetzbuch Elftes Buch – Soziale Pflegeversicherung
s.	siehe
Tab.	Tabelle
u. a.	unter Anderem
u. U.	unter Umständen
usw.	und so weiter
vs.	versus
z. B.	zum Beispiel

Vorwort

Die personalbezogenen Rahmenbedingungen in der Sozialwirtschaft haben sich im letzten Jahrzehnt gravierend verändert – folgende Herausforderungen beschäftigen die Führungskräfte und Personalverantwortlichen:

- Der Fachkräftemangel erzwingt kreative Lösungen zur Nachbesetzung freier Stellen.
- Neue Mitarbeitende sollen mit minimalem Ressourcenaufwand so rasch wie möglich als vollwertige Organisationsmitglieder einsetzbar sein.
- Ausbildungsreformen, neue Berufsbilder oder der Einsatz technischer Unterstützungssysteme stoßen Veränderungen in der Aufgabenverteilung bzw. in den Prozessen an.
- Mitarbeitende müssen für neue Organisationsformen mit mehr Selbststeuerung („agile Organisation“) befähigt werden.
- Sie erwarten berufliche Perspektiven, um in der Organisation zu bleiben.
- Ältere Mitarbeitende sollen bis zum Übergang in den Ruhestand gesund und engagiert arbeiten können.
- Jüngere Mitarbeitende bringen bisher nicht gekannte Vorstellungen von Arbeiten und beruflicher Entwicklung in die Organisationen mit.
- Führungskräfte müssen ihre Organisation durch Veränderungen navigieren und mehr Entwickler und Manager als gute Fachkräfte sein.

Alle diese Themen tangieren die Personalentwicklung direkt oder indirekt. Statt Bildungsprogramme zu verwalten, muss Personalentwicklung in der Organisation wirksam werden, d. h. aktiv bei der Umsetzung der Ziele und Herausforderungen unterstützen. Dazu braucht es ein solides Repertoire an Instrumenten und Maßnahmen, die Nähe zum „Kerngeschäft“ der Organisation und ein Verständnis für die eigene Rolle sowie für die Möglichkeiten, sich in der Organisation einzubringen.

Entsprechend ist dieses Buch aufgebaut:

In Teil 1 „Personalentwicklung in der Sozialwirtschaft“ wird ein Grundverständnis dieses Handlungsfeldes hergestellt, zudem werden die Besonderheiten von Personalentwicklung in der Sozialwirtschaft beschrieben und daraus wesentliche Eckpunkte für Personalentwicklung in sozialwirtschaftlichen Organisationen abgeleitet. Dieses Kapitel stellt sozusagen das ‚Fundament‘ dar.

Teil 2 „Handlungsfelder der Personalentwicklung entlang des betrieblichen Lebenszyklus“ stellt bildlich gesprochen das ‚Gerüst der Personalentwicklung‘ auf das Fundament. Er beschreibt die einzelnen Aufgabenbereiche der Personalentwicklung von der Integration neuer Mitarbeitender bis zur Begleitung beim Übergang in den Ruhestand. Dazu werden entsprechende zeitgemäße Instrumente beschrieben. Wichtig war mir, jedes Handlungsfeld mit psychologischen Hintergründen zu untermauern um den Lesern Anhaltspunkte für die Gestaltung des jeweiligen Handlungsfeldes zu geben. Die Schwerpunkte orientieren sich speziell an den Herausforderungen, Rahmenbedingungen und Möglichkeiten in der Sozialwirtschaft.

Wenn in Teil 1 und 2 dieses Bandes von Personalentwicklung die Rede ist, sind neben Personalentwicklungsexperten vor allem Führungskräfte angesprochen. Sie sind die eigentlich Hauptverantwortlichen für Personalentwicklung. Zielgruppe dieser Kapitel sind daher sowohl (angehende) Führungskräfte wie auch Personen, die in einer Personalentwicklungsabteilung Fuß fassen möchten oder dies bereits getan haben.

Teil 3 „Strategische Aspekte und Perspektiven für Personalentwicklung in der Sozialwirtschaft" nimmt in erster Linie die Perspektive von Personalentwicklungsexperten ein. Das Kapitel ist der Entwicklung und Umsetzung eines strategieorientierten Gesamtkonzepts gewidmet, das die Teilprozesse und Instrumente integriert und an den strategischen Organisationszielen ausrichtet. Dieser Gesamtblick hat gerade für die Sozialwirtschaft eine hohe Relevanz, weil in der Praxis häufig Einzelinstrumente ohne Bezug zueinander eingesetzt werden. Besonders erfolgsrelevant ist die Fähigkeit von Personalentwicklern, sich ins betriebliche Geschehen ‚einzufädeln', Nähe zu den Fachbereichen zu haben, ihre Sprache zu sprechen, einerseits Dienstleister zu sein und ihre Bedarfe zu erkennen, aber auch Notwendigkeiten zu platzieren, für die weniger Begeisterung vorhanden ist. Diesem Aspekt wird ebenfalls in Teil 3 Rechnung getragen, da er in der Fachliteratur kaum thematisiert wird. Schließlich werden auch aktuelle Trends in der Personalentwicklung, wie informelle bzw. digitale Lernformen sowie Kompetenzmanagement angesprochen.

Der Anspruch dieses Buches ist, eine fundierte Grundlage auf Basis aktueller Literatur zu Personalentwicklung anzubieten, dabei aber besonders auf die ‚neuralgischen Punkte' der Personalentwicklung in Sozialorganisationen einzugehen. Dazu wurde ein betriebswirtschaftlicher Zugang gewählt, angereichert mit Erkenntnissen der Psychologie, wo es für die Gestaltung von Prozessen und Instrumenten unterstützend ist. Darüber hinaus war mir wichtig, die Erläuterungen mit kurzen Beispielen aus der Praxis zu illustrieren, wo es für das Verständnis hilfreich sein kann. Die Beispiele wurden anonymisiert, außer wenn authentisches und genehmigtes Material verwendet wurde. In diesem Zusammenhang bedanke ich mich bei allen Verantwortlichen aus Sozialorganisationen, die mir Einblick in ihre Personalentwicklungsarbeit ermöglicht, ihre Erfahrungen oder sogar Unterlagen zur Verfügung gestellt haben.

In diesem Buch wurde versucht, möglichst geschlechtsneutral zu formulieren. Wo dies nicht möglich war, wird oft die männliche Schreibweise verwendet. Selbstverständlich sind aber immer beide Geschlechter gemeint.

Brigitta Nöbauer *Linz, September 2019*

Teil 1: Personalentwicklung in der Sozialwirtschaft

In diesem Teil erfahren Sie, ...

... was Personalentwicklung charakterisiert

... welche verschiedenen Auffassungen von Personalentwicklung es in der Wissenschaft gibt

... wie Personalentwicklung in diesem Band verstanden wird

... was die speziellen Rahmenbedingungen von Personalentwicklung in der Sozialwirtschaft sind

... an welchen Eckpunkten sich Personalentwicklung in der Sozialwirtschaft orientieren kann

1. Personalentwicklung als Handlungsfeld im Personalmanagement

Personalentwicklung (PE) ist ein Teilgebiet des Personalmanagements. Aus personalwirtschaftlicher Sicht soll sie Mitarbeitende befähigen, ihren Beitrag zur Verwirklichung der Unternehmensziele so effektiv wie möglich zu erbringen.

1.1 Charakteristika von Personalentwicklung

Folgende Elemente charakterisieren Personalentwicklung und grenzen sie von anderen Formen der Qualifizierung ab. Manchmal ist die Grenze aber nicht ganz eindeutig zu ziehen.

- **Entwicklung ‚des Personals':** Personalentwicklung wird von einer Organisation für ihre Mitarbeitenden und Führungskräfte initiiert. Wenn sich Personen privat fortbilden oder z. B. an arbeitsmarktpolitischen Maßnahmen teilnehmen, wird nicht von Personalentwicklung gesprochen.

  Offen ist, ob auch Leistungserbringer eingeschlossen sind, die nicht auf Basis eines Arbeitsvertrages für die Organisation tätig sind wie z. B. Ehrenamtliche oder Personen, die einen Bundesfreiwilligendienst leisten. Aufgrund ihrer Bedeutung im Sozialbereich ist es naheliegend, diese Gruppen mit einzuschließen.

- **Berufliche Kompetenzen:** Es sollen aktuelle oder künftige berufsrelevante Wissensbestände, Fähigkeiten und Verhaltensweisen entwickelt werden. In der neueren Literatur wird häufig auch von „Kompetenzen" oder „beruflichen Handlungskompetenzen" (s. Kap. 12.2) gesprochen. Was als ‚berufsrelevant' gilt, ist allerdings nicht immer eindeutig abzugrenzen, besonders bei methodischen und sozialen Kompetenzen.

- **Systematisch:** Personalentwicklung liegt vor, wenn die Qualifizierung geplant und gezielt gestaltet wird. Solga (2008, 22) sieht Personalentwicklung als „Förderung im Sinne des Arrangierens formaler Lernumwelten". Damit wird sie einerseits von zufälligen und ungeplant stattfindenden Sozialisations- und Lernprozessen („informelle Lernumwelten", z. B. Lernen durch Fehler), aber auch von Ad-hoc-Maßnahmen zum Schließen von Qualifikationsdefiziten abgegrenzt. Die Forderung nach systematischem Vorgehen wird auch durch die sechs Schritte des „Personalentwicklungs-Zyklus" sichergestellt (s. Kap. 3.3). Er beschreibt aufeinander aufbauende Phasen – von einer Bedarfsanalyse bis zur Evaluierung und dem Lerntransfer. Neuere Lernkonzepte (s. Kap. 11) setzen immer stärker auf informelles Lernen. Das bedeutet, dass sich Mitarbeiter aufgrund von Maßnahmen entwickeln, die institutionell nicht verankert und somit außerhalb des Wirkungsbereichs einer formalen Personalentwicklung angesiedelt sind.

- **Längerfristig:** Nicht nur aktuelle Anforderungen oder Defizite von Mitarbeitenden werden bearbeitet (defizitorientierte oder reaktive PE), sondern das Personal soll auch auf künftige Anforderungen vorbereitet werden (proaktive PE), etwa auf technologische Neuerungen oder neue Dienstleistungen.

  ‚Längerfristig' bedeutet auch, dass Personalentwicklung Mitarbeitende in ihrem beruflichen Werdegang begleitet und fördert. Entsprechend kann zwischen berufsvorbereitender (z. B. Lehrausbildung, Praktikantenbegleitung), berufsbegleitender (z. B. Einarbeitung neuer Mitarbeiter, Qualifizierung für Aufstieg) und berufsverändernder Personalentwicklung (z. B. Umschulung) unterschieden werden (Mentzel 2018, 7 ff.).

- **(Alle) Aktivitäten einer Organisation:** ‚Alle Aktivitäten' betont, dass das Repertoire an PE-Maßnahmen sehr umfassend ist. Zur Personalentwicklung gehören nicht nur viele Qualifizierungsformen – vom Seminar über E-Learning bis zur Qualifizierung direkt am Arbeitsplatz, sondern auch verschiedene Methoden zur Planung, Erfolgskontrolle und Transfersicherung.

Allerdings unterscheiden sich in der Literatur die Auffassungen, welche Aktivitäten zu Personalentwicklung gehören. Daher werden im folgenden Kapitel die wesentlichen Begriffsverständnisse ausführlicher dargestellt – auch mit dem Ziel, das Verständnis von Personalentwicklung zu klären, das diesem Band zugrunde liegt.

1.2 Auffassungen von Personalentwicklung in der Wissenschaft

Grundsätzlich muss es das Ziel personalwirtschaftlicher Aktivitäten sein, die Voraussetzungen für kompetentes berufliches Handeln zu schaffen. Dieses hängt von individuellen Voraussetzungen (Handlungskompetenz) und den Rahmenbedingungen (situative Faktoren) ab.

Handlungskompetenzen

Personalentwicklung zielt primär auf die **individuelle Handlungskompetenz** der Mitarbeitenden (Becker 2013, 87). Diese ergibt sich aus dem Können der Mitarbeitenden und ihrer Motivation.

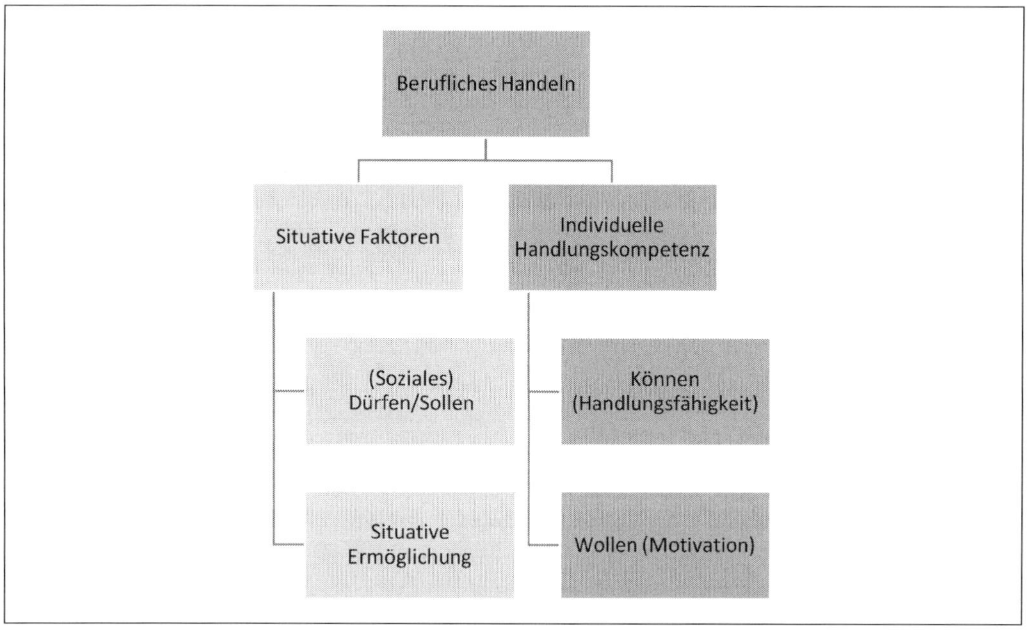

Abb. 1: Einflussgrößen auf menschliches Handeln, in Anlehnung an Rosenstiel 2007, Becker 2013

Situative Bedingungen

Neben der individuellen Handlungskompetenz sind aber auch die situativen Bedingungen wesentlich, unter denen es stattfindet:

- Das Soziale Dürfen/Sollen beschreibt, inwiefern Mitarbeitende Klarheit über ihre Befugnisse und an sie gerichtete Erwartungen haben. Diese Klarheit wird einerseits in persönlichen Gesprächen (z. B. Mitarbeitergespräche), aber auch durch Stellen-/Prozessbeschreibungen, Richtlinien, Handbücher, Zielvereinbarungen usw. hergestellt.
- Die situative Ermöglichung beschreibt Rahmenbedingungen seitens der Organisation, die gegeben sein müssen, um Handlungen hervorbringen zu können, z. B. die entsprechende Zeit oder Arbeitsmittel, entsprechend gestaltete Prozesse.

Die Gestaltung der Umgebungsfaktoren liegt in erster Linie in der Zuständigkeit der Führungskräfte bzw. der Arbeitsorganisation, ist aber durchaus auch Gegenstand der Personalentwicklung. Die Integration neuer Mitarbeitender zielt z. B. ganz wesentlich auf eine Orientierung hinsichtlich folgender Fragen: Welche Befugnisse sind mit der Funktion verbunden? Wie laufen Prozesse in der Organisation ab? An wen müssen Informationen weitergegeben werden?

Die folgenden drei Ansätze der Personalentwicklung beziehen jeweils unterschiedliche Faktoren in die Betrachtung mit ein und unterscheiden sich daher in ihrem Umfang.

1.2.1 Personalentwicklung als Förderung der Mitarbeiterqualifikationen entlang ihrer beruflichen Laufbahn

Qualifikationsvermittlung

Für Mentzel besteht die Hauptaufgabe der Personalentwicklung darin, den Mitarbeitenden die erforderlichen **Qualifikationen** zu vermitteln. Die identifizierten Fähigkeiten und Neigungen der Mitarbeitenden müssen mit den Erfordernissen der Arbeitsplätze in Übereinstimmung gebracht werden. Er definiert Personalentwicklung wie folgt:

„Personalentwicklung bedeutet eine systematische Förderung und Weiterbildung der Mitarbeiter. Dazu zählen sämtliche Maßnahmen, die der individuellen beruflichen Entwicklung der Mitarbeiter dienen und ihnen unter Beachtung ihrer persönlichen Interessen, die zur Durchführung ihrer Aufgaben erforderlichen Qualifikationen vermitteln." (Mentzel 2018, 2)

Er sieht die **einzelnen Mitarbeitenden als Adressaten der Personalentwicklung**, unterscheidet aber entlang ihres Berufslebens folgende Bereiche der Personalentwicklung:

- **Berufsvorbereitende Personalentwicklung** umfasst alle Bildungsmaßnahmen, die dem erstmaligen Einsatz in einer beruflichen Tätigkeit dienen. Er zählt dazu die Berufsausbildung, die Betreuung von Praktikanten, die Einarbeitung von Anlernlingen oder die Einführung von Hochschulabsolventen.
- **Berufsbegleitende Personalentwicklung** spricht Mitarbeitende im Berufsleben an, die bereits ein gewisses Maß an Berufserfahrung besitzen. Sie umfasst sowohl Anpassungs- als auch Aufstiegsqualifikation. Dazu gehört u. a. die Einarbeitung neuer Mitarbeitender, die bereits in anderen Unternehmen tätig waren, die Anpassung der Qualifikationen an veränderte Gegebenheiten bzw. die Vorbereitung von Mitarbeitenden auf höherwertige Positionen.
- **Berufsverändernde Personalentwicklung** spricht ebenso berufserfahrene Mitarbeitende an, umfasst aber verschiedene Maßnahmen der Umschulung bzw. Rehabilitation, um nach Veränderungen in der körperlichen oder psychischen Verfasstheit entsprechende Tätigkeiten wahrnehmen zu können.

Damit bezieht er den gesamten Berufsverlauf mit allen möglichen Ereignissen und Entwicklungen mit ein. Mentzel legt also den Fokus auf die Entwicklung der arbeitsplatzrelevanten Qualifikationen der Mitarbeitenden (Können).

1.2.2 Personalentwicklung als Gestalter der personellen und organisationalen Voraussetzungen zum Erreichen der Unternehmensziele

Unternehmensziele

Becker eröffnet die Begriffsbestimmung mit der Frage nach dem ‚Wozu' der Personalentwicklung. Personalentwicklung leitet ihren Auftrag aus den Unternehmenszielen ab. Sein umfassendes Verständnis von Personalentwicklung beinhaltet **(Weiter-)Bildung,** aber auch **Fördermaßnahmen** für die Mitarbeitenden und die **Organisationsentwicklung**.

„Personalentwicklung umfasst alle Maßnahmen der Bildung, der Förderung und der Organisationsentwicklung, die von einer Person oder Organisation zur Erreichung spezieller Zwecke zielgerichtet, systematisch und methodisch geplant, realisiert und evaluiert werden." (Becker 2013, 5)

Die folgende Tabelle stellt diese drei Säulen der Personalentwicklung mit dazugehörigen Gestaltungsfeldern dar: *Drei Säulen*

Bildung	Förderung	Organisationsentwicklung
Berufsausbildung inkl. duale Hochschulausbildung	Stellenbündel	Teamentwicklung
Fachhochschul- und Hochschulausbildung	Auswahl und Einarbeitung	Projektarbeit
Berufliche und allgemeine Weiterbildung	Arbeitsplatzwechsel	Sozio-technische Systemgestaltung
Führungskräfte- und Führungsnachwuchskräftebildung	Auslandseinsatz	Gruppenarbeit
Arbeitsplatznahes und arbeitsintegriertes systematisches Anlernen	Nachfolge- und Karriereplanung	Change Management
Umschulung	Strukturiertes Mitarbeitergespräch	Großgruppenveranstaltungen
	Systematische Entwicklungsberatung	Fachliche Netzwerke und soziale Netzwerke
	Peer Supervision, kollegiale Beratung	Events und Kulturveranstaltungen
	Coaching, Mentoring	Betriebsfeiern, Newsletter und Betriebszeitungen
	Supervision	
PE im engen Sinn = Bildung	PE im erweiterten Sinn = Bildung und Förderung	PE im weiteren Sinn = Bildung + Förderung + Organisationsentwicklung

Tab. 1: Inhalte von Personalentwicklung, Becker 2013, 4

Bildung beschreibt als Überbegriff alle Maßnahmen um benötigte Qualifikationen und Kompetenzen bei den Mitarbeitenden zu entwickeln. *Bildung*

Fördermaßnahmen dienen der Stabilisierung der Arbeits- und Beschäftigungsfähigkeit und/oder der Vorbereitung auf weitere Schritte in der beruflichen Entwicklung. Dabei geht es um das Bestimmen von Anforderungen, Auswahl und Einarbeitung, Leistungs- und Verhaltensbeurteilung. Thema sind aber auch Karrierewege, Coaching, Mentoring, *Förderung*

Stellvertretung und Laufbahnplanung. Förderinstrumente sind auch Rückkehrgespräche nach längeren Abwesenheiten, Maßnahmen der Integration (z. B. Migrationshintergrund, Jugendliche mit sozialen/schulischen Defiziten), die Eingliederung nach Elternkarenz oder -teilzeit (Österreich) bzw. Elternzeit (Deutschland), Vorbereitung/Betreuung bei Auslandseinsätzen sowie systematische Entwicklungsberatung. Obwohl der Förderbegriff bei Becker sehr weit gefasst ist, sind Bildung und Förderung mit der Auffassung von Mentzel zu vergleichen.

Organisationsentwicklung

Charakteristisch für die Sichtweise Beckers ist, dass er auch die Organisationsentwicklung als Teil der Personalentwicklung betrachtet.

Organisationsentwicklung ist für Becker ein „dauerhafter, managementgeleiteter zielbezogener Prozess der Veränderung von Strukturen, Prozessen, Personen und Beziehungen, die eine Organisation systematisch plant, realisiert und evaluiert." (Becker 2013, 722)

Er begründet die Integration der Organisationsentwicklung damit, dass zunehmende Dynamik, Komplexität und Unsicherheit kontinuierliche Reorganisationsmaßnahmen erfordern, deren erfolgreiche Umsetzung wesentlich vom Lernwillen und der Lernfähigkeit von Individuen und Gruppen abhängt. Organisationsveränderungen stoßen also Lernen an.

Organisationsentwicklungsmaßnahmen schaffen aber gleichzeitig auch die strukturellen, prozessualen und personalbezogenen Voraussetzungen für Lernen. Hier schließt sich der Kreis zum dargestellten Modell beruflicher Handlungskompetenz, da durch die Organisationsentwicklung auch an den situativen Bedingungen beruflichen Handelns gearbeitet wird.

1.2.3 Personalentwicklung als Absichern der personellen Ressourcen einer Organisation

Personelle Ressourcen sichern

Inhaltlich noch umfassender als Becker verstehen manche Autoren Personalentwicklung allgemein als Bündel von Maßnahmen, um geeignete Mitarbeitende zu gewinnen, ihre Arbeitsfähigkeit zu sichern und sie im Unternehmen zu halten. Personalentwicklung beinhaltet in dieser Sichtweise neben der Qualifizierung auch Personalsuche und -auswahl, Maßnahmen des betrieblichen Gesundheitsmanagements und die Förderung des Betriebsklimas (z. B. Tewes/Stockinger 2014, 4). Speziell im Gesundheits- und Sozialbereich wird der Personalentwicklungsbegriff häufig in diesem umfassenden Verständnis verwendet.

Loffing/Geise (2005, 22) beschreiben Personalentwicklung im Kontext von Pflegeeinrichtungen wie folgt: „Vereinfacht kann man die grundsätzliche Zielsetzung der Personalentwicklung als Umsetzung der Unternehmensstrategie auf Personalseite zusammenfassen." Personalentwicklung verfolgt demnach neben dem Ziel der Qualifizierung der Mitarbeitenden u. a.: Schaffen von Leistungsanreizen zur Förderung wirtschaftlichen Denkens, Erhöhen der Mitarbeiterzufriedenheit, langfristige Bindung der Mitarbeitenden, Reduktion der Kosten durch innere Kündigung, Bildung oder Förderung einer positiven Unternehmenskultur."

Auch hier wird Personalentwicklung für die Gestaltung der situativen Rahmenbedingungen (Leistungsanreize, Unternehmenskultur) zuständig erklärt. Personalentwicklung umfasst alle Aktivitäten, durch die leistungsfähiges und leistungsbereites Personal in der benötigten Menge vorhanden ist. In dieser weiten Definition verschwimmen die Begriffe Personalentwicklung und Personalmanagement.

1.3 Das Begriffsverständnis von Personalentwicklung in diesem Band

Das Verständnis von Personalentwicklung, das diesem Band zugrunde liegt, kann wie folgt zusammengefasst werden:

Definition Personalentwicklung

Personalentwicklung wird als eine Teilfunktion des Personalmanagements verstanden und umfasst die Gesamtheit aller Aktivitäten und Instrumente, die der zielgerichteten und systematischen Förderung von arbeitsbezogenen Kompetenzen und Einstellungen aller Mitarbeitergruppen einer Organisation (Funktionen, Organisationseinheiten, Teams) dienen. Die Maßnahmen werden so ausgewählt und gestaltet, dass sie das Erreichen der Organisationsziele unterstützen und Mitarbeitende entlang ihres betrieblichen Lebenszyklus begleiten.

Mit Bezug auf die drei Säulen der Personalentwicklung nach Becker (2013) (s. Tab. 1) umfasst sie in diesem Buch die Bildung und Förderung, und zwar auf der individuellen und interpersonalen Ebene (z. B. bezogen auf Arbeitsteams). Die Organisationsentwicklung ist kein explizites Thema, obwohl immer wieder Überschneidungsbereiche angesprochen werden.

Beispiel:

Neue Ausbildungen bzw. Berufsbilder haben in den letzten Jahren in vielen Sozialorganisationen eine Neuordnung der Arbeitsteilung und die Neugestaltung von Prozessen angestoßen.

Umgekehrt führt eine verstärkte Selbstorganisation, wie sie derzeit teilweise in ambulanten Diensten implementiert wird (‚agile Organisation'), zu Entwicklungsnotwendigkeiten in den Teams bzw. bei den Führungskräften (s. Kap. 10.2 und das dort vorgestellte Buurtzorg-Modell).

Überschneidung mit Wissensmanagement

Weitere Überschneidungen existieren zwischen Personalentwicklung und Wissensmanagement. Eine grobe Abgrenzung liegt darin, dass das zentrale Thema der Personalentwicklung der individuelle Kompetenzerwerb (individuelles Lernen), das zentrale Thema des Wissensmanagements das Generieren, Verfügbar-Machen und Nutzen von Wissen in der und für die Organisation ist (organisationales Lernen) (Willke 2001, Müller-Vorbrüggen/Radel 2016). Dabei spielt u. a. das Erschließen von individuellem Wissen für die Organisation eine spezielle Rolle. Ein wichtiger Anlass ist dabei der Wissensübergang beim Ausscheiden von Mitarbeitenden, der sowohl im Wissensmanagement als auch in der Personalentwicklung bearbeitet wird. Umgekehrt kann die Integration neuer Mitarbeitender als das Nutzen der organisationalen Wissensbasis für individuelles Lernen verstanden werden.

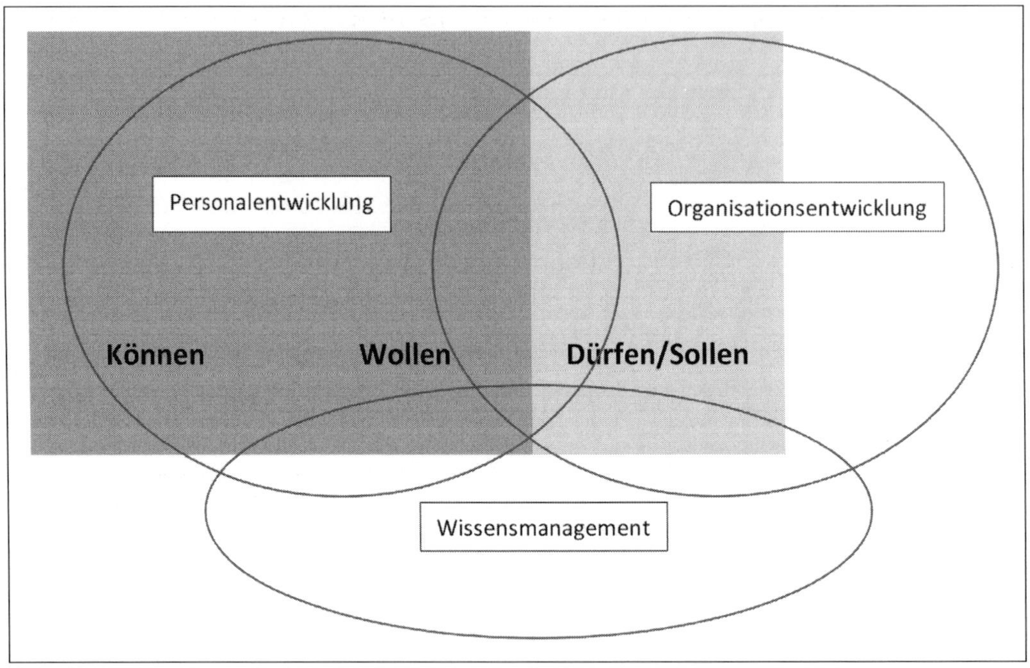

Abb. 2: Beziehung zwischen Personalentwicklung, Organisationsentwicklung und Wissensmanagement

Personalentwicklung in diesem Band kann also durch folgende Merkmale charakterisiert werden:

- Zielgerichtete und systematische Aktivität
- Förderung von arbeitsbezogenen Kompetenzen und Einstellungen
- Zielgruppen sind Einzelpersonen und Gruppen/Teams
- Maßnahmen vom Eintritt der Mitarbeitenden bis zu ihrem Austritt
- Wechselwirkungen zur Organisationsentwicklung und zum Wissensmanagement

In diesem Band wird davon ausgegangen, dass sich das Grundverständnis von Personalentwicklung, die Handlungsfelder und verwendeten Instrumente in der Sozialwirtschaft nicht von anderen Branchen unterscheiden. Allerdings ergeben sich spezielle Notwendigkeiten und Schwerpunkte für soziale Unternehmen, die im folgenden Kapitel skizziert werden.

2. Rahmenbedingungen für eine zeitgemäße Ausgestaltung der Personalentwicklung in der Sozialwirtschaft

Die Herausforderungen und Schwerpunkte von Personalentwicklung in der Sozialwirtschaft können als Produkt folgender Einflussfaktoren betrachtet werden: *Einflussfaktoren, Rahmenbedingungen*

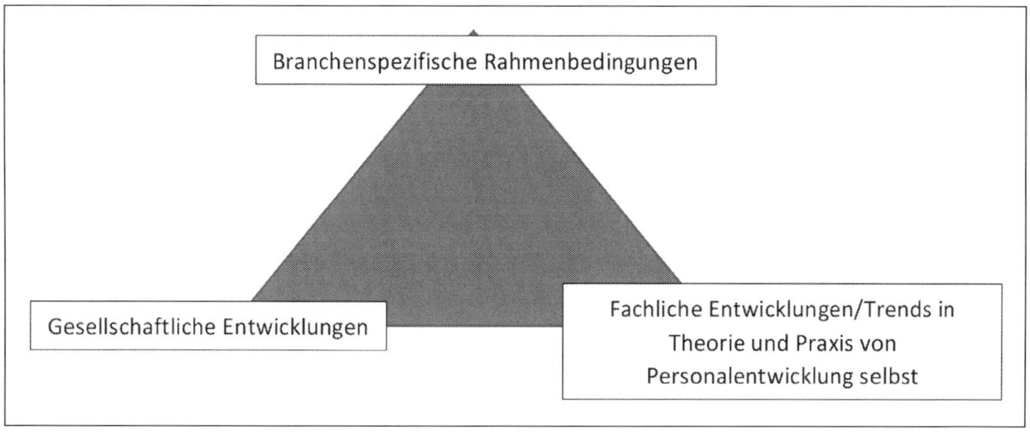

Abb. 3: Einflussfaktoren auf Personalentwicklung in der Sozialwirtschaft

Spezielle branchenbezogene Rahmenbedingungen, wie z. B. gesetzliche Bestimmungen oder die Unternehmensgrößen, bestimmen die Schwerpunkte und die Organisation von Personalentwicklung. Des Weiteren spielen bestimmte gesellschaftliche Entwicklungen eine Rolle. So prägt z. B. die allgemeine demografische Entwicklung auch die Altersstruktur in den meisten Organisationen. Viele Mitarbeitende in der Sozialwirtschaft sind derzeit älter als 50 Jahre, es steht also ein Generationswechsel bevor. Schließlich beeinflussen auch fachliche Entwicklungen und Trends in der Disziplin selbst, wie Personalentwicklung gestaltet wird.

2.1 Branchenspezifische Rahmenbedingungen für Personalentwicklung

Hier werden jene Einflussfaktoren thematisiert, die unmittelbaren Einfluss auf den Stellenwert und die Schwerpunkte von Personalentwicklung haben (für einen umfassenden Überblick über die Charakteristika der Sozialwirtschaft s. Langer 2018).

2.1.1 Sozialeinrichtungen als Dienstleistungseinrichtungen

Sozialeinrichtungen bieten vorwiegend immaterielle Dienste und Leistungen für und an Menschen. Im Kern der meisten Dienstleistungen steht die Interaktion zwischen zwei (oder mehr) Personen, zwischen Anbieter und Kunde, Dienstleistungsgeber und Dienstleistungsnehmer.

In Abhängigkeit von Art und Intensität können folgende Arten von Dienstleistungen unterschieden werden (Nerdinger 2014, 565): *Dienstleistungen …*

- Unterstützend-interaktive Dienstleistungen (z. B. Reparaturwerkstätten): Dabei bezieht sich die Dienstleistung auf ein Sachgut, die Interaktion beschränkt sich auf die Annahme bzw. Herausgabe des Sachguts.
- Problemorientiert-interaktive Dienstleistungen (z. B. Werbeagentur, Steuerberatung): Die zur Leistungserbringung notwendigen Informationen werden über Medien und/

oder im persönlichen Kontakt übermittelt. Die Interaktion hat insofern Bedeutung, als durch sie die Dienstleistungserbringung nach den Vorstellungen und Wünschen des Kunden gestaltet wird.

- Persönlich-interaktive Dienstleistungen (z. B. Physiotherapie, ambulante Dienste, Weiterbildung): Hier wirkt die Dienstleistung auf die intellektuelle, emotionale oder physische Befindlichkeit des Kunden/Klienten ein. Die Leistung besteht weitgehend in der Interaktion zwischen Dienstleistungserbringer und Klient.

... in der Sozialwirtschaft

In der Sozialwirtschaft werden problemorientiert-interaktive, vorwiegend aber persönlich-interaktive Dienstleistungen erbracht. Sie setzen sich nach Nerdinger (2014, 564 f.) aus instrumentellem und sozialem Verhalten zusammen. In Anlehnung an Vilnai-Yavetz und Rafaeli (2003) sieht Nerdinger in allen Interaktionen eine gemeinsame Struktur, das „Gerippe" (instrumentelles Handeln) und das „Gewebe" (soziales Handeln). Das Gerippe bildet den essenziellen Inhalt der Austauschbeziehung. Das Gewebe im Sinne des sozialen Verhaltens unterstützt die Interaktionspartner bei der Bewältigung ihrer Aufgabe und ist deshalb unabdingbar mit dem instrumentellen Verhalten verknüpft. Das soziale Handeln verbessert oder beeinträchtigt die erlebte Qualität der Dienstleistung. Die Aussage: „Die Leistung der Unternehmen geht durch das Nadelöhr von Wollen, Können und Dürfen der Belegschaft" (Becker 2005, 16) gilt daher für den Sozialbereich als Dienstleistungsbereich ganz besonders.

Daher ist die Auswahl der geeigneten Mitarbeitenden, aber auch die Entwicklung der fachlichen und der sozialen Kompetenz vor allem bei jenen Mitarbeitenden zentral, die im Kontakt mit den Empfängern der Dienstleistungen stehen.

2.1.2 Nachfragemonopol und Finanzierung durch die öffentliche Hand

Finanzierung

Die Finanzierung von Sozialorganisationen erfolgt in der Regel nicht durch den Verkauf von Leistungen auf einem freien Markt, sie benötigt dafür die öffentliche Hand. Das macht sie in besonderem Maße von politischen Entscheidungen abhängig. „Die Besonderheit der Sozialwirtschaft ist der nicht funktionierende oder fehlende Markt und die besonders mächtige Rolle der öffentlichen Hand als (nahezu) Nachfragemonopolist." (Schellberg 2018, 508) Politische Entscheidungen können Einrichtungen zwingen, ihr Leistungsportfolio zu verändern oder mit gekürzten Budgets auszukommen, was auch in der Personalentwicklung spürbar wird.

2.1.3 Spezifische Motivationsstruktur der Mitarbeitenden

Intrinsische Motivation

Den Mitarbeitenden in der Sozialwirtschaft wird eine hohe intrinsische Motivation zugesprochen. Durch das eigene Handeln wirksam werden zu können, Nutzen zu stiften ist ein wesentliches Motivationselement im Sozialbereich. In der Literatur wird in diesem Zusammenhang auch von einer „Public Service Motivation" gesprochen. Es handelt sich um eine prosoziale Motivation, die überall dort anzutreffen ist, „wo Arbeit mit einem Fokus auf das öffentliche Wohl geleistet wird" (Ritz/Neumann/Schott 2016). Es setzt allerdings die entsprechenden Fähigkeiten und auch die notwendigen Rahmenbedingungen voraus, um sich als wirksam erleben zu können.

Hohes Engagement und Identifikation müssen also in der Sozialwirtschaft nicht durch extrinsische Anreize ‚erkauft' werden. Sie können aber auch zur Falle werden, wenn Mitarbeitende ‚ausbrennen'.

2.1.4 Berufsrechtlich geregelte Aus- und Weiterbildungen

Speziell in den letzten 25 Jahren ist eine **zunehmende Professionalisierung** der Sozialberufe zu beobachten (Wöhrle 2013, 191 ff.). *Berufsrecht*

Die Arbeitsfelder in der Sozialwirtschaft sind im deutschsprachigen Raum **berufsrechtlich determiniert**. Für viele Positionen bzw. Tätigkeiten werden spezifische Ausbildungsabschlüsse (z. B. Betreuungskräfte nach SGB in Deutschland, Fachsozialbetreuer Alten-/Behindertenarbeit, Pflegehilfe in Österreich) vorausgesetzt. Die Sozialeinrichtungen haben in der Regel **nur bedingt Einfluss auf die Ausbildungen** (Ablauf, vermittelte Werte und Inhalte), sie müssen bzw. dürfen also darauf vertrauen, dass die relevanten Kenntnisse, Einstellungen und Haltungen durch die Ausbildungseinrichtungen vermittelt werden.

Das beeinflusst einerseits die Personalsuche, da die Zielgruppen für bestimmte Positionen klar definiert sind. Unternehmen können nicht beliebig neue ‚Personalmärkte' erschließen und Mitarbeitende intern qualifizieren. Die klar definierten Qualifikationsvoraussetzungen verleiten Einrichtungen u. U. dazu, dass z. B. die Einarbeitung neuer Mitarbeitender vernachlässigt wird, weil sie darauf vertrauen, dass der Ausbildungsabschluss die gewünschten Kompetenzen sicherstellt.

Im Gesundheits- und Sozialbereich wird häufig vom ‚Grade- und Skill-Mix' gesprochen.

Unter Grade-Mix versteht man die Zusammensetzung eines Teams nach Qualifikationen (Berufsgruppen). Dafür existieren in manchen Bereichen (z. B. Krankenhaus, Altenbetreuung) rechtliche Vorgaben. *Grade-Mix*

Der Skill-Mix bezeichnet über die formalen Abschlüsse hinaus unterschiedliche Qualifikationen oder Fähigkeiten, die notwendig sind, um die Leistungen in einem bestimmten Bereich gut erbringen zu können. In der Ambulanz eines Krankenhauses können das z. B. Sprachkenntnisse, Know-how für die Betreuung von Praktikanten oder Fähigkeiten im Umgang mit dementen Patienten sein. Dass auch für einen guten Skill-Mix gesorgt werden sollte, wird häufig vernachlässigt (s. dazu Kap. 8). *Skill-Mix*

Auch für die Fortbildung gibt es in manchen Sozial- und Gesundheitsberufen rechtliche Vorgaben (Mindeststandards). In Österreich müssen z. B. Fachsozialbetreuer (Alten-/Behindertenarbeit) 32 Fortbildungsstunden innerhalb von zwei Jahren nachweisen. In Deutschland ist diese Verpflichtung nicht einheitlich geregelt, allerdings sind auch hier Fortbildungspflichten für einzelne Berufsgruppen festgelegt (z. B. mindestens 16 Stunden jährlich für Betreuungskräfte gem. § 87b SGB XI). *Mindeststandards*

Ein Nebeneffekt dieser Verpflichtung könnte sein, dass der Fokus auf Qualifizierungsformen gelegt wird, für die Nachweise erworben werden können und andere Lernformen weniger gepflegt werden. Die starke Orientierung nach Nachweisen widerspricht allen Qualifizierungstrends, die den Wert einer Qualifizierung im Kompetenzzuwachs, nicht im Zertifikat sehen (s. Kap. 12).

2.1.5 Unternehmensgrößen und Ausbau der Personalfunktion

Detaillierte statistische Daten zur Größen- und Mitarbeiterstruktur der Sozialwirtschaft fehlen weitgehend, da sie in den Statistiken nicht als eigene Kategorie abgegrenzt wird (s. dazu auch Zimmer/Paul 2018). Unstrittig ist jedoch, dass sie einen beträchtlichen Wirt- *Größen-, Mitarbeiterstruktur der Sozialwirtschaft* schaftsfaktor darstellt. Mit Stichtag 01.01.2016 waren in der Freien Wohlfahrtspflege in Deutschland 1.912.665 hauptberuflich Mitarbeitende beschäftigt (Bundesarbeitsgemeinschaft der Freien Wohlfahrtspflege 2018 e. V.). Der Caritasverband und das Diakonische Werk nehmen die Plätze eins und zwei der größten privaten Arbeitgeber in Deutschland ein (Zimmer/Paul 2018). Im Gegensatz dazu ist zu vermuten, dass die einzelnen Einrichtungen – von Ausnahmen abgesehen – relativ wenige Mitarbeitende beschäftigen. Die fast 2 Millionen Beschäftigten verteilen sich nämlich auf 118.623 Einrichtungen.

Für Österreich liegt eine Studie zur Struktur des Non-Profit-Bereichs vor (Pennerstorfer et al. 2015). Im Sozialbereich sind demnach durchschnittlich 93 hauptamtliche Mitarbeitende beschäftigt, die Hälfte der Einrichtungen hatte jedoch nur maximal acht Beschäftigte.

Keine eigene Personalentwicklungsfunktion

Bei diesen Größenstrukturen ist anzunehmen, dass in den meisten Einrichtungen keine eigene Personalentwicklungsfunktion etabliert ist, sondern die Aufgaben von den Führungskräften in den Fachbereichen wahrgenommen werden. Das wirft die Frage auf, ob die Führungskräfte dafür ausreichend qualifiziert sind und wer sie bei ihren Aufgaben unterstützt. Außerdem fehlen möglicherweise übergreifende Gesamtkonzepte sowie eine einheitliche Gesamtausrichtung in der Personalentwicklung.

2.1.6 Mitarbeiterstruktur: Hoher Anteil an Teilzeit-Mitarbeitenden, Frauen und Freiwilligen

Teilzeitarbeitende

Der Sozialbereich ist durch einen **hohen Teilzeitanteil bei den Mitarbeitenden** gekennzeichnet (Zimmer/Paul 2018). In Deutschland lag z. B. in den Freien Wohlfahrtsverbänden der Teilzeitanteil 2016 bei 58 % (Bundesarbeitsgemeinschaft der Freien Wohlfahrtspflege e. V. 2018). Für Österreich erhoben Pennerstorfer et al. (2015) einen Teilzeitanteil von 63,2 % in sozialen NPOs, weitere 14,85 % der Hauptamtlichen waren nur geringfügig beschäftigt.

Im Arbeitsalltag bringt dies Herausforderungen hinsichtlich der Dienstplanung, Information und Kommunikation. Ein hoher Teilzeitanteil erhöht aber auch den (finanziellen und zeitlichen) Qualifizierungsaufwand, da mehr Personen qualifiziert werden müssen.

Freiwillige

Neben den hauptamtlichen Mitarbeitern finden sich in der Sozialwirtschaft häufig **Freiwillige**. Nach der Studie von Pennerstorfer et al. (2015) werden in 63,8 % der österreichischen Sozialeinrichtungen (ohne stationären Bereich) Freiwillige eingesetzt. Für sie sind spezielle Maßnahmen in der Personalarbeit notwendig, z. B. für die Gewinnung, Anreizgestaltung oder Qualifizierung (Wöhrle 2013, 211 ff.). In vielen Bereichen müssen auch sie für ihre Tätigkeit qualifiziert werden (z. B. Mitarbeitende im Rettungsdienst, im Palliativ-/Hospizbereich, im Umgang mit demenziell erkrankten Personen).

2.2 Gesellschaftliche Veränderungen mit Auswirkungen auf die Personalentwicklung

Demografische Entwicklung

Zu den gravierendsten Einflüssen auf Personalarbeit insgesamt, aber auch auf die Personalentwicklung, gehört die **demografische Entwicklung**.

- **Fachkräftemangel am Arbeitsmarkt:** Er führt dazu, dass sich Organisationen um ausländische Arbeitskräfte, um eine Weiterbeschäftigung Älterer oder die Aufqualifizierung von Mitarbeitenden bemühen müssen.

- **Altersstrukturen** in den Sozialeinrichtungen: Vor allem der Betreuungs- und Pflegebereich ist in vielen Einrichtungen gekennzeichnet durch viele ältere Mitarbeitende (alterszentrierte Belegschaftsstruktur). Die Aufgaben der Personalentwicklung liegen daher auf dem Erhalt der Leistungsfähigkeit und -bereitschaft, dem Umgang mit Leistungseinschränkungen sowie der Gestaltung des Übergangs in den Ruhestand. Die Gestaltung des Generationenübergangs wird von vielen aktuell als zentrale Aufgabe der Personalentwicklung betrachtet.
- **Divergierende Einstellungen/Werthaltungen verschiedener Mitarbeiter-Generationen**: Generationenmodelle gehen davon aus, dass es altersabhängige Werte, Prägungen und Präferenzen von Mitarbeitenden gibt. Sie werden durch die spezifischen wirtschaftlichen, kulturellen und sozialen Rahmenbedingungen geprägt, in denen einzelne Generationen aufwachsen (Klaffke 2014). Die am weitesten verbreitete Generationeneinteilung unterscheidet zwischen Babyboomern (geboren Mitte 1940er- bis 1960er-Jahre), Generation X (geboren bis zu den frühen 1980er-Jahren), Generation Y (geboren ab 1980) und Generation Z (geboren ab 1995) (z. B. Klaffke 2014, Scholz 2014).

Generation Y bzw. Z

Den Generationen Y bzw. Z werden folgende Einstellungen zu Lernen und Karriereorientierung zugeschrieben (Klaffke 2014, Scholz 2014, Thoma 2014):

Generation Y	Generation Z
… bringt einen hohen Einsatz für interessante Aufgaben	… strebt nach Sicherheit, sinnvolle Aufgaben sind wesentlich
… hält lebenslanges Lernen für selbstverständlich	
… hält transparente Entwicklungs- und Karrieremöglichkeiten für sehr wichtig … möchte eine individualisierte Karriereplanung statt traditioneller hierarchischer Laufbahn	… sieht umfassende Qualifizierung als Garant für Arbeitsplatzsicherheit, Karriere weniger bedeutsam
… wünscht sich häufiges Feedback zur eigenen Standortbestimmung	… wünscht sich Orientierung und präzise Vorgaben; Feedback ist wesentlich, aber negative Rückmeldung wird schwer angenommen
… präferiert Lernen in einer Gruppe	… präferiert individuelles Lernen
Beide Generationen …	
… möchten eine individualisierte Entwicklung durch ‚One-to-one'-Modelle (Paten, Mentoren, Traineeprogramme)	
… sind mit digitalen Medien vertraut … finden traditionelle Lernformen wenig ansprechend … präferieren praktisches Anwenden anstatt abstraktes Wissen (erfahrungs- und projektorientierte Lernformen) … möchten kürzere selbstgesteuerte und flexible Lernsequenzen	
… möchten selbst Verantwortung für eigene Laufbahn übernehmen und dabei beraten werden	

Tab. 2: Gemeinsamkeiten und Unterschiede von Generation Y und Z in Bezug auf Personalentwicklung

Personalentwicklung sollte demnach die spezifischen Präferenzen der einzelnen Generationen – vor allem hinsichtlich Lernen und Karriere – berücksichtigen. Ein Handlungsfeld für die Personalentwicklung kann aber auch die Förderung der Zusammenarbeit von insgesamt vier Generationen darstellen.

Kritisch anzumerken ist allerdings, dass sich Generationenkonzepte sowohl in der personalwirtschaftlichen Literatur als auch in der Praxis großer Beliebtheit erfreuen, die empirische Evidenz aber fehlt weitgehend (s. z. B. Biemann/Weckmüller 2013).

Altersentwicklung der Dienstleistungs-Nutzer: Die demografische Entwicklung bewirkt, dass auch die Kunden altern und die Angebote darauf ausgerichtet werden müssen. Das wirkt sich beispielsweise gravierend auf Einrichtungen für Menschen mit Beeinträchtigung aus, die in den vergangenen Jahrzehnten nie ein hohes Alter erreicht haben. Aber auch in der Seniorenarbeit verändert die steigende Lebenserwartung die Anforderungen an die Betreuung und Pflege.

Digitalisierung

Neben diesen direkten und indirekten Konsequenzen der demografischen Veränderungen bedingen technische Entwicklungen – vor allem die **Digitalisierung** – Qualifikationsanpassungen. In der Personalentwicklung selbst bieten digitale Lernformate neue Möglichkeiten, die Kompetenzentwicklung der Mitarbeitenden zu gestalten.

2.3 Fachliche Entwicklungen und Trends in der Personalentwicklung selbst

Trends

In den letzten Jahren prägen folgende Themen die Diskussion innerhalb der Personalentwicklung: Strategie- und Kompetenzorientierung, neue Lernformen unter dem Stichwort ‚agiles Lernen' sowie der Einfluss von Digitalisierung auf Lernen. Diese Themen werden in Kap. 12 ausführlich dargestellt.

Alle diese Einflussfaktoren wirken sich auf die Ziele und den Stellenwert der Personalentwicklung insgesamt und ihrer Teilbereiche aus. Sie haben aber auch Einfluss darauf, wie das Handlungsfeld Personalentwicklung in Sozialeinrichtungen gestaltet und welche Prioritäten gesetzt werden müssen.

3. Eckpunkte der Personalentwicklung in der Sozialwirtschaft

In den letzten Kapiteln wurde versucht, aus einem Grundverständnis von Personalentwicklung und den Rahmenbedingungen in der Sozialwirtschaft spezifische Herausforderungen abzuleiten. In diesem Kapitel werden diese Überlegungen zusammengeführt und wesentliche Eckpunkte für eine Personalentwicklung in der Sozialwirtschaft skizziert.

3.1 Ziele der Personalentwicklung

Ziele ...

Personalentwicklung verfolgt sowohl organisationsbezogene als auch individuelle Ziele. Becker (2013) ergänzt sie um gesellschaftliche Ziele (z. B. Erhalt der volkswirtschaftlichen Leistungsfähigkeit, Ausgleich von Benachteiligungen).

... aus Organisationssicht

Aus der Perspektive der Organisationen unterstützt Personalentwicklung folgende Ziele (Mentzel 2018, Lindner-Lohmann et al. 2016, Becker 2013):

- Anpassen der Mitarbeiterkompetenzen an die Veränderungen in der Arbeitswelt
- Erhöhen der Flexibilität und Anpassungsfähigkeit beim Personaleinsatz
- Verbesserung der Leistungsfähigkeit der Mitarbeiter
- Erhalt der (psychischen und körperlichen) Gesundheit der Mitarbeitenden
- Erhöhen der Veränderungsbereitschaft bei den Mitarbeitenden
- Fördern der Selbstorganisationsfähigkeit und der Fähigkeit zur Selbstführung
- Decken des Bedarfs an Fach- und Führungskräften
- Motivation und Bindung der Mitarbeitenden
- Steigerung des Arbeitgeberimages
- Unterstützung für das Erreichen der Unternehmensziele

... aus Mitarbeitersicht

Auch Mitarbeitende verbinden mit der Personalentwicklung verschiedene Erwartungen (Mentzel 2018, Lindner-Lohmann et al. 2016, Becker 2013):

- Bessere Bewältigung der arbeitsbezogenen Anforderungen
- Absichern der erreichten Stellung und des Einkommens in der Organisation
- Mindern der Risiken durch wirtschaftlichen oder technischen Wandel
- Vorantreiben der Karriere bzw. persönlichen Entwicklung
- Ausbau der Mobilität am Arbeitsmarkt
- Stärken der Arbeitszufriedenheit
- Befriedigen persönlicher Bildungsbedürfnisse
- Erhöhen der Chance auf Selbstverwirklichung durch die Übernahme anspruchsvollerer Aufgaben

Integration von Interessen notwendig

Für den Erfolg von Personalentwicklung ist eine Integration von unternehmerischen und mitarbeitergebundenen Interessen notwendig. Ist Personalentwicklung einseitig an Unternehmensinteressen ausgerichtet, fehlt die Weiterbildungsmotivation der Mitarbeitenden. Bei einer einseitigen Orientierung an Mitarbeiterinteressen werden ohnehin knappe Budgets nicht optimal eingesetzt. Sie kann dazu auch dazu führen, dass Qualifizierungsnotwendigkeiten nicht oder zu spät erkannt werden, weil den Mitarbeitenden die Informationsgrundlagen fehlen (Mentzel 2018).

3.2 Teilbereiche der Personalentwicklung im Zusammenhang

Systematisches Vorgehen

Wie bereits in Kap. 1 erläutert, ist Personalentwicklung durch ein systematisches Vorgehen gekennzeichnet. Die Systematik bezieht sich sowohl auf die Ermittlung von Qualifizierungsbedarfen wie auch auf die Qualifizierung und die anschließende Überprüfung der Zielerreichung. Die einzelnen Teilschritte und Zusammenhänge sind in folgender Grafik dargestellt.

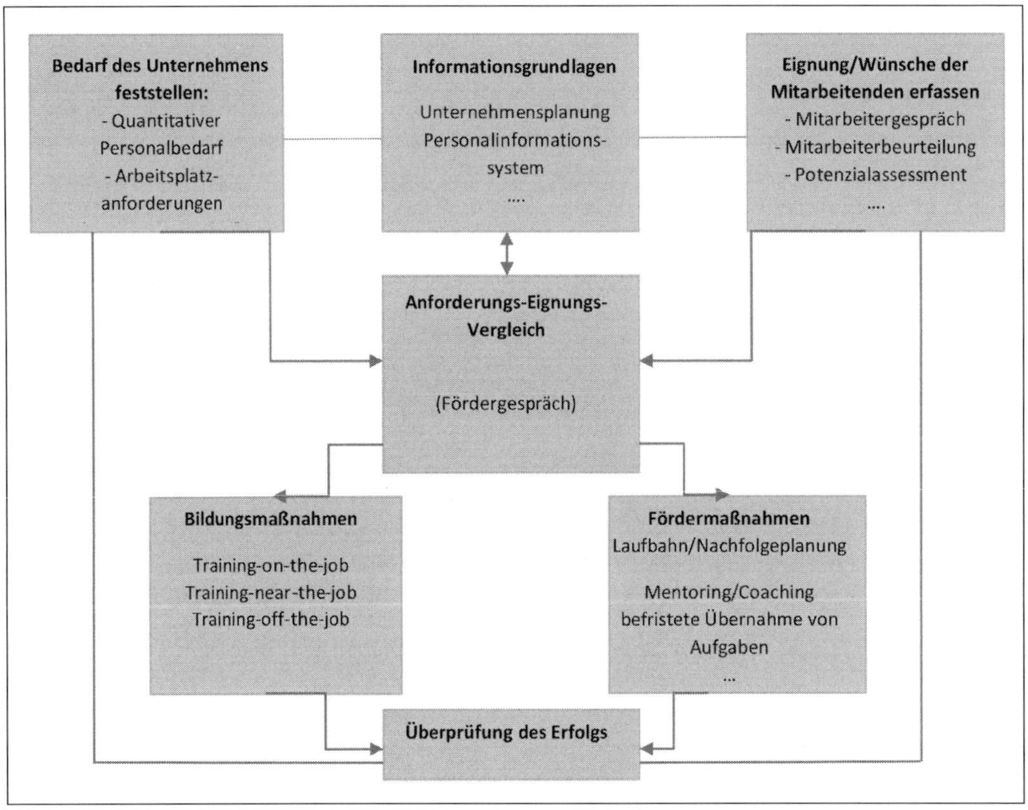

Abb. 4: Systematik der Personalentwicklung, in Anlehnung an Mentzel 2018, 20

Die Grafik zeigt die einzelnen Schritte in der Personalentwicklung mit ausgewählten Instrumenten sowie Zusammenhänge zwischen den Aktivitäten und Verbindungen zu anderen Funktionen (z. B. zur Unternehmens-/Personalplanung).

Entwicklungsbedarf

Der erste Schritt in der Personalentwicklung ist das Feststellen eines Entwicklungsbedarfs durch einen Anforderungs-Eignungsvergleich.

Anforderungen

Anforderungen werden aus einem quantitativen Personalbedarf (z. B. Nachbesetzungsbedarf bei Führungskräften) und den Anforderungen der Arbeitsplätze abgeleitet. Auch aus der Unternehmensplanung können Anforderungen resultieren, wenn z. B. neue Leistungen angeboten werden sollen.

Auf der anderen Seite werden die Eignung der Mitarbeitenden bzw. deren Qualifizierungswünsche analysiert. Dazu können ein Mitarbeitergespräch oder Assessment-Instrumente dienen (z. B. Mitarbeiterbeurteilung, Potenzial-Assessment). Zu unterscheiden ist dabei zwischen der vergangenheitsorientierten Leistungsbeurteilung und einer Potenzialeinschätzung. Die Leistungsbeurteilung bezieht sich auf die Anforderungen des gegenwärtigen Arbeitsplatzes, während eine Potenzialeinschätzung auf die Anforderungen einer künftig angestrebten Funktion (z. B. Führungsfunktion) bezogen ist.

Anforderungs-Eignungsvergleich

Aus dem Anforderungs-Eignungsvergleich kann ein Bildungs- oder Förderbedarf entstehen, der durch entsprechende Maßnahmen gedeckt wird. In jedem Fall sollte überprüft werden, inwiefern sich Mitarbeitende nach den PE-Maßnahmen am Arbeitsplatz bewähren.

Bildungs- oder Förderbedarf

Mit der Erfolgsüberprüfung schließt sich der Kreislauf und geht in einen erneuten Anforderungs-Eignungsvergleich über.

Erfolgsüberprüfung

3.3 Der Funktionszyklus der Personalentwicklung

Becker stellt das Gesamtkonzept für eine systematische Personalentwicklung in einem „Funktionszyklus" mit sechs Phasen dar. Die aufeinander aufbauenden Phasen dienen der Planung, Umsetzung, Steuerung und Kontrolle konkreter Personalentwicklungsmaßnahmen (Becker 2005, 2013).

Personalentwicklung als Prozess

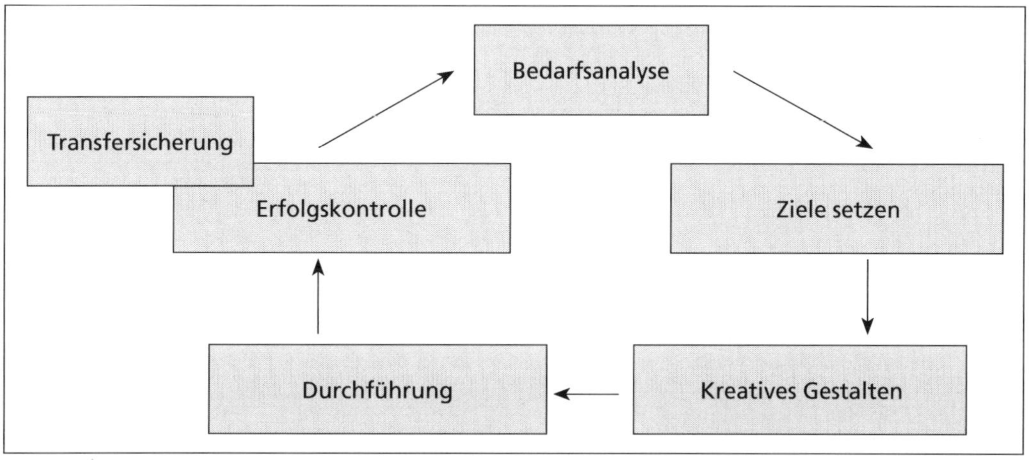

Abb. 5: Der Funktionszyklus der Personalentwicklung, in Anlehnung an Becker 2013, 824

Der Funktionszyklus beschreibt Personalentwicklung als Prozess von der Bedarfsfeststellung bis zur Evaluierung und der Förderung des Lerntransfers. Personalentwicklung beginnt auch für Becker mit einer **Bedarfsanalyse**. Auf dieser Basis werden **Qualifizierungsziele konkretisiert** und geeignete **Qualifizierungsmaßnahmen konzipiert, organisiert und durchgeführt**.

Becker spricht von kreativem Gestalten, weil die Gestaltungsmöglichkeiten weit über Fort- bzw. Weiterbildungsveranstaltungen hinausgehen und ein weites Spektrum an Methoden und Instrumenten umfassen, wie z. B. Job Rotation, Projektaufgaben, Stellvertretungen als Vorbereitung auf Führungsaufgaben, Maßnahmen des Wissenstransfers usw. Dem trägt eine Unterscheidung zwischen ‚Personalentwicklung on-the-job'

Kreatives Gestalten

(Qualifizierung durch die unmittelbare Tätigkeit am Arbeitsplatz) und ‚Personalentwicklung off-the-job' (Qualifizierungsmaßnahmen außerhalb der Tätigkeit) Rechnung. Siehe zum kreativen Gestalten auch Kap. 6.

Erfolgskontrolle, Transfersicherung

Schließlich bilden die Erfolgskontrolle und die Transfersicherung wichtige Prozess-Schritte. Unter Transfersicherung werden Maßnahmen verstanden, die die Anwendung des Gelernten am Arbeitsplatz unterstützen.

Mitarbeitergruppen

Dieser Prozess kann auf einzelne Mitarbeitende als auch Mitarbeitergruppen bezogen sein, z. B. die Schulung von Altenpflegern für ein neues Dokumentationssystem oder die Vorbereitung von Mitarbeitenden auf eine Teamleiterfunktion.

Zuständigkeitsklärung

Für jede Phase im Funktionszyklus muss die Zuständigkeit klar geregelt werden. Die Verantwortung für die Bedarfsanalyse liegt z. B. bei den Führungskräften, während die Personalentwicklung als Spezialist für das kreative Gestalten verstanden werden kann. Die Herausforderung liegt darin, jeweils für die Organisation adäquate Prozesse und Instrumente zu gestalten. Becker geht davon aus, dass je nach dem Reifegrad der Personalentwicklung (s. Kap. 10) in den einzelnen Phasen unterschiedliche Instrumente zum Einsatz kommen.

Systematischer Überblick

Der systematische Überblick über die Teilschritte und Zusammenhänge bietet einen Referenzrahmen für die Ausgestaltung von Personalentwicklung. In der Praxis wird Personalentwicklung in der Sozialwirtschaft häufig auf die Auswahl und Organisation von Seminaren, auf Coaching- und Supervisionsangebote reduziert. Bedarfsanalyse, Zielklärung, Erfolgskontrolle und Transfersicherung werden vernachlässigt. Damit fehlt jedoch die Verknüpfung der Personalentwicklung mit den Anforderungen der Organisation und die Legitimation für Personalentwicklung – sie wird zu einem ‚nice-to-have'.

3.4 Personalentwicklung als Begleitung durch den betrieblichen Lebenszyklus

Lebenszyklusorientierte Perspektive

Die bisher dargestellten Konzepte zielen vor allem auf die systematische Verknüpfung von Personalentwicklung mit den betrieblichen Anforderungen. Die lebenszyklusorientierte Perspektive auf Personalentwicklung hebt hervor, dass sich Personalentwicklung auf Mitarbeitende in allen Phasen ihrer betrieblichen Zugehörigkeit bezieht.

Lebenszykluskonzepte gehen ganz allgemein davon aus, dass Menschen typische Lebensphasen mit spezifischen Merkmalen durchleben, die individuell aber sehr verschieden verlaufen können. Die Übergänge zwischen den Phasen können mit Identifikationskrisen verbunden sein.

Teilzyklen

Der individuelle Lebenszyklus setzt sich dabei aus Teilzyklen zusammen, wobei für die Personalentwicklung drei Teilzyklen relevant sind (Graf 2002, 2008; Rump et al. 2011):

- Der **berufliche** Lebenszyklus umfasst die Entwicklung des Menschen von der Berufswahl bis zum Ausscheiden aus dem Erwerbsleben.
- Der **betriebliche** Lebenszyklus beschreibt die Entwicklung eines Mitarbeitenden vom Eintritt in eine Organisation bis zum Ausscheiden.

- Der **stellenbezogene** Lebenszyklus bezieht sich auf die Entwicklung eines Mitarbeitenden von der Übernahme einer Stelle bis zu einem Stellenwechsel bzw. dem Austritt aus der Organisation.

Phasen im Lebenszyklus

Lebensphasenorientierte Personalentwicklung orientiert sich in erster Linie am betrieblichen Lebenszyklus, bei dem die Mitarbeitenden folgende Phasen durchlaufen: Einführung, Wachstum, Reife, Sättigung und Austritt.

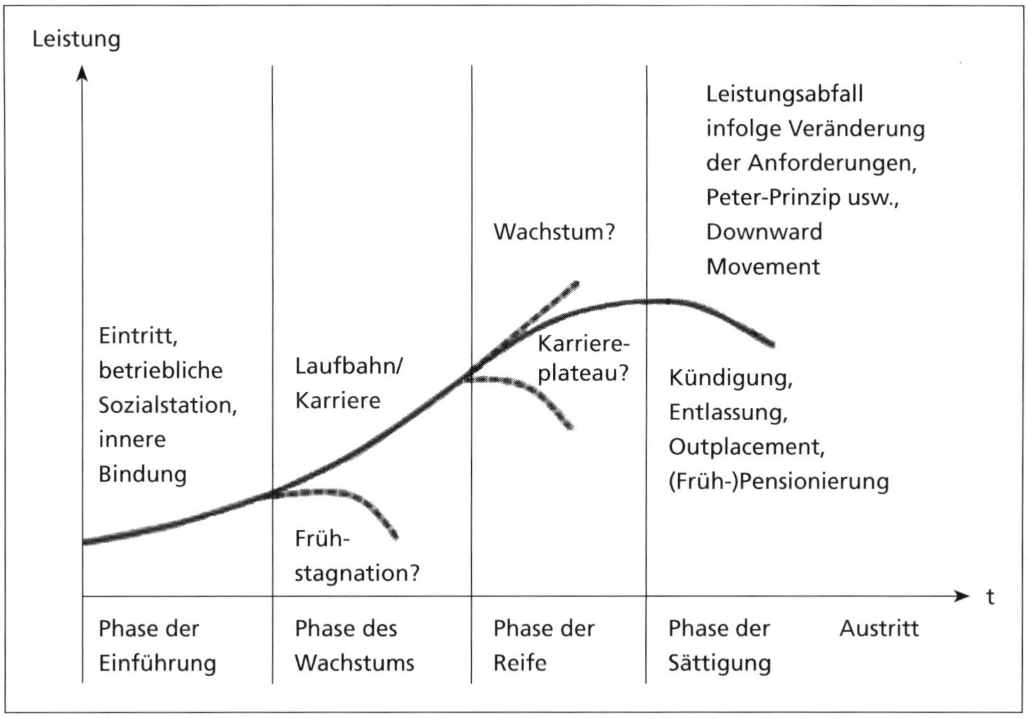

Abb. 6: Idealtypische Phasen im betrieblichen Lebenszyklus, in Anlehnung an Graf 2002, 85

Einführung

Der Eintritt in eine Organisation markiert den Beginn der Phase der Einführung. Die Mitarbeitenden durchlaufen einen betrieblichen Sozialisationsprozess und eigenen sich entsprechende Kenntnisse und Normen an.

Wachstum

Nach der Integration sind in der Phase des Wachstums Bewegungen in verschiedene Richtungen möglich: eine Führungs-, Fach- oder Projektlaufbahn. In dieser Phase bewegen sich Mitarbeitende auf den Karrierehöhepunkt zu.

Reife

In der Phase der Reife befinden sich die Mitarbeitenden auf dem Höhepunkt ihrer Laufbahn und erreichen unter Umständen ein sog. Karriereplateau. „Mitarbeiter haben dann ein Karriereplateau erreicht, wenn eine weitere Beförderung unwahrscheinlich ist, sie zu lange auf ihrer Position verweilen und/oder ihre Tätigkeit keine Herausforderung und Lernchance mehr darstellt." (Graf 2008, 273)

Sättigung

In der Reifephase kann durch Personalentwicklungsaktivitäten ein Eintritt in die Phase der Sättigung verhindert werden, die sich durch einen Leistungsabfall ausdrückt. Er kann entweder durch Demotivation, Stress, gesundheitliche Probleme oder eine Veränderung der Arbeitsanforderungen entstehen. Befinden sich Mitarbeitende bereits in der Sättigungsphase, sollten nach Graf die Gründe dafür ermittelt und entsprechende Maßnahmen gesetzt werden, wie z. B. eine Veränderung der Aufgaben oder ein Stellenwechsel.

Downward Movement

Graf räumt dem sog. „Downward Movement" am Ende des betrieblichen Lebenszyklus eine spezielle Bedeutung ein. Sie versteht darunter eine Reduktion von Kompetenzen und Verantwortung. Dieser Wechsel kann vertikal als hierarchischer Abstieg oder auch als Scheinaufstieg erfolgen. Auch die Übernahme anderer Aufgaben auf gleicher Hierarchieebene, aber mit weniger Befugnissen und Rechenschaftspflichten, ist denkbar (horizontal). Mitarbeitende können auch vom „inneren Zentrum" eines Unternehmens in die Peripherie bewegt werden (radial) (Graf 2002, 116 ff.).

Personalentwicklung kann in diesem Verständnis als begleitende Maßnahme durch den betrieblichen Lebenszyklus verstanden werden und soll Leistungsfähigkeit, Motivation und Bindung des Mitarbeiters während der gesamten Zugehörigkeit zur Organisation sicherstellen.

Beispielhafte Themen

Phase	Themen der Personalentwicklung
Einführung	Einarbeitungsprogramme, Onboarding-Aktivitäten Traineeprogramme
Wachstum	Maßnahmen zur beruflichen Standortbestimmung Laufbahnplanung Job Rotation Zeitlich begrenzte Übernahme von Aufgaben (Projektleitung, Stellvertretung ...)
Reife	Maßnahmen zur beruflichen Standortbestimmung Laufbahnberatung Mitarbeit in Projekten/Gremien Übernahme neuer Funktionen (Praxisbegleitung, Mentor) Vorbereitungsprogramme auf den Ruhestand
Sättigung	Maßnahmen zur Übergabe von Aufgaben und Verantwortung

Tab. 3: Beispiele für Personalentwicklungsmaßnahmen entlang des betrieblichen Lebenszyklus, in Anlehnung an Graf 2008, 276 f.; Rohrschneider 2011a, 29

Unterstützung, Förderung durch PE

Personalentwicklung unterstützt demnach das Erreichen der vollen Leistungsfähigkeit der Mitarbeitenden in ihren jeweiligen Funktionen (positionsbezogen), bereitet aber auch auf künftige Positionen/Funktionen vor bzw. gestaltet auch das Ausscheiden der Mitarbeiter (laufbahnbezogen). Becker (2013, 447) verwendet in diesem Zusammenhang den Überbegriff der Förderung und versteht darunter alle Maßnahmen, die der Stabilisierung der Arbeits- und Beschäftigungsfähigkeit und der beruflichen Weiterentwicklung dienen. Er subsumiert unter Fördermaßnahmen u. a. Maßnahmen zur Mitarbeitereinführung, Integration von Menschen mit Migrationshintergrund, Leistungsbeurteilung, Rückkehrgespräche nach Elternkarenz, Potenzialerhebung, Laufbahnplanung usw.

Die besondere Relevanz dieses Zugangs für die Sozialwirtschaft ergibt sich daraus, dass es der aktuellen Altersstruktur in den Organisationen Rechnung trägt. In der Praxis konzentriert sich Personalentwicklung häufig auf die Wachstumsphase, während Konzepte für die Weiterentwicklung nach Erreichen des Karrierezenits oder bei zeitlich begrenzter Stagnation fehlen (Graf 2008).

3.5 Zuständigkeiten in der Personalentwicklung

Verteilung der Zuständigkeiten

Im letzten Kapitel wurde deutlich, dass im Zusammenspiel der einzelnen Teilprozesse die Umsetzungsverantwortung zwischen den Führungskräften und Personalentwicklungsspezialisten (z. B. in einer eigenen PE- oder Personalabteilung) aufgeteilt ist.

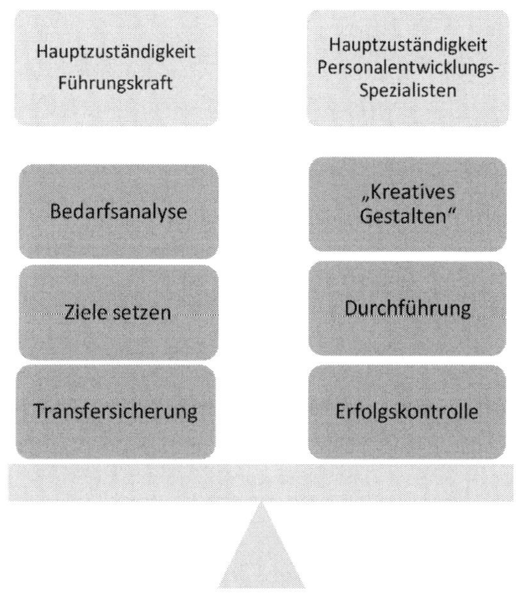

Abb. 7: Verteilung der Zuständigkeiten in der Personalentwicklung

In kleineren Einrichtungen sind Führungskräfte vielfach auf sich gestellt, wenn es um die Qualifizierung und Förderung ihrer Mitarbeiter geht. Soll Personalentwicklung dort Fuß fassen, müssen daher die Führungskräfte für ihre Personalentwicklungsaufgaben sensibilisiert und qualifiziert werden.

3.5.1 Die Aufgaben von Führungskräften in der Personalentwicklung

Aufgaben der Führungskräfte

In der Verantwortung der unmittelbaren Vorgesetzten liegen vor allem folgende Phasen des Funktionszyklus:

- **Bedarfsfeststellung**: Vorgesetzte können die Stärken und Schwächen ihrer Mitarbeitenden am besten einschätzen und notwendige Qualifizierungsmaßnahmen mit einzelnen Mitarbeitenden (z. B. im Mitarbeitergespräch) oder mit dem gesamten Team (z. B. in einem Workshop) vereinbaren. Sie können am besten die Interessen und Bedürfnisse der Mitarbeitenden mit den Erwartungen des Unternehmens vereinbaren.

- **Kreatives Gestalten:** Führungskräfte sind vor allem dann Mitgestalter von Lernprozessen, wenn es um arbeitsplatznahe Formen des Lernens (z. B. Übernahme einer Stellvertreter-Funktion, Einarbeitung neuer Mitarbeiter) und um informelles Lernen geht. Auch wenn es dafür Konzepte, Richtlinien und Checklisten im Unternehmen gibt, liegt die qualitätvolle Umsetzung maßgeblich in der Verantwortung der Führungskräfte.

  Unabhängig von konkreten Lernformen wird in der Literatur der Gestaltung einer lernförderlichen Kultur durch die Führungskräfte große Bedeutung beigemessen (z. B. Trost/Jenewein 2011). Dies betrifft z. B. den Erhalt bzw. die Förderung der Lernbereitschaft aller Mitarbeitenden, unabhängig von Alter und Betriebszugehörigkeit sowie eine konstruktive Feedback- und Fehlerkultur.

- **Evaluierung/Transfersicherung:** Die Vorgesetzten können am besten beurteilen, ob sich Qualilfizierungsmaßnahmen im Arbeitsalltag positiv auswirken und entsprechende Maßnahmen setzen, damit Gelerntes auch angewendet bzw. weitergegeben wird.

Die Personalentwicklung hat in diesen Aufgabenbereichen eine beratende/unterstützende Funktion bzw. stellt standardisierte Instrumente zur Verfügung. Sie könnte z. B. auf Anfrage eine Klausur zur Bedarfsfeststellung moderieren, entwickelt professionelle Evaluierungsbögen zur Erfolgsmessung oder Checklisten für die Einarbeitung von Mitarbeitenden.

3.5.2 Aufgaben der Personalentwicklungsspezialisten (Personalabteilung)

Operative Aufgaben der PE

Personalentwicklungsspezialisten tragen die **Hauptverantwortung** für die Konzeption geeigneter Maßnahmen, die organisatorische Abwicklung (Räume/Referenten/Termine, Anmeldeverwaltung, Bestätigungen ...) sowie die Evaluierung der Ergebnisse. Sie können eigenständige Maßnahmen (Seminare, Workshops, Vorträge, E-Learning-Module) konzipieren, aber auch die Führungskräfte beraten, welche Qualifizierungsmaßnahmen in den Fachbereichen zur Deckung der Bedarfe geeignet sind. In vielen größeren Sozialorganisationen gibt es dafür eine eigene Bildungsakademie.

Unterstützende Aufgaben für die Führungskräfte nehmen die PE-Spezialisten bei der Bedarfserhebung und bei der Förderung des Lerntransfers wahr. Ein neuralgischer Punkt in vielen Sozialorganisationen ist das Zusammenspiel zwischen Personal-/Bildungsabteilung und Fachbereich bei der Entwicklung der Fort- und Weiterbildungsangebote (‚Bildungskatalog'), damit dieser tatsächlich die Bedarfe der Fachbereiche repräsentiert.

Beispiele:

1. Die Bildungsakademie eines Freien Trägers von ambulanten Alten- und Familiendiensten führt für die Planung des Bildungskatalogs jährlich eine Abfrage der Fortbildungswünsche per E-Mail in den Fachbereichen durch. Leider kommt in den letzten Jahren die Hälfte der Angebote mangels Anmeldungen nicht zustande. Eine genauere Analyse zeigte, dass die Abfrage in den Fachbereichen sehr unterschiedlich behandelt wurde: Sie wurde nicht weitergeleitet, von den Führungskräften vergessen oder nur ‚spärlich' ausgefüllt. Nur wenige Führungskräfte besprachen die Abfrage mit ihrem Team. Daraufhin wurde der Prozess neu gestaltet:

Die Geschäftsführung wurde insofern in den Prozess eingebunden, als ein jährliches Reporting über die Bildungsaktivitäten des vergangenen Jahres an sie erfolgt. Der Kontakt wird auch genutzt, damit sie die strategisch relevanten Themen ins Bildungsprogramm einbringen kann. Für die Bildungsbedarfserhebung wird anschließend ein standardisiertes Formular durch die Geschäftsführung versandt oder persönlich an die Führungskräfte weitergegeben. Das Formular sieht vor, dass die Wünsche präziser ausformuliert werden. Die ausgefüllten Bedarfserhebungen laufen wieder bei der Geschäftsführung zusammen und werden von ihr an die Bildungsakademie weitergeleitet.

2. Bei einem anderen Träger wurden mit schriftlichen Abfragen ebenfalls schlechte Erfahrungen gemacht. Die Personalentwicklerin besucht deshalb nun einmal jährlich die Fachabteilungen im Rahmen einer für die Fortbildungsplanung reservierten Teambesprechung und moderiert dort die Themensammlung anhand einiger Leitfragen, die dem Team vorher zugesandt werden. Dabei geht es um einen Rückblick über die Qualifizierungsaktivitäten des vergangenen Jahres und benötigte Angebote für das kommende Jahr. Die investierte Zeit lohnt sich laut Auskunft der Personalentwicklerin, weil es dadurch gelungen ist, die Verbindlichkeit zu erhöhen und die Konkretisierung der Bedarfe mit dem Team sehr punktgenaue Angebote ermöglicht.

Koordination, Controlling durch PE

Über diese operativen Aufgaben im Personalentwicklungszyklus hinaus hat der Bereich Personalentwicklung folgende weiteren Funktionen:

- **Sichern einheitlicher Standards:** Sie hat eine koordinierende Funktion über einzelne Bereiche der Organisation hinweg. Als koordinierende Instanz kann sie Standards zu gewissen Themen ausarbeiten, z. B. verbindliche Qualifizierungsmaßnahmen für angehende Führungskräfte, verpflichtende Schulungen für neue Mitarbeitende, die Rahmenbedingungen für Mitarbeitergespräche oder Kompetenzprofile für bestimmte Berufsgruppen. Wo sie in die Kompetenzen von Führungskräften eingreift, benötigt sie dafür allerdings den Auftrag bzw. den Rückhalt der Geschäftsführung.

  Sie unterstützt darüber hinaus ein einheitliches Vorgehen im Unternehmen, indem sie Unterlagen, Checklisten, Materialien zu bestimmten Themen entwickelt und den Fachbereichen zur Verfügung stellt (z. B. Leitfäden/Formulare für Mitarbeitergespräche, Einarbeitungspläne für einzelne Funktionen, Aufgabenbeschreibungen für Paten).

- **Bildungscontrolling:** Sie handelt das Budget für Personalentwicklung aus und ist für ein systematisches Bildungscontrolling verantwortlich (s. dazu auch Kap. 11.2.4).

- **Sichern der strategischen Orientierung von Personalentwicklung:** Eine weitere wichtige Funktion der Personalentwicklung ist es, die strategische Orientierung der Personalentwicklung sicherzustellen. Dazu gehört, relevante Veränderungen in der Umwelt zu erkennen, künftige Anforderungen an Mitarbeitende und Führungskräfte zu antizipieren, entsprechende Qualifizierungsbedarfe zu identifizieren bzw. den Bezug der Personalentwicklung zu strategischen Vorhaben des Unternehmens sicherzustellen.

Beispiel:

In vielen Unternehmen werden in den kommenden Jahren zahlreiche Mitarbeitende in den Ruhestand gehen. Die Führungskräfte sind in ihren Abteilungen unterschiedlich davon betroffen. Die Personalabteilung kann diese Entwicklung in der gesamten Organisation frühzeitig erkennen, thematisieren und entsprechende Maßnahmen konzipieren. Die Sicherung/Übergabe von wichtigem Wissen und die Nachfolgeplanung für diese Funktionen werden also zu strategisch wichtigen Personalentwicklungsthemen.

3.5.3 Personalentwicklungsaufgaben von Arbeitnehmervertretern und Mitarbeitenden selbst

Mitbestimmungsrechte

Teilweise involviert das Gesetz auch **Arbeitnehmervertreter** (z. B. Betriebsräte) in Personalentwicklungsaufgaben. In Österreich sieht z. B. das Arbeitsverfassungsgesetz in § 96a Abs. 1 vor, dass der Betriebsrat der Einführung bestimmter Beurteilungssysteme zustimmen muss. In Deutschland ist dies in § 94 Betriebsverfassungsgesetz geregelt. In der Praxis wird die Arbeitnehmervertretung teilweise auch über die gesetzlichen Vorgaben hinaus in Personalentwicklungsprojekte eingebunden um die Akzeptanz zu erhöhen (z. B. bei der Einführung von Mitarbeitergesprächen).

Lebenslanges Lernen

In den letzten Jahren weist die Literatur auch den **Mitarbeitenden selbst** hohe Verantwortung für ihre Qualifizierung zu (z. B. Troger 2018, Trost 2018, Graf et al. 2017). Die zunehmende Volatilität der Arbeitswelt macht dies immer mehr notwendig. Im Kontext des ‚lebenslangen Lernens' ist eigenverantwortliche Weiterbildung ebenso unabdinglich wie das Vermeiden zu einseitiger Spezialisierungen. Sauter/Scholz (2015, 11) weisen der Personalentwicklung in diesem Verständnis die Aufgabe zu, einen „Ermöglichungsrahmen" für eigenverantwortliches und selbstorganisiertes Lernen der Mitarbeitenden zu schaffen und weiter zu entwickeln (s. dazu auch Kap. 12).

Zum Weiterlesen

Vertiefende Literatur zu Grundlagen der Personalentwicklung in der Sozialwirtschaft

Becker, Manfred (2013): Personalentwicklung. Bildung, Förderung und Organisationsentwicklung in Theorie und Praxis. 6. Auflage. Stuttgart: Schäffer Poeschel.

Graf, Anita (2002): Lebenszyklusorientierte Personalentwicklung: ein Ansatz für die Erhaltung und Förderung von Leistungsfähigkeit und -bereitschaft während des gesamten betrieblichen Lebenszyklus. Bern et al.: Haupt.

Grunwald, Klaus/Langer, Andreas (2018) (Hrsg.): Sozialwirtschaft. Handbuch für Wissenschaft und Praxis. Baden-Baden: Nomos Verlagsgesellschaft.

Müller-Vorbrüggen, Michael/Radel, Jürgen (Hrsg.) (2016): Handbuch Personalentwicklung: Die Praxis der Personalbildung, Personalförderung und Arbeitsstrukturierung. 4. Auflage. Stuttgart: Schäffer Poeschel.

Rohrschneider, Uta/Lorenz, Michael (2011) Der Personalentwickler. Instrumente, Methoden, Strategien. Wiesbaden: Gabler Springer.

Wöhrle, Armin (Hrsg.) (2013): Grundlagen des Managements in der Sozialwirtschaft. Baden-Baden: Nomos.

Teil 2: Handlungsfelder der Personalentwicklung entlang des betrieblichen Lebenszyklus der Mitarbeitenden

4. Integration neuer Mitarbeitender (Mitarbeitereinführung, Onboarding)

In diesem Kapitel erfahren Sie, ...

... was unter der Integration neuer Mitarbeitender verstanden wird

... welche Ziele sie verfolgt

... wie neue Mitarbeitende die erste Zeit in einer neuen Organisation erleben

... welche Instrumente für die Integration zur Verfügung stehen

... wie diese Instrumente gestaltet werden können

Eingliederung, Einarbeitung

In der Literatur werden Maßnahmen zur Integration neuer Mitarbeitender als Mitarbeitereinführung, Mitarbeiterintegration oder Onboarding bezeichnet. Diese Begriffe stehen für organisationale Maßnahmen,

- die bewusst und zeitlich begrenzt (bis zu einigen Monaten) durchgeführt werden um
- die Eingliederung neuer Mitarbeitender in das soziale Gefüge und die Kultur der Organisation zu fördern (soziale/wertebezogene Integration)
- und die fachliche Einarbeitung zu unterstützen.

4.1 Aspekte der Integration neuer Mitarbeitender

Säulen der Integration

Die Integration neuer Mitarbeitender beruht auf folgenden drei Säulen:

- Durch die **(fachliche) Einarbeitung** sollen neue Mitarbeitende das Unternehmen (Strukturen, Prozesse), ihren Arbeitsplatz und wichtige Ansprechpersonen kennenlernen, um ihre Aufgaben so rasch wie möglich eigenständig ausführen können (PE into the job). Im Zuge der Einarbeitung können auch fehlende Kenntnisse ausgeglichen werden.
- Die **soziale Eingliederung** unterstützt die Einbindung in das Arbeitsteam und die Organisation insgesamt. Neue Mitarbeitende sollen ein ‚Wir-Gefühl' entwickeln und sich als Teil einer Gemeinschaft/eines Arbeitsteams fühlen.
- Die **wertebezogene Integration** macht neue Mitarbeitende mit den Zielen, Werten und Führungsgrundsätzen des Unternehmens (‚corporate identity') vertraut. Sie erfolgt in erster Linie über ge- und erlebte, weniger über deklarierte Werte (wie z. B. das Leitbild).

Onboarding

Für die soziale und wertemäßige Eingliederung hat sich in der Literatur der Begriff „Onboarding" etabliert.

Sozialisation		
Integration neuer Mitarbeitender		
Fachliche Einarbeitung	Soziale Eingliederung	Wertebezogene Eingliederung
	Onboarding	

Abb. 8: Bestandteile der Integration neuer Mitarbeitender

Diese drei Aspekte sind nicht klar voneinander zu trennen, sie sollten aber bei der Planung von Integrationsmaßnahmen im Auge behalten werden. Während für die fachliche Einarbeitung spezielle Instrumente (z. B. Einarbeitungspläne) zur Verfügung stehen, erfolgt die soziale und wertmäßige Integration eher über das Verhalten und die Einstellungen der Bezugspersonen in der Organisation.

Organisationale Sozialisation

Die Maßnahmen zur Integration neuer Mitarbeiter werden unter dem Aspekt der ‚organisationalen Sozialisation' diskutiert (Schein 1978 in Wanous 1992). Darunter versteht man einen wechselseitigen, langfristigen Lernprozess: Mitarbeitende übernehmen Wissen, Kenntnisse, Regeln, Normen, Werte und Rollenerwartungen und beeinflussen gleichzeitig die Organisation, indem sie ihre Erfahrungen, Erwartungen und Werte einbringen. Organisationale Sozialisation beschreibt die Zeit des Übergangs von einem neuen Mitglied zu einem Vollmitglied der Organisation (Neuberger 1994, 122 ff.; Wanous 1992, 187 ff.).

Mitarbeiterintegration wird sowohl in der Literatur als auch in der Praxis häufig nur als Anpassung Neuer an die Organisation verstanden und entsprechend gestaltet. Der Begriff der organisationalen Sozialisation soll auf die Wechselwirkung hinweisen. Organisationale Sozialisation kann durch Mitarbeiterintegration unterstützt werden, ist aber nicht mit ihr gleichzusetzen:

Abgrenzung zu Integrationsmaßnahmen

Integrationsmaßnahmen sind bewusst gestaltet und haben im Gegensatz zur organisationalen Sozialisation einen definierten Beginn und sie enden nach einigen Wochen oder Monaten. Die Sozialisation beginnt bereits vor dem Eintritt in die Organisation, indem durch direkte und indirekte Kontakte (Auswahlprocedere, Telefonate) Erwartungen geweckt werden (‚antizipatorische Sozialisation') und sie geht auch nach Beendigung von Einarbeitungsprogrammen weiter.

4.2 Integrationsmaßnahmen – Adressaten und Ziele

Neue und Rückkehrer

Auch wenn Maßnahmen zur Mitarbeiterintegration primär auf neu eingetretene Mitarbeitende zielen, sind in einem erweiterten Sinn auch Personen angesprochen, die nach längerer Abwesenheit (Krankenstand, Karenzzeiten) bei der Rückkehr und Re-Integration in die Organisation unterstützt werden (Moser et al. 2018).

Praktikanten

Integration spielt in der Sozialwirtschaft auch in Zusammenhang mit der Begleitung von Praktikanten eine Rolle, obwohl Praktika grundsätzlich nicht auf einen dauerhaften

Verbleib der Praktikanten in der Organisation ausgerichtet sind. Qualitätvoll erlebte Praktika stellen die effektivste Rekrutierungsform dar. Für die Begleitung von Praktikanten wird in der Literatur der Begriff Praxisanleitung verwendet, durch den die fachliche Anleitung betont wird. Es greift allerdings zu kurz, Praktika nur als fachliche Lernmöglichkeiten zu verstehen: Sie vermitteln Haltungen und Werte, können die Berufsentscheidung festigen, aber auch Diskrepanzen zwischen der schulischen Ausbildung und der erlebten Praxis sichtbar machen. Daher können Elemente der Integration von neuen Mitarbeitenden auch Anhaltspunkte für die Gestaltung von Praktika geben.

Gründe für systematische Integration

Die folgenden Gründe sprechen dafür, dass Organisationen Maßnahmen zur Integration setzen (Moser et al. 2018, 27 ff., Becker 2013, 555 f., Kieser et al. 1990, 3 ff., Wanous 1992, 51 ff.):

- **Konfrontation mit Neuem:** Aus der Perspektive der neuen Mitarbeitenden ist der Eintritt in eine Organisation mit vielen Eindrücken und Erfahrungen verbunden. Sie werden mit neuen Aufgaben, neuen Kollegen, organisationsspezifischen Begriffen, fremden technischen Systemen und speziellen Gepflogenheiten konfrontiert. Das ist sehr anregend, kann aber auch als ‚stressig' erlebt werden. Neue sind möglicherweise unsicher, ob sie die Erwartungen erfüllen können. Vielleicht entspricht auch die Realität nicht dem vorgestellten Bild vom Unternehmen oder Arbeitsplatz. Gelungene Integration sorgt dafür, dass Informationen möglichst dosiert vermittelt werden, schafft die Möglichkeit, offene Fragen oder enttäuschte Erwartungen zu klären, damit Mitarbeitende sukzessive in die neue Rolle ‚hineinwachsen' können.
- **Fehlende Kenntnisse und Fertigkeiten:** Wissen, Fertigkeiten und berufliche Standards sind ein wichtiger Teil der Ausbildung in Sozialberufen. Schon bei der Personalauswahl wird auf eine möglichst gute Passung zwischen Anforderungen und Kompetenzen geachtet. Gewisse – manchmal spezifische – Anforderungen können aber nach der Einstellung durch Personalentwicklungsmaßnahmen ergänzt werden und sind daher im Auswahlprozess weniger relevant. Die Integration hat die Aufgabe, Defizite auszugleichen und die Neuen zu ermutigen, ihre Fähigkeiten motiviert einzubringen.
- **Sicherheit und Compliance:** Einen speziellen Stellenwert nehmen Fragen der Sicherheit bzw. Compliance in der Integrationsphase ein. Fehler und Unfälle können die Gesundheit gefährden, Arbeitsergebnisse beeinträchtigen, Betriebsmittel zerstören oder zu Konflikten mit dem Gesetz führen. Im Sozialbereich wird dem Sicherheitsaspekt in der Fachausbildung großes Augenmerk geschenkt (z. B. Rechte und Pflichten einzelner Berufsgruppen, Medikation, Verwendung von Hilfen beim Bewegen von Klienten, Umgang mit Übergriffen). Trotzdem gibt es eine Vielzahl unternehmensspezifischer Fragen, über die neue Mitarbeitende informiert werden müssen (z. B. interne Prozesse, Compliance Richtlinien, Meldepflichten).

  In Deutschland ist beispielsweise nach § 12 Arbeitsschutzgesetz eine Unterweisung bereits vor Aufnahme der Tätigkeit vorgeschrieben, wenn eine Einstellung oder die Veränderung des Aufgabenbereichs vorliegt.
- **Diffuse Erwartungen und Rollen:** Rollen sind Verhaltenserwartungen an Positionsinhaber. Rollenklarheit heißt, dass Mitarbeitende Methoden, Vorgehensweisen, zeitlichen Prioritäten, Bewertungskriterien und Standards ihrer Tätigkeit kennen (Moser et al. 2018, 44). Die Rollenklarheit kann durch Dokumente, Schulungsmaßnahmen oder Personen unterstützt werden.

- **Commitment und Bindung an das Unternehmen:** Commitment bedeutet, dass Mitarbeitende sich mit den Normen und Werten einer Organisation identifizieren, zu hohen Anstrengungen bereit sind und in der Organisation verbleiben möchten (Felfe/Six 2006). Die ersten Beschäftigungswochen entscheiden darüber, ob neue Mitarbeitende im Unternehmen bleiben oder es wieder verlassen. Die sog. „Frühfluktuation", also das freiwillige Ausscheiden der Mitarbeitenden innerhalb der ersten Zeit im Unternehmen, ist ein verbreitetes Phänomen.

Erfolgsindikatoren

Kieser et al. beschreiben erfolgreiche Integration wie folgt:

> „Der Eingliederungsprozess ist dann erfolgreich abgeschlossen, wenn der Mitarbeiter im Verlauf des Eingliederungsprozesses eine starke Bindung an das Unternehmen entwickelt hat, wenn er die zentrale Aufgabe versteht, beherrschen lernt und Motivation in sie einbringt, als kreativer Mitarbeiter jedoch an der Verbesserung betrieblicher Prozesse interessiert bleibt." (Kieser et al. 1990, 45)

Leistung, Zufriedenheit

Zusammengefasst hat der Integrationsprozess die Aufgabe, eine Passung auf zwei Ebenen – der Leistung und der Zufriedenheit – herzustellen:

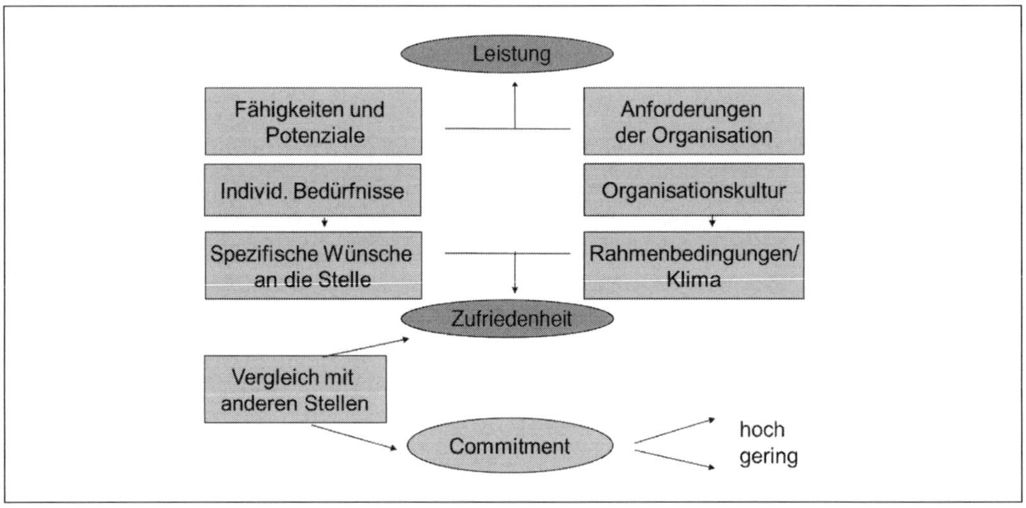

Abb. 9: Doppelter ‚fit' als Ergebnis des Integrationsprozesses für neue Mitarbeitende, in Anlehnung an Wanous 1992, 11; Moser et al. 2018, 40

4.3 Besonderheiten der Mitarbeiterintegration in der Sozialwirtschaft

Integrationsgründe Sozialwirtschaft

Die folgenden Rahmenbedingungen in der Sozialwirtschaft weisen der Integration neu eingetretener Mitarbeitender eine spezielle Bedeutung zu:

- **Personalmangel und schwierige Stellenbesetzung:** Durch den Fachkräftemangel im Sozialbereich haben Bewerber große Wahlmöglichkeiten. Sie treten möglicherweise zugesagte Stellen nicht an oder verlassen die Organisation rasch wieder. Das verursacht Unzufriedenheit bei den bestehenden Mitarbeitenden, einen hohen Suchaufwand und hohe Kosten. Das spricht dafür, dass bereits vor dem ersten Arbeitstag Maßnahmen gesetzt werden, um die Bindung an die Entscheidung zu stärken.

- **Integration von Praktikanten:** Praktika stellen einen der wichtigsten Rekrutierungskanäle in Sozialorganisationen dar. Die Attraktivität einer Organisation hängt ganz wesentlich davon ab, wie Praktikanten die Begleitung und Integration während der Praktikumsphase erleben (Heider-Winter 2014).

- **Integration als Herausforderung bei ambulanten Diensten:** Insbesondere wenn neue Mitarbeitende nicht in der Organisation selbst, sondern bei den Klienten tätig sind (z. B. ambulante Familienhilfe, Seniorenbetreuung, Streetwork), sind spezielle Überlegungen hinsichtlich Einschulung und Bindungsaufbau nötig. Meist fehlen die finanziellen Möglichkeiten, neue Mitarbeitende länger von erfahrenen Kolleg/innen begleiten zu lassen.

- **Kulturelle Diversität der Mitarbeitenden:** In der Personalwirtschaft werden die speziellen Anforderungen an eine Integration ausländischer Arbeitskräfte kaum thematisiert. Mitarbeitende mit Migrationshintergrund machen jedoch in manchen Einrichtungen – vor allem in der Betreuung und Pflege alter Menschen – einen beträchtlichen Teil der Belegschaften aus. Ihre Integration ist besonders herausfordernd, weil zu sprachlichen Barrieren auch unterschiedliche Werthaltungen, Vorbehalte von Kollegen und Klienten kommen können. Neben der Qualifizierung bzw. Kompetenzerfassung kommt der sozialen Integration eine besonders wichtige Rolle zu (Maier 2018, Wiener/Winge 2018). Dazu bedarf es auch einer Sensibilisierung der Führungskräfte und Teams.

Beispiel:

‚Connexia' ist ein Service- und Bildungsanbieter für Betreuungs- und Pflegeeinrichtungen im österreichischen Bundesland Vorarlberg. Sie bietet in ihrem Bildungsprogramm Unterstützung für die Integration von Menschen mit Fluchtgeschichte in Pflegeeinrichtungen an:

„Menschen mit Fluchtgeschichte in der Betreuung und Pflege – wovon wir alle profitieren können" Menschen mit Fluchtgeschichte in Betreuungs- und Pflegeausbildungen und als Mitarbeitende in Pflegeeinrichtungen? Warum nicht? Geflüchtete Menschen brauchen neben Schutz und Sicherheit vor allem eines: Zukunftsperspektiven. Dazu gehören in erster Linie eine Ausbildung und Arbeit, die es erlauben, die eigene Existenzsicherung zu erlangen und sich zu integrieren. Damit dies gelingen kann, braucht es allerdings eine Vorbereitung der Organisationen. Diese Fortbildung vermittelt Ihnen das nötige Handwerkszeug, damit Ihre Einrichtung diese zukünftigen Herausforderungen und Chancen frühzeitig erkennen kann und proaktiv und offen agiert – denn die geflüchteten Menschen von heute sind unsere Kolleginnen und Kollegen von morgen, weil wir alle brauchen werden.

Inhalte: Rechtsstatus von Flüchtlingen, Asylwerbenden, anerkannten Flüchtlingen, unbegleitet minderjährigen Flüchtlingen; Diversity Management im Gesundheitsbereich: Grundlagen, Implementierung, Herausforderungen für Pflege, Team und Führung; Verständnis von Dienstleistungsqualität, Familienstrukturen und Altenpflege im kulturellen Vergleich; Umgang mit traumatisierten Menschen mit Fluchtgeschichte.

4.4 Mitarbeiterintegration gestalten

Gestaltung von Integrationsprogrammen

Wenn Einführungsprogramme für eine Sozialeinrichtung gestaltet werden, sollte dies mit Blick auf folgende Aspekte geschehen:

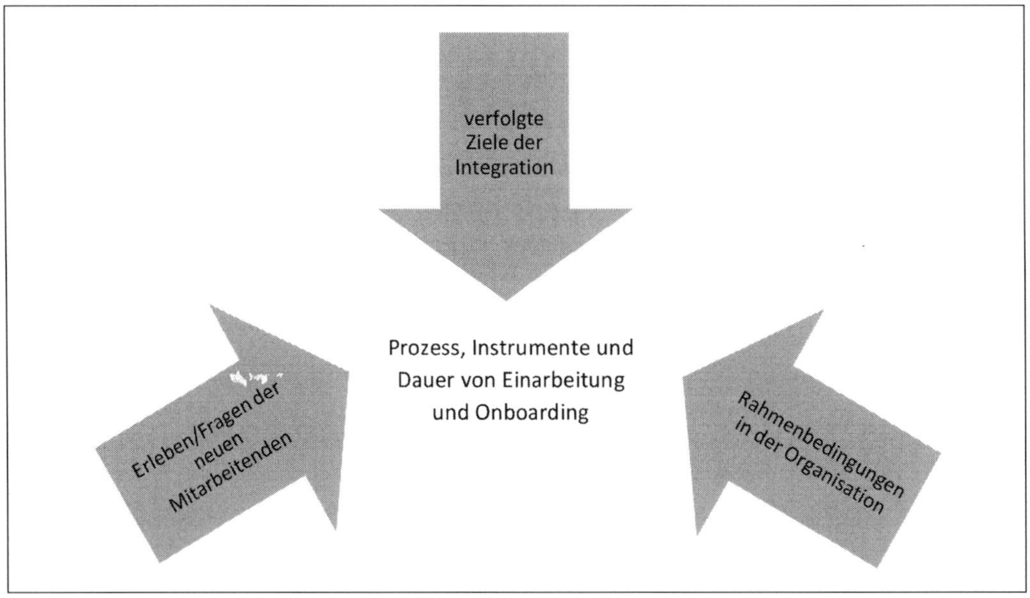

Abb. 10: Perspektiven für die Gestaltung von Integrationsprogrammen

Unternehmensziele

Der erste Aspekt, an dem sich Integrationsprogramme orientieren sollen, sind die damit verfolgten Ziele des Unternehmens. In Kapitel 4.1 wurden unterschiedliche Zieldimensionen für Integrationsprogramme beschrieben; diese müssen für die eigene Organisation konkretisiert werden.

Rahmenbedingungen

Zweitens spielen die Rahmenbedingungen in der Organisation eine Rolle. Darunter fallen z. B.:

- Größe der Organisation/Anzahl neuer Mitarbeitender (pro Monat/Jahr ...)
- Organisationsstruktur, Organisationsverständnis (hierarchische/agile Organisation)
- Bewusstsein für die Bedeutung von Mitarbeiterintegration bei den Führungskräften, Vorhandensein von entsprechendem Know-how
- Komplexität der Aufgaben bzw. Rahmenbedingungen für die Tätigkeit der neuen Mitarbeitenden
- Konkrete Anforderungen der Arbeitsplätze

Beispiel:

Vor der Gestaltung eines Einführungskonzepts für einen Verein, der mit Beratung und Dienstleistungen Familien unterstützt, wurden in einem Gespräch mit der Geschäftsleitung Ziele für den Einführungsprozess vereinbart.

Der Verein hat neben der Zentrale mehr als 20 dezentrale Einrichtungen. Zum Leistungsspektrum gehören u. a. Beratung, Veranstaltungen, Fortbildung und Interessensvertretung für Familien. Aufgrund der dezentralen Strukturen und vielfältigen Aufgaben ist der gesamte Tätigkeitsbereich schwer zu überblicken. Der Verein beschäftigt etwa 200 hauptamtliche Mitarbeitende (Angestellte und freie Dienstnehmer) und rund 350 Freiwillige. Es herrscht eine relativ hohe Fluktuation. Viele der benötigten Qualifikationen der Hauptamtlichen sind am Arbeitsmarkt kaum verfügbar, da sowohl pädagogisches als auch betriebswirtschaftliches Know-how benötigt wird. Folgende Ziele wurden für ein neues Einführungskonzept (für die hauptamtlichen Mitarbeitenden) der Einrichtung formuliert:

- Die Identifikation mit dem Verein als Arbeitgeber stärken
- Die Bindung an den Verein insgesamt (nicht nur an die eigene Einrichtung) erhöhen
- Einen einfachen Zugang zu wichtigen Informationen sicherstellen
- Eine rasche, konfliktarme und wirtschaftliche Einarbeitung fördern
- Einen einheitlichen Standard bei der Einführung neuer Mitarbeitender im Verein schaffen; Prozesse und Instrumente der Mitarbeiterintegration vereinheitlichen
- Führungskräfte in der Mitarbeiterintegration unterstützen

Mit dem Wissen darüber, was neue eintretende Mitarbeitende bewegt und dem Bewusstmachen der Rahmenbedingungen und Ziele der Organisation konnten der Integrationsprozess und die entsprechenden Instrumente passgenau gestaltet werden.

Mitarbeitererleben

Drittens sollte gestaltungsrelevant sein, wie Mitarbeitende den Eintritt in eine neue Organisation erleben.

Diese drei Perspektiven sind eine wichtige Orientierung, um Integrationsprozesse möglichst passgenau für die Organisation und die Zielgruppen gestalten zu können. Erst dann kann eine Auswahl der passenden Instrumente erfolgen und der Prozess gestaltet werden.

4.4.1 Phasen der Mitarbeiterintegration – Perspektive der Mitarbeitenden

3 Phasen der Integration

In der Literatur wird der Integrationsprozess neuer Mitarbeitender als Abfolge verschiedener Phasen beschrieben. Dabei werden zumindest drei Phasen unterschieden: die Zeit vor dem Eintritt, die ersten Arbeitstage sowie die anschließende Phase der Integration. Das zeigt, dass beim Prozess der Mitarbeiterintegration die Personalsuche und -auswahl und die Personalentwicklung ineinander übergehen.

Die folgende Tabelle gibt einen Überblick über drei gängige Phasenmodelle:

Kieser et al. (1990)	**Neuberger (1994)**	**Wanous (1992)**
Antizipatorische Sozialisation und Entscheidung für eine Stelle	Vor-Eintritts-Phase	Realistische Rekrutierung
Konfrontation	Eintritts-Phase	Konfrontation mit und Akzeptanz der Organisation
Einarbeitung	Metamorphose	Rollenklarheit erlangen
Integration		Seinen Platz in der Organisation finden
		Zeichen für erfolgreiche Sozialisation entdecken

Tab. 4: Phasenmodelle der Integration neuer Mitarbeitender

Die Phasen werden nun in Anlehnung an die drei Phasen nach Neuberger (1994) aus der Perspektive der neuen Mitarbeitenden und der Organisation beschrieben. Anschließend werden Überlegungen zu unterstützenden Maßnahmen abgeleitet.

4.4.1.1 Vor-Eintritts-Phase: Erwartungsbildung und Bindungsaufbau

Beginn: Bewerberkontakt

Die Vor-Eintritts-Phase beginnt mit dem ersten Bewerberkontakt und endet am ersten Arbeitstag. Bereits lange vor dem Eintritt bilden sich bei neuen Mitarbeitenden Eindrücke von der Organisation und Erwartungen heraus. Diese resultieren aus anderen Sozialisationsprozessen (Elternhaus, Schule/Ausbildung, bisherige Arbeitgeber), aber besonders prägend ist das Erleben des Bewerbungs- und Auswahlprozesses. Kieser et al. (1990) bezeichnen diese Erwartungsbildung vor dem Eintritt als „antizipatorische Sozialisation".

Realistisches Bild vom Unternehmen

Daher sollte bereits die Vor-Eintritts-Phase bewusst gestaltet werden, denn sie ist in mehrfacher Hinsicht eine wichtige Voraussetzung für ‚einen guten Start' neuer Mitarbeitender:

- In dieser Zeitspanne machen sich Bewerber ein **Bild über die künftige Organisation** und den Arbeitsplatz – und umgekehrt auch die Organisation über die Bewerber. Dabei spielt die Gestaltung des Bewerbungsprozesses eine wesentliche Rolle. In der neueren Literatur wird das Erleben der Bewerbungsphase als **„candidate experience"** bezeichnet (Verhoeven 2016). Eine positive Bewerbererfahrung wird als maßgeblich dafür erachtet, dass sich Bewerber schließlich für eine Organisation entscheiden. Auch wenn Bewerber abgelehnt werden, hinterlässt eine positive Bewerbererfahrung ein positives Bild von einer Einrichtung (Weitzel et al. 2016).
- Im Bewerbungsprozess entstehen Erwartungen, die ab dem ersten Arbeitstag auf eine reale Erfahrung treffen. Bleibt die Realität hinter den aufgebauten Erwartun-

gen zurück, kommt es zu Enttäuschungen, die im Extremfall zur frühzeitigen Kündigung („Frühfluktuation") führen.

Daher wird empfohlen, im Bewerbungsprozess möglichst realitätsgetreue Informationen über die Organisation und den Arbeitsplatz zur Verfügung zu stellen **(„Realistische Rekrutierung")** (Wanous 1992, Kieser et al. 1990). Wanous spricht auch von einer „Schutzimpfung" (Wanous 1992, 52) mit dreifacher Wirkung:

- Bewerber ziehen u. U. bereits vor der Besetzung ihre Bewerbung zurück, das vermeidet spätere Frühfluktuation.
- Wenn sie sich dennoch für die Stelle entscheiden, entsteht eine hohe Bindung.
- Basiert die Entscheidung für eine Stelle auf realistischen Erwartungen, sind Neue bereits auf Herausforderungen vorbereitet.

Realistische Informationen können durch Schilderungen der späteren Aufgaben und Herausforderungen im Bewerbungsgespräch, durch Gespräche mit künftigen Kolleg/innen, Videos, vorangegangene Praktika oder das sog. ‚Schnuppern' vermittelt werden.

Bindung schaffen

Die Vor-Eintritts-Phase hat einen wesentlichen Einfluss auf die **„Bindung am Beginn der Einarbeitungszeit"** (Kieser et al. 1990). Diese drückt aus, wie sehr sich neue Mitarbeitende beim Eintritt in die Organisation ihrer Entscheidung sicher sind – ob sie die Arbeitsstelle überhaupt antreten und wie sie mit den Herausforderungen der nächsten Phasen umgehen werden. Lautet die Haltung: „Ich schau es mir einmal an", können erste Schwierigkeiten bereits dazu führen, das Unternehmen bald wieder zu verlassen. Wie stark sich Bewerber bei Arbeitsbeginn an ihre Stellenentscheidung gebunden fühlen, ist von mehreren Faktoren abhängig: Konnten Bewerber bewusst zwischen verschiedenen Angeboten auswählen und/oder haben sie bereits in den Stellenwechsel investiert (z. B. Umzug), erhöht das die Bindung an die Entscheidung. Eine ähnliche Wirkung entsteht, wenn die Entscheidung bereits in einem größeren Kreis oder bei wichtigen Personen publik gemacht wird, z. B. durch Rituale, Feiern, Begrüßung von hochrangigen Unternehmensvertretern oder Informationen über Stellenwechsel in Zeitungen. In der Sozialwirtschaft hat diese Bindung der Bewerber an die Entscheidung in den letzten Jahren eine hohe Bedeutung gewonnen.

Willkommenssignale

Beispiel:

Immer mehr Organisationen berichten, dass Bewerber vor Arbeitsantritt absagen. Die Gefahr steigt mit Dauer der Zeitspanne zwischen Zusage und Arbeitsantritt. Um die Bindung an die Entscheidung bei Bewerbern zu stärken, können Organisationen in dieser Zeitspanne über ‚Willkommenssignale' Kontakt zu den neuen Mitarbeitenden halten und gleichzeitig deren Informationsbedürfnis befriedigen: Unterlagen über das Unternehmen, Einladungen zu Veranstaltungen/Feiern, Kennenlernen der künftigen KollegInnen oder der Vorgesetzten, erste Schulungen oder Kommunikation über Onboarding-Portale bzw. Online-Communities. Hier können sich neue Mitarbeitende mit bestehenden austauschen, erhalten Zugriff auf Wissensdatenbanken und wertvolle Hinweise für den Einstieg. Außerdem entlastet dies die ersten Arbeitstage, in denen Neue üblicherweise mit zu vielen Informationen überschwemmt werden.

Administrative Vorbereitung

In der Organisation müssen in der Vor-Eintritts-Phase alle Vorbereitungen für den Arbeitsantritt getroffen werden. Dazu gehören: Information der bestehenden Mitarbeitenden über die neuen Kollegen, Planung der ersten Tage/Wochen (Organisation des ersten Arbeitstags, Vorbereitung von Einarbeitungsunterlagen) und Herstellen der Arbeitsfähigkeit in organisatorischer Hinsicht (Schlüssel, EDV, Passwörter ...). Zur Unterstützung werden häufig Checklisten eingesetzt.

Beispiel für eine Checkliste (Auszug):

Eine Woche vor Arbeitsbeginn	Führungskraft	Pate/in	Unterlagen
Informationsmaterial zusammenstellen und an neue Mitarbeiter senden (Begrüßungsschreiben, Vereinszeitung, aktueller Jahresbericht, aktuelles Programmheft)	x		Vorlage Begrüßungsschreiben
Willkommensmappe in der Zentrale anfordern	x		
KollegInnen informieren: • Bei Teamsitzung/Leiterinnentreffen • Information in der Mitarbeiterzeitung veranlassen • Versand MA-Steckbrief durch Zentrale veranlassen			
Pate/in festlegen	x		Unterlage „Das Patensystem in ..."
Ausstattung Arbeitsplatz veranlassen: • Telefonanschluss • Türschild • PC einrichten • Handy ummelden	x		
Zeiterfassungsprogramm einrichten		x (Personalbüro)	
Einarbeitungsprogramm vorbereiten: • Aufgaben für Woche 1 und 2 formulieren • Festlegen, welche Aufgaben lt. Jahresplan wann beherrscht werden sollen			Vorlage Einarbeitungsplan

Am ersten Arbeitstag	Führungs-kraft	Pate/in	Unterlagen
Einführungsgespräch führen: • Willkommensmappe aushändigen • Vollständigkeit der Unterlagen prüfen • Paten und Patensystem vorstellen • Arbeitsbereich erläutern • Einarbeitungsplan besprechen • Zur Einführungsveranstaltung „Startklar" einladen • Erste Aufgaben übertragen • Den weiteren Ablauf klären und Gesprächstermine festlegen	x		Leitfaden Einführungsgespräch Stellenbeschreibung
Paten/in vorstellen	x		
Gebäuderundgang machen: • Büros, Postfach, Materialausgabe • ...		x	
Einführung in den Arbeitsplatz: PC-Einführung: Sicherheit/Passwort ... Telefon Zeiterfassung, Google-Kalender Büromaterial, Drucker ...		x	

4.4.1.2 Eintritts-Phase: Orientierung vermitteln, Erwartungen zurechtrücken, Eindrücke einholen

Beginn: 1. Arbeitstag

Die Eintritts-Phase beschreibt, wie neue Mitarbeitende die ersten Arbeitstage bzw. die erste Arbeitswoche erleben. In dieser Zeit werden sie mit der Realität und vielleicht auch mit Überraschungen konfrontiert, z. B. hinsichtlich Aufgaben, Rahmenbedingungen, Kultur des Unternehmens.

Erfolgsentscheidende Faktoren

Wie gut neue Mitarbeitende damit zurechtkommen, hängt von folgenden Faktoren ab (Kieser et al. 1990, 20 ff.): vom Verhalten der Vorgesetzten, der Arbeitsgruppe und den vermittelten Werten.

- **Vorgesetzte** sollten die neuen Aufgaben bewusst dosieren, Unterstützung und konstruktives Feedback geben und zu eigenen Vorschlägen ermutigen. Gerade die Aufforderung, Beobachtungen mitzuteilen, Ideen und Vorschläge einzubringen wird in der Praxis vernachlässigt. Dabei vergibt sich die Organisation zwei Chancen: einen ‚Blick von außen' einzuholen und den Neuen Wertschätzung zu signalisieren. Damit dies gelingen kann, braucht es aber Fingerspitzengefühl, eine aktive Aufforderung und einen speziellen Rahmen seitens des Vorgesetzten. Denn neue Mitarbeitende können von den bestehenden Organisationsmitgliedern auch als Bedrohung ihrer Routinen, Erfahrungen und Regeln gesehen werden.

Beispiel:

In einer Einrichtung werden folgende Möglichkeiten zum Einholen eines Blicks von außen genutzt:

Beim Erstgespräch mit dem Vorgesetzten erhalten neue Mitarbeitende den Auftrag: „Bitte notieren Sie sich alles, was Ihnen auffällt und wozu Sie Ideen haben. Wir sind in manchen Dingen betriebsblind, da freue ich mich darauf, wenn jemand von außen Dinge anspricht, die auffallen."

Rückmeldungen der neuen Mitarbeitenden werden als fixer Besprechungspunkt in den Zwischengesprächen und im Abschlussgespräch zur Einarbeitung aufgenommen.

- Die **Arbeitsgruppe** verfügt über wertvolle Informationen, um die neuen Eindrücke interpretieren und sich in der Organisation zurechtfinden zu können. Das sind z. B. ‚Tricks', wie man mit bestimmten Aufgaben oder Klienten gut zurechtkommt oder wie man sich in gewissen Situationen am besten verhält. Die Arbeitsgruppe ist aber auch eine wichtige Quelle sozialer Anerkennung. Ein guter Kontakt zur Arbeitsgruppe stellt wichtige Weichen für eine erfolgreich verlaufende Integration. Es ist also wesentlich, die Einbindung in die Arbeitsgruppe von Beginn an zu unterstützen. Ein gemeinsames Frühstück am ersten Arbeitstag, gemeinsame Mittagessen in der ersten Woche, ein Kennenlern-Rundgang sind verbreitete Instrumente, die dies fördern. Aber auch Patenmodelle, bei denen Neue durch erfahrenere Mitarbeitende begleitet werden, können Brücken zur Arbeitsgruppe schaffen.

  Schwierig wird die Integration in die Arbeitsgruppe, wenn dort Konflikte bestehen und neue Mitarbeitende nicht wissen, auf welche Seite sie sich stellen sollen oder wenn ein sehr starker Gruppenzusammenhalt herrscht und Neue keinen Zugang finden.

- **Werte** sind gerade in Sozialorganisationen wichtige Bindemittel. Mitarbeitende entscheiden sich für eine spezielle Organisation aufgrund ihrer Kultur, bestimmter Betreuungskonzepte/Arbeitsprinzipien oder weil sie dort ihre Überzeugungen leben können. Die Auseinandersetzung mit den Werten erfolgt häufig im Rahmen von Einführungsveranstaltungen oder in Einführungsgesprächen mit den Vorgesetzten. Neben diesem Heranführen an die ‚offiziellen' Werte sollte sich die Organisation bewusst sein, dass neue Mitarbeitende sehr sensibel für die tatsächlich erlebten Werte sind.

Orientierungsprogramme

In der Eintritts-Phase bieten Organisationen häufig sog. ‚Orientierungsprogramme' an. Darunter werden Maßnahmen verstanden, die an den ersten Arbeitstagen stattfinden und wichtige Regeln, Prinzipien und Verfahrensweisen vermitteln. „Orientierung steht für den Prozess, durch den Mitarbeiterinnen und Mitarbeiter die organisationalen Regeln, Prinzipien und Verfahrensweisen erlernen." (Moser et al. 2018, 2)

Es geht dabei weniger um tätigkeitsbezogenes Wissen, sondern um wichtige Informationen sowie ‚ungeschriebene Gesetze' einer Organisation. Vermittelt werden in solchen Programmen z. B. das Leitbild, die Unternehmensgeschichte, Strukturen und Prozesse, organisationsspezifische Richtlinien, Programme, Verfahrensweisen. Maßnahmen sind Schulungen, Seminare, Videos, Teambuildung-Maßnahmen oder Orientierungsveranstaltungen. Seit einigen Jahren werden Teile von Orientierungsprogrammen auch computerbasiert durchgeführt (z. B. Vermitteln von Informationen zum Unternehmen).

Initiationsrituale

Initiationsrituale bilden ein weiteres wichtiges Element zur sozialen/wertebezogenen Integration in den ersten Arbeitstagen. Begrüßungsansprachen durch hochrangige Unternehmensvertreter, die persönliche Vorstellung der neuen Mitarbeiter, die offizielle Aushändigung von Namensschildern, Arbeitskleidung/-mitteln können Elemente solcher Rituale sein. Es handelt sich um eine Art ‚Aufnahmezeremonie', die den neuen Mitarbeitern den Status eines Organisationsmitglieds verleihen.

4.4.1.3 Integration und Einarbeitung/Metamorphose: Rollenklarheit fördern, Bindung festigen

Rollenklarheit fördern

Aus Sicht der neuen Mitarbeitenden liegt die zentrale Herausforderung in dieser letzten Phase darin, Rollenklarheit zu erlangen. Das bedeutet, die an sie gestellten Aufgaben und Anforderungen zu entschlüsseln und eigene Lösungsstrategien dafür zu entwickeln.

Schlüsselfragen klären

Einführungsprogramme sollten folgende Fragen beantworten, die neue Mitarbeitende in den ersten Tagen und Wochen beschäftigen (Watzka 2014, 81):

- Was sind die wichtigen Gradmesser für Leistung und daraus resultierende Belohnungen/Bestrafungen?
- Wie findet man heraus, auf welche Weise man die geforderte Leistung erbringen kann, und wie sieht das resultierende Feedback aus?
- Von welchen Schlüsselpersonen ist man abhängig, wenn man die Arbeit erfolgreich bewältigen will? Gibt es Widersacher/Saboteure?
- Was sind die größten Hürden bei der Aufgabenbewältigung: technische, logistische, interpersonelle?
- Welche Quellen für Hilfen gibt es?
- Was sind die wichtigsten unausgesprochenen Werte und Annahmen über die Arbeit, Menschen, interpersonellen Beziehungen?
- Was braucht man, um im Unternehmen erfolgreich zu sein? Welche Personen werden am meisten respektiert? Was wird als vorbildlich angesehen?

- Was wird als ernste Strafe angesehen? Welche Fehler werden nicht verziehen?
- Welche Rituale, Symbole, Zeremonien spiegeln am besten den Charakter des Unternehmens wider?
- Welchen Hauptregeln hat jeder im Unternehmen zu folgen (z. B. Kleidung, Lebensstil). Was sagt oder tut man bzw. sagt man oder tut man nicht? Wen kritisiert man nicht öffentlich?

Wie leicht Antworten dafür gefunden werden, hängt einerseits von der Art der Aufgabe ab: Ist sie klar vorstrukturiert? Wie viel Spielraum bietet sie? Unterstützend bei der Orientierung sind z. B. die eigene Ausbildung bzw. die bisherige Arbeitserfahrung, Stellenbeschreibungen, eine Übergabe durch frühere Stelleninhaber, Kollegen oder die Vorgesetzten.

Bindung festigen

Neben der Rollenklarheit sollen neue Mitarbeitende auch eine Bindung an das Unternehmen entwickeln. Welche Faktoren dafür ausschlaggebend sind, fasst die folgende Grafik zusammen.

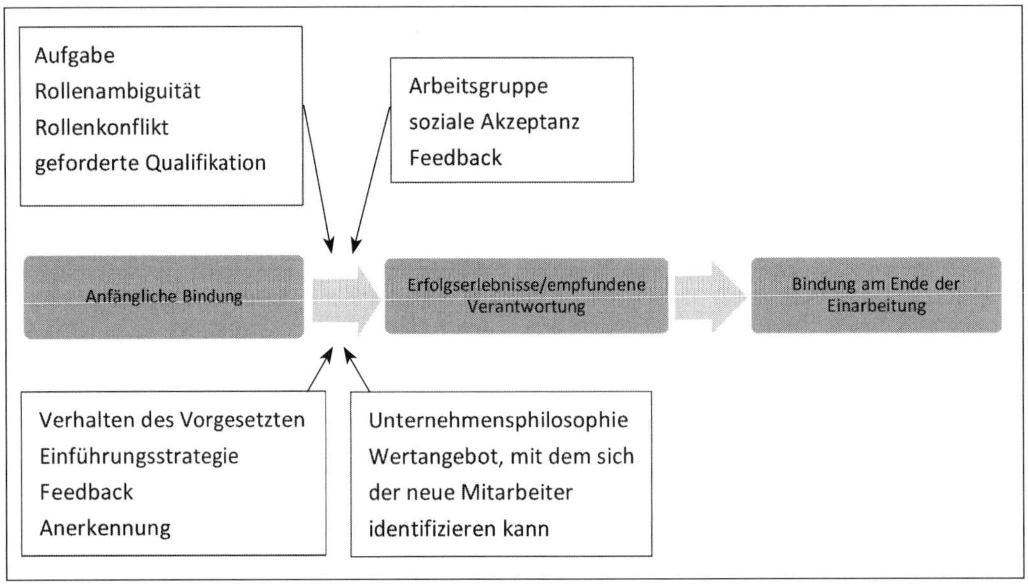

Abb. 11: Faktoren zum Aufbau von Bindung am Ende der Einarbeitung, in Anlehnung an Kieser et al. 1990, 41

4.4.2 Spezielle Instrumente zur Mitarbeiterintegration

Grundsätzlich sind für die Integration neuer Mitarbeitender – je nach Anzahl der Neueinstellungen – zwei Ansätze denkbar:

Individuelle Einführung

Eine offene, individuelle Einführung ist eher informell und unsystematisch. Sie erfolgt unmittelbar am Arbeitsplatz mit Gesamtverantwortung durch die unmittelbare Führungskraft. Diese Form wird für viele Sozialorganisationen zutreffend sein. Wenn Integrations- und Einarbeitungsprozesse nicht häufig gestaltet werden, können strukturierte Unterlagen und Standards für die Führungskräfte hilfreich sein.

Ein strukturierter Traineegruppenansatz geht davon aus, dass mehrere Arbeitskräfte für idente oder ähnliche Tätigkeitsbereiche in einem Zeitraum eingestellt werden. Sie werden zu Gruppen zusammengefasst und erhalten spezielle Unterstützung zusätzlich zur Integration am Arbeitsplatz (z. B. Einführungsveranstaltung, Seminare, E-Learning-Sequenzen, Prüfungen). *Traineegruppe*

Folgende spezielle PE-Instrumente dienen der Unterstützung bei Integrationsprozessen:

4.4.2.1 Einführungs-/Mitarbeitergespräche mit dem Vorgesetzten

Auch wenn mehrere Personen in die Integration neuer Mitarbeiter eingebunden sind, liegt die koordinative Gesamtverantwortung bei der unmittelbaren Führungskraft. Sie muss dafür Sorge tragen, dass die erforderlichen Vorbereitungen getroffen und unterstützende Aktivitäten angestoßen werden.

Wesentliche Aufgabe von Vorgesetzten sind Gespräche mit den neu eingetretenen Mitarbeitenden. In der Regel gibt es zumindest folgende Anlässe: *Gesprächsarten*

- Gespräch bei Arbeitsaufnahme,
- Zwischengespräch nach einigen Wochen und
- Abschlussgespräch am Ende der Probe- und/oder Einarbeitungszeit.

Häufig wird das letzte Gespräch der Einführungsphase als Mitarbeitergespräch (Jahresgespräch, s. Kap. 5.3.1) geführt, um Arbeitsschwerpunkte und Entwicklungsvorhaben für das erste Arbeitsjahr festzulegen.

Folgende Themen können Gegenstand eines Einführungsgesprächs sein: *Gesprächsthemen*

- Erwartungen der Führungskraft (an die Stelle im Allgemeinen, an die neuen Mitarbeitenden und ihre Arbeitsweise)
- Erwartungen der neuen Mitarbeitenden (an den Arbeitgeber, die Aufgaben, die Führungskraft und die Kollegen)
- Ablauf der Einführung (Dauer, Gespräche, weitere Maßnahmen ...) bzw. Einarbeitungsplan
- Wichtige Richtlinien, Vereinbarungen, Regelungen in der Organisation (z. B. Schweigepflicht, Informationsweitergabe, Regelungen zur Nutzung von Arbeitsmitteln ...)
- Erste Aufgaben
- Termine und Schwerpunkte der weiteren Gesprächstermine
- Übergabe von Schlüsseln, Handy ...

Die Gespräche können auch genutzt werden, um Feedback der neuen Mitarbeitenden einzuholen. Das signalisiert bereits zu Beginn Interesse und Wertschätzung, schafft aber auch für die Organisation selbst Chancen zur Weiterentwicklung. Gespräche mit der Führungskraft können einen guten Rahmen dafür bieten. *Feedback einholen*

4.4.2.2 Einarbeitungspläne

Fachliche Einarbeitung

Einarbeitungspläne sind schriftlich dokumentierte Vorgehensweisen zur fachlichen Einarbeitung für bestimmte Berufsgruppen. Sie legen fest, was in welchem Zeitraum beherrscht werden sollte. Die Planung kann entweder standardisiert für bestimmte Funktionen in der Organisation (z. B. Sozialpädagogen in einem Jugendwohnhaus) oder individuell für einzelne Mitarbeitende erstellt werden. Sie orientieren sich an den Anforderungen des Arbeitsplatzes unter Berücksichtigung der Vorkenntnisse/Vorerfahrungen der neuen Mitarbeitenden. Einarbeitungspläne sollten im Erstgespräch mit dem Vorgesetzten besprochen, präzisiert bzw. angepasst werden.

4.4.2.3 Traineeprogramme

Programm für Hochschulabsolventen

Eine spezielle Form der Einarbeitung, vor allem für Hochschulabsolventen, stellen Traineeprogramme dar. Sie unterstützen den Übergang ins Berufsleben, indem Trainees festgelegte Stationen in einer Organisation durchlaufen und zusätzlich an Bildungsmaßnahmen teilnehmen. Dabei lernen sie entweder alle (ressortübergreifend) oder nur bestimmte Unternehmensbereiche kennen (ressortbeschränkt). Traineeprogramme können aber auch projektbezogen konzipiert sein (Becker 2013, 561 ff.) (s. auch Kap. 8.4.3.1). Da grundsätzlich jeder Einstiegsjob als Traineeprogramm tituliert werden kann, wurde in Deutschland ein Qualitätssiegel für karrierefördernde und faire Traineeprogramme geschaffen (Absolventa-Trainee-Auszeichnung) bzw. wurde eine Handlungsempfehlung des BM für Wirtschaft und Energie, Kompetenzzentrum Fachkräftesicherung (www.kofa.de/service/publikationen) dazu herausgegeben (Moser et al. 2018, 98).

4.4.2.4 Patensysteme/'Buddysysteme'

Patenmodell

> Bei einem Patenmodell handelt es sich um eine „formell institutionalisierte, persönliche Betreuung des neuen Mitarbeiters durch einen unternehmenserfahrenen, hierarchisch *gleichgestellten*(!) Kollegen" (Watzka 2014, 88; Hervorhebung im Original).

In der Praxis werden Patensysteme vielfach als ‚Buddy-' oder ‚Mentoren-Systeme' bezeichnet. In der Personalwirtschaft versteht man unter Mentoren allerdings hierarchisch höhergestellte Personen, die bei karrierebezogenen Belangen unterstützen.

Geeignete Personen

Paten können entweder langjährige Mitarbeitende sein oder Personen, die selbst erst seit kurzer Zeit im Unternehmen sind. Letztere können sich besonders gut in die Situation von neuen Mitarbeitern versetzen und müssen sich für ihre Patenrolle selbst noch einmal mit den Gegebenheiten in der Organisation auseinandersetzen. Dies unterstützt ihre Identifikation mit dem Unternehmen. Eine Patenfunktion wird im Vorhinein auf eine bestimmte Zeit (z. B. drei Monate) begrenzt.

Aufgabenspektrum

Das potenzielle Aufgabenspektrum des Paten umfasst die soziale und fachliche Integration neuer Mitarbeiter durch folgende Aktivitäten (Kieser et al. 1990, 155; Watzka 2014, 88):

- Beratung und Hilfe bei allen Fragen
- Übernahme (von Teilen) der fachlichen Einarbeitung

- Steuerung der Lernprozesse in Abstimmung mit der Führungskraft
- Vorstellung von Neuen in der Arbeitsgruppe und bei wichtigen Kontaktpartnern
- Vorleben und Thematisieren der ungeschriebenen Regeln im Unternehmen
- Ermutigen zu selbstständigem Denken und Handeln
- Unterstützen guter Ideen und
- konstruktives Feedback an die neuen Mitarbeiter.

Patenkonzept

Ein Patenkonzept sollte verschriftlicht vorliegen und Funktion bzw. Aufgaben von Paten (auch in Abgrenzung zum Vorgesetzten) konkret beschreiben, denn der Pate sollte keinesfalls eine Vorgesetztenrolle übernehmen. Empirische Studien belegen, dass die Unterstützung durch Organisationsmitglieder als Rollenvorbilder die effektivste Integrationsmaßnahme darstellt (Saks et al. 2007, zit. nach Biemann/Weckmüller 2014, 48).

Paten sollten dafür aber folgende Voraussetzungen mitbringen (Watzka 2014, 88):

- einen guten Überblick über die Prozesse
- gutes und aktuelles Fachwissen
- eine gute interne Vernetzung
- hohe soziale Akzeptanz innerhalb und außerhalb der Arbeitsgruppe
- eine positive, loyale Einstellung zum Unternehmen sowie
- hohe Sozialkompetenz und didaktische Fähigkeiten

Beispiel:

In der Beschreibung des Patensystems des oben beschriebenen Vereins zur Unterstützung von Familien sind folgende Punkte geregelt:

- Was ist der Sinn unseres Patensystems? (Präambel)
- Für wen gilt das Patensystem?
- Wer wird Patin?
- Welche Voraussetzungen sollen Paten mitbringen?
- Wie gestaltet sich der Kontakt zwischen den neuen Mitarbeitenden und ihren Paten?
- Was sind die Aufgaben von Paten?
- Was gehört nicht zu den Aufgaben von Paten?
- Wie lange dauert eine Patenschaft?
- Wie viel Zeit steht Paten für ihre Aufgaben zur Verfügung?

Zum Weiterlesen

Vertiefende Literatur zur Integration neuer Mitarbeitender

Brenner, Doris (2014): Onboarding: Als Führungskraft neue Mitarbeiter erfolgreich einarbeiten und integrieren. Wiesbaden: Springer.

Lohaus Daniela/Habermann, Wolfgang (2016): Integrationsmanagement – Onboarding neuer Mitarbeiter. Göttingen: Vandenhoeck.

Moser, Klaus et al. (2018): Onboarding – Neue Mitarbeiter integrieren. Göttingen: Hogrefe.

Watzka, Klaus (2014): Personalmanagement für Führungskräfte. Elf zentrale Handlungsfelder. Wiesbaden: Springer Gabler.

Meier, Harald (2018): Interkulturelles Onboarding. Betriebliche Integration Flüchtlinge und Migranten, Mitarbeiter mit Migrationshintergrund, International Global Workforce. Herne: NWB Verlag.

Klassiker

Kieser Alfred/Nagel, Rüdiger/Krüger, Karl-Heinz (1990): Die Einführung neuer Mitarbeiter in das Unternehmen. Neuwied: Kommentator-Verlag.

Wanous, J. P. (1992): Organizational entry: Recruitment, selection, orientation, and socialization of newcomers. Reading, MA.

5. Die Qualifizierung bestehender Mitarbeitender für ihre Aufgaben

In diesem Kapitel erfahren Sie, ...

... wie der Funktionszyklus gestaltet werden kann

... welche Möglichkeiten es gibt, den Qualifizierungsbedarf festzustellen

... wie Lernziele formuliert werden können

... welche Formen der Qualifizierung unterschieden werden können

... welche Vorstellungen von Lernen Erwachsener in der Personalentwicklung maßgeblich sind

... wie der Erfolg von Qualifizierungsmaßnahmen gemessen werden kann

... wie die Übertragung des Gelernten ins Arbeitsfeld unterstützt werden kann

Kernaufgabe: laufende Qualifizierung

Eine der Kernaufgaben von Personalentwicklung ist die laufende Qualifizierung der Mitarbeitenden, damit sie ihre Arbeitsaufgaben gut bewältigen können. Sie kann reaktiv und proaktiv erfolgen. **Reaktive** Qualifizierungsmaßnahmen gleichen bestehende Defizite/Schwächen der Mitarbeitenden aus, **proaktive** Qualifizierung nimmt künftige Entwicklungen und daraus entstehende Qualifizierungsbedarfe vorweg und bereitet Mitarbeitende darauf vor.

Vorbereitung auf neue Funktionen

Von der laufenden Qualifizierung, die sich auf die Aufgaben der aktuell eingenommenen Funktion bezieht, ist die Vorbereitung von Mitarbeitenden auf neue Funktionen zu unterscheiden (Mitarbeiterförderung, Höherqualifizierung, Laufbahngestaltung).

Exkurs: Berufsrecht

Exkurs: Fort- und Weiterbildung im Sozial- und Gesundheitsbereich

Im deutschsprachigen Raum wird im Sozial- und Gesundheitsbereich zwischen Fortbildung und Weiterbildung unterschieden. Allgemein dienen Fortbildungen dazu, den wechselnden Anforderungen einer Tätigkeit zu genügen, den Wissensstand der Ausbildungen aufzufrischen und auf Stand der Wissenschaft zu halten bzw. zu heben (Andreaus/Eichinger 2017). In Österreich besteht für viele Berufe im Gesundheits- und Sozialbereich eine gesetzliche Fortbildungspflicht in einem bestimmten Stundenausmaß. Die Ausübung des Berufs ist an die Erfüllung der Fortbildungsverpflichtung gebunden bzw. kann die Nichterfüllung haftungsrechtliche Konsequenzen haben.

Weiterbildungen dienen der Erweiterung und Vertiefung von Wissen. Gewisse Funktionen setzen entsprechende Weiterbildungen voraus (z. B. Praxisanleitung). Weiterbildungen müssen bestimmte Rahmenvorgaben erfüllen (z. B. hinsichtlich Zulassungsvoraussetzungen, Stundenausmaß, Inhalten, Form der Abschlussprüfung) und dürfen nur von anerkannten Ausbildungseinrichtungen angeboten werden. Die Landespflegekammer Rheinland-Pfalz (2018) legt beispielsweise in einer Rahmenvorgabe für die Weiterbildung zur Praxisanleitung in Pflegeberufen eine Mindestdauer von einem Jahr mit mindestens 300 Stunden Präsenzzeit fest.

In Deutschland wird zwischen Fachweiterbildung (z. B. Weiterbildung zur Fachkraft für Intensivpflege, Fachkraft für psychiatrische Pflege) und Funktionsweiterbildung (z. B. Praxisanleitung, Leitung einer Organisationseinheit) unterschieden. Weiterbildungen berechtigen zum Führen einer entsprechenden Zusatzbezeichnung.

5.1 Die Analyse des Qualifizierungsbedarfs in der Sozialwirtschaft

Bedarfsanalyse

Die Qualifizierung der Mitarbeitenden folgt dem in Kap. 3.3 beschriebenen Funktionszyklus und beginnt mit einer Bedarfsanalyse.

Qualifizierungsbedarfe beschreiben nach Becker die Differenz zwischen einem Ist-Zustand und einem erwünschten Soll-Zustand (Becker 2013, 825). Sie können durch unternehmensexterne und/oder -interne Ursachen entstehen.

Auslöser für Qualifizierungsbedarfe

In der Sozialwirtschaft können sie folgende Auslöser haben:

Mögliche externe Auslöser	Mögliche organisations-interne Auslöser
• Gesetzliche Änderungen • Vorgaben/Richtlinien/vertragliche Verpflichtungen seitens der Auftraggeber • Soziale/sozioökonomische Entwicklungen (z. B. demografischer Wandel) • Anforderungen aus Veränderungen der Kundenstruktur (z. B. Menschen mit Migrationshintergrund, demenzielle Erkrankungen)	• Neue Dienstleistungsangebote • Übernahme neuer/zusätzlicher Aufgaben • Neuorganisation von Tätigkeiten/Prozessen/Leistungen • Einführung neuer Technologien • Einführung neuer fachlicher Konzepte • Einführung neuer Organisationskonzepte (selbststeuernde Teams, Bezugspflege ...)

Tab. 5: Auslöser von Entwicklungsbedarfen in der Sozialwirtschaft

Zentrale Aufgabe von Führungskräften

Das Erarbeiten und Festlegen von Entwicklungsbedarfen zählt zu den zentralen PE-Aufgaben von Führungskräften. In der Praxis wird dieser Schritt häufig vernachlässigt. Die folgenden Schilderungen von Führungskräften beschreiben typische Situationen:

Negativbeispiele

Beispiele:

Aussagen von Führungskräften:

„Wir haben eine eigene Weiterbildungsabteilung. Sie gibt jedes Jahr im Herbst ein Weiterbildungsprogramm heraus, außerdem liegen verschiedene Kataloge anderer Anbieter auf. Die Mitarbeitenden können sich jedes Jahr etwas auswählen. Ich genehmige die Wünsche dann im Rahmen meines Budgets. Das Problem ist aber eher, dass viele kein Interesse mehr an Qualifizierung haben oder mit Fortbildungswünschen kommen, die ihre Tätigkeit nur am Rande betreffen. Es ist für mich schwierig, solche Wünsche abzulehnen, weil die Mitarbeitenden dann demotiviert sind. Ich frage mich aber auch, wie ich diejenigen, die nichts mehr machen wollen, zu Fortbildungen bewegen kann."

„Bei uns gibt es einen tollen Seminarkatalog, den lege ich den Mitarbeitern hin und sage, tragt euch ein. Natürlich tut das keiner. Da musst du dann jeden einzeln ansprechen und sagen, wäre das nicht was für dich."

Becker (2013) beschreibt das in diesen Situationen beschriebene Vorgehen als Ausdruck eines geringen Reifegrades der Personalentwicklung (s. Kap. 10.2). Personalentwicklung ist in diesem Fall angebotsorientiert, d. h. die Qualifizierung knüpft an bestehenden Angeboten statt an Bedarfen an. Die Führungskräfte sind passiv, die Initiative liegt bei den Mitarbeitenden selbst. Entsprechend unterschiedlich ist die Motivation zur Fortbildung. Daraus entstehen häufig ähnliche Situationen wie oben beschrieben. Eine aktive Bedarfserhebung durch die Führungskraft kann dem entgegenwirken.

5.2 Möglichkeiten der Bedarfsplanung

Analyseebenen

Beim Erheben von Entwicklungsbedarfen wird auf folgenden Analyseebenen angeknüpft (Becker 2013, Kauffeld 2016, Kauffeld/Grote 2019):

- **Organisationsanalyse:** Sie erhebt, welche Notwendigkeiten aus veränderten Rahmenbedingungen und strategischen Zielen der Einrichtung resultieren und welche Anforderungen sich daraus künftig für die einzelnen Fachbereiche/Funktionen ergeben.
- **Aufgabenanalyse:** Die Aufgabenanalyse definiert auf Basis der Aufgaben und Verantwortungsbereiche einer Funktion die entsprechenden **Soll-Anforderungen**. Ein bekanntes Instrument ist die Stellenbeschreibung mit einem entsprechenden Anforderungsprofil.
- **Personanalyse:** Sie stellt fest, inwiefern die Mitarbeitenden die aus den Aufgaben resultierenden **Leistungsanforderungen erfüllen**. Ein typisches Instrument ist die Leistungsbeurteilung. Kauffeld/Grote (2019) zählen zur Personanalyse auch eine demografische Analyse. Sie berücksichtigt den Qualifizierungsbedarf unterschiedlicher Mitarbeitergruppen (Altersgruppen, Männer/Frauen, Menschen mit Migrationshintergrund).

Der Abgleich zwischen Organisations- bzw. Aufgabenanalyse (Soll) und Personanalyse (Ist) zeigt die Entwicklungsbedarfe, aber möglicherweise auch ungenutztes Potenzial, wenn Mitarbeitende Wissen oder Fähigkeiten mitbringen, die sie nicht einsetzen können.

Systematik der Instrumente

Die Methoden zur Bedarfserhebung können entlang folgender zwei Dimensionen systematisiert werden:

- **Top-down- versus Bottom-up-Instrumente:** Personalentwicklungsbedarfe können top-down aus den strategischen Zielen der Organisation bzw. aus externen Vorgaben (äußeren Einflussfaktoren) abgeleitet werden. Daraus resultieren meist unternehmensweit gültige Standards/Regelungen. Ein Beispiel dafür sind vorgeschriebene Ausbildungen für Führungskräfte. Bei Bottom-up-Verfahren werden Qualifizierungsbedarfe zwischen Mitarbeitenden und Führungskräften auf Team- oder Abteilungsebene erarbeitet. Beide Perspektiven können aber auch kombiniert werden.

- **Input- versus ergebnis-orientierte Instrumente:** Bei input-orientierter Bedarfsplanung werden konkrete Qualifizierungsmaßnahmen festgelegt, z. B. ein Hortpädagoge soll ein Seminar zum Umgang mit autistischen Kindern absolvieren. Ergebnisorientierte Verfahren legen fest, welche Soll-Kompetenzen Mitarbeiter benötigen bzw. welche Aufgaben beherrscht werden müssen, lassen aber die Qualifizierungswege offen.

Daraus ergibt sich folgende Systematik, wobei manche Instrumente unterschiedlich verwendet werden können. Sie wurden so zugeordnet, wie sie typischerweise eingesetzt werden.

	Bottom-up-Instrumente → Bedarf auf Team-/Abteilungsebene definiert	**Top-down-Instrumente → Orientierung an unternehmensweiten Vorgaben**
Input-Orientierung		• (Gesetzliche) Standards/Richtlinien für Fort-/Weiterbildung • Qualifizierungspläne für bestimmte Funktionen
Ergebnis-Orientierung	• Mitarbeitergespräche, Beurteilungs-/Fördergespräche • Moderierte Gruppengespräche, Klausuren, Workshops • Aufgaben-/Funktionsmatrizen auf Team-/Abteilungsebene	• Stellenbeschreibungen/Anforderungsprofile • Unternehmensweite Kompetenzprofile für bestimmte Funktionen

Tab. 6: Möglichkeiten und Instrumente zum Feststellen der Entwicklungsbedarfe, in Anlehnung an Klug 2011

Bottom-up-Instrumente

Beim Einsatz von Bottom-up-Instrumenten gehen die Entwicklungsbedarfe aus Vereinbarungen zwischen Führungskraft und ihren Mitarbeitenden hervor. Sie tragen somit den spezifischen Anforderungen der einzelnen Bereiche Rechnung. Eine Bedarfsanalyse auf Basis von Mitarbeitergesprächen oder moderierten Gruppengesprächen orientiert sich an den Anforderungen und Problemen im laufenden Betrieb: „Wo gibt es Probleme?", „Was kommt auf uns zu?", „Wie müssen wir uns dafür weiterentwickeln?" Es handelt sich um ergebnisorientierte Formen der Bedarfsfeststellung, bei denen anschließend überlegt werden muss, wie die identifizierten Bedarfe gedeckt werden.

Durch die Einbindung der Mitarbeitenden bei diesen Methoden steigt die Akzeptanz der vereinbarten Qualifizierungsmaßnahmen. Sie sind Ausdruck einer partizipativen Kultur und haben eine Informations- und Motivationsfunktion für die Mitarbeitenden. Diese werden über anstehende Entwicklungen informiert, können sich einbringen und mitgestalten. Eine Form der Bottom-up-Bedarfsplanung zu installieren ist häufig ein wichtiger Professionalisierungsschritt in der Personalentwicklung. Dabei sollte zunächst überprüft werden, welche bestehenden Instrumente/Prozesse dafür genutzt bzw. weiterentwickelt werden können (z. B. bestehende Mitarbeitergespräche, Teamklausuren).

Top-down-Instrumente

Top-down-Instrumente streben eine häufig eine Vereinheitlichung von Soll-Anforderungen für die einzelnen Funktionen im Unternehmen an. Input-orientierte Instrumente erleichtern die Bedarfsplanung, weil sie bereits Vorgaben hinsichtlich der Qualifizierungsform darstellen. In Sozial- und Gesundheitseinrichtungen sind z. B. Qualifizierungspläne für bestimmte Berufsgruppen verbreitet, in denen gewisse Seminare vorgegeben werden.

Ein typisches Beispiel für ein ergebnisorientiertes Top-down-Verfahren sind Kompetenzprofile, die unternehmensweit verbindliche Soll-Anforderungen für Mitarbeitende festlegen. Es sind aber auch Kombinationen zwischen den Varianten verbreitet, z. B. wenn in einem Mitarbeitergespräch standardisierte Kompetenzprofile besprochen werden.

5.3 Ausgewählte Instrumente für die Bedarfsplanung

In den folgenden Kapiteln werden die Instrumente – mit Beispielen für ihren Einsatz in Sozialorganisationen – genauer dargestellt. Die unternehmensweiten Kompetenzprofile werden ausführlich in Kap. 12.2 thematisiert.

5.3.1 Mitarbeiter-/Jahresgespräche

Vier-Augen-Gespräch

In Zusammenhang mit Personalentwicklung wird unter einem Mitarbeitergespräch ein Vier-Augen-Gespräch verstanden,

- das zwischen Mitarbeitenden und ihren direkten Vorgesetzten regelmäßig (idealerweise einmal jährlich)
- strukturiert und standardisiert durchgeführt wird
- und in dem abseits des Arbeitsalltags grundsätzliche und längerfristige Themen besprochen werden (Mentzel/Grotzfeld/Haub 2008, 12 f.).

Rückblick, Vorschau, Themen

Das Mitarbeitergespräch ist einerseits eine Bilanz über die abgelaufene, andererseits ein Planungsgespräch für die kommende Arbeitsperiode. Die wichtigsten Themen/Inhalte im Mitarbeitergespräch sind daher (Becker 2005, 379 f., Ryschka/Tietze 2011, 81 bzw. Werling 2008, 11):

- der gemeinsame Rückblick auf die vergangene Arbeitsperiode
- die Planung der kommenden Arbeitsperiode im Hinblick auf Aufgaben und Arbeitsziele
- das Feedback der Führungskraft über die bisherige Aufgabenerfüllung und die Leistungserwartungen
- die Rückmeldung an die Führungskraft über das erlebte Führungsverhalten und Unterstützungsbedarfe
- Entwicklungswünsche und -bedarfe aus Sicht des Mitarbeitenden und der Führungskraft

Das Mitarbeitergespräch bietet die Chance, die gemeinsame Leistungseinschätzung und die Planung der kommenden Arbeitsperiode eng mit der Entwicklungsplanung zu verknüpfen. Es lässt Spielraum für ein breites Spektrum an Qualifizierungsmaßnahmen abseits von Seminaren.

Wie effektiv Mitarbeitergespräche für eine Bedarfsplanung genutzt werden können, hängt nicht nur von den Gesprächsinhalten, sondern ganz wesentlich von ihrer zeitlichen Lage und der Verknüpfung mit anderen Prozessen ab:

- Die Qualifizierungsbedarfe aus allen geführten Mitarbeitergesprächen können für die interne Fortbildungsplanung (z. B. Bildungsprogramm) genutzt werden, sofern die zeitliche Lage der Mitarbeitergespräche darauf abgestimmt ist.
- Wenn Mitarbeitergespräche top-down geführt werden und in den Strategiekreislauf der Organisation eingebunden sind, bieten sie die Chance, die Bedarfe mit den strategischen Zielen der Organisation zu verknüpfen.

Leider sind Mitarbeitergespräche nur in sehr wenigen Sozialorganisationen in diesem Sinn gestaltet.

5.3.2 Moderierte Gruppengespräche auf Team-/Abteilungsebene

Dabei stehen die subjektiv wahrgenommenen Qualifizierungsbedarfe der Mitarbeitenden, ergänzt um die Sichtweise der Führungskraft, im Fokus. Diese Form der Bedarfserhebung eignet sich vor allem dann, wenn keine anderen Instrumente zur Verfügung stehen.

Teambesprechungen nutzen

Erweiterte Teambesprechungen oder Abteilungsklausuren lassen sich für eine moderierte Bedarfserhebung gut nutzen. Der Zeitbedarf liegt zwischen zwei Stunden und einem halben Tag. Die Gespräche können durch die Team-/Abteilungsleitung oder eine externe Person (z. B. durch die Personalentwickler) moderiert werden. In jedem Fall müssen die Mitarbeitenden vorinformiert und zu Beginn Sinn, Nutzen und das weitere Vorgehen erläutert werden.

Weiterbildungsprogramm

Wenn in der Einrichtung ein Weiterbildungsprogramm erstellt wird, können die erarbeiteten Qualifizierungsbedarfe in die Weiterbildungsplanung einfließen, sofern sie vor dessen Erstellung feststehen. Die Ergebnisse von Gruppengesprächen können auch Basis für anschließende Einzelgespräche sein, in denen mit Mitarbeitenden individuell Maßnahmen vereinbart werden.

Moderationsdesigns

Für moderierte Gruppengespräche gibt es zahlreiche Varianten (s. dazu z. B. auch Gießler et al. 2013) mit unterschiedlichen Schwerpunktsetzungen. In der Literatur werden sie zum Teil auch „Mitarbeiterorientierungs-Gespräche“ (MOG) bezeichnet und als gruppenbezogene Variante von Mitarbeitergesprächen verstanden (z. B. Daxner/Schustereder 2007).

Die beiden folgenden Moderationsdesigns zeigen beispielhaft, wie Bedarfserhebungen in Gruppen gestaltet sein können. Die angegebenen Zeiten sind Richtzeiten, die je nach Gruppengröße abweichen.

Moderiertes Gruppengespräch – Fokus auf Schwachstellen und ungenutzten Potenzialen *Beispiel 1*

Bei kleineren Teams nehmen alle Mitarbeitenden teil, bei größeren Arbeitsgruppen wird das Gespräch mit Vertretern einzelner Bereiche/Schwerpunkte/Teams ... durchgeführt

Zeit	Aktivität	Hilfsmittel	Methode
30'	Ausgangsfragen: Wo sind in letzter Zeit Schwierigkeiten aufgetreten? Wo haben wir Verbesserungsbedarf? Wo nutzen wir Möglichkeiten im Alltag nicht? Beispiele: • ‚Unrunde' Prozessabläufe • Gehäuft negatives Feedback • Ärger und Frust bei Mitarbeitenden • Qualitätsprobleme • Kritische Situationen • ...	Moderationskarten, vorbereitete Pinwand	Kartenabfrage Individuell bzw. in Kleingruppen, erste Spalte der Pinwand wird befüllt
45'	Welche Lernbedarfe ergeben sich daraus?	Ergänzung auf Pinwand – auch andere Maßnahmen festhalten	Diskussion im Team
30'	Prioritäten setzen • Was ist besonders wichtig? (1) • Was ist wichtig, kann aber verschoben werden? (2) • Was ist zwar wünschenswert, wird aber derzeit nicht weiterverfolgt? (3) Gemeinsame Diskussion und Verabschieden der Prioritäten	Klebepunkte	Individuelle Bepunktung

So könnte das Ergebnis auf der Pinwand für ein Team in einer Wohneinrichtung für Menschen mit Beeinträchtigung aussehen (Auszug):

Schwierigkeiten/ Verbesserungs- bedarfe ...	Ursache/n	Lernbedarfe		Sonstige Maßnahmen
Informationen fehlen bei Dienstantritt	Lange Lücken zwischen Diensten, zu wenig Dokumentation		1	Übergabe u. Dienstplan optimieren
Schwierigkeiten mit neuem Bewohner (Korsakoff-Syndrom)	Fehlende Kenntnis im Umgang mit Krankheit	Korsakoff-Syndrom: Wissen, Umgang damit	1	
Die beiden Neuen sind im Nachtdienst überfordert	Kennen Bewohner zu wenig	Pate gibt Überblick über Bewohner	1	Anpassen Einschulungsplan
Zwischenfall beim Einkaufen: Freiwillige mit aggressivem Bewohner	Veränderte Bewohnerstruktur, Freiwillige nicht vorbereitet	Umgang mit aggressiven Bewohnern → Info-Abende für Freiwillige?	2	

Beispiel 2 **Moderiertes Gruppengespräch – Blick auf künftige Entwicklungen/Veränderungen**

Auch diese Form kann mit allen Mitarbeitenden oder in größeren Einrichtungen mit ausgewählten Mitarbeitenden oder mit den einzelnen Bereichen durchgeführt werden.

Zeit	Aktivität	Hilfsmittel	Methode
15'	Info: Welche Veränderungen kommen in den nächsten Monaten/im kommenden Jahr auf uns zu	Flipchart/ Moderationskarten	Info durch die Führungskraft
30–45'	Frage: Was wollen wir selbst im kommenden Jahr anders/neu gestalten?	Flipchart/Moderationskarten, anschließend auf Pinwand → Priorisierung	In Kleingruppe diskutieren, dann sammeln, priorisieren
45'	Gemeinsame Diskussion von Chancen und Risiken: Welche Chancen stecken in diesen Veränderungen für uns (individuell/Team)? Welche Risiken bergen diese Veränderungen für uns (individuell/Team)?	Chancen/Risiken festhalten	Gemeinsam oder in Kleingruppen

Zeit	Aktivität	Hilfsmittel	Methode
30–45'	Diskussion der einzelnen/wichtigsten Veränderungen: • Welche Kompetenzen müssen wir entwickeln, um die Chancen zu nutzen? • Welche Kompetenzen brauchen wir, um den Risiken zu begegnen?	Vorbereitete Liste mit Qualifizierungsbedarf befüllen	Gemeinsam oder in Kleingruppen
	Priorisierung der Bedarfe	Klebepunkte	gemeinsam

So könnte das Ergebnis in einem Alten- und Pflegeheim aussehen (Auszug):

Veränderungen/ Innovationsvorhaben	Chancen	Risiken	Qualifizierungsbedarf	Priorität
Abschiedskultur weiter entwickeln	*Öffentlichkeitswirkung*	–	*Spezialistin ausbilden*	2
Neue Ausbildung: Anleitung Schüler weiter entwickeln	*Bekanntheit, Attraktivität als Arbeitgeber steigt*	*Zeitaufwand, aktuell nur eine Praxisanleiterin*	*Weitere Praxisanleitung, Grundinfo an alle MA*	1
Neues Dokumentationsprogramm besser beherrschen	*Zeitersparnis, bessere Info*	–	*Einheitliches Niveau herstellen*	1
2 neue Wohnbereichsleitungen kommen im September	*Haben bereits Führungsausbildung*	*Keine Erfahrung mit Hausgemeinschaften*	*Basisschulung/ Begleitung durch Patin → wer?*	2

Gemeinsame Verantwortung

Die Vorteile moderierter Gruppengespräche liegen in der Aufgabenorientierung, durch die der Lernbedarf sehr differenziert beschrieben werden kann. Das gemeinsame Erarbeiten stellt sicher, dass Mitarbeitende und Führungskräfte als gesamtes Team Verantwortung für ihre Qualifizierung übernehmen. Dabei werden die Arbeitsteilung und die Teamsituation mitberücksichtigt (nicht alle müssen alles können). Die Planung orientiert sich nicht an der Frage: „Wer möchte sich wie fortbilden?", sondern woran gemeinsam gearbeitet werden muss bzw. soll.

Selbstbewertung

Die Selbstbewertung fördert die Akzeptanz der Ergebnisse, ist aber gleichzeitig auch möglicher Schwachpunkt. Ein weiterer Nachteil dieser Methoden liegt darin, dass die Anforderungen der Organisation eventuell nicht ausreichend berücksichtigt werden, wenn sie die Führungskraft nicht aktiv einbringt.

Lösungsorientierte Atmosphäre

Bei den gestellten Leitfragen ist darauf zu achten, dass sie eine lösungsorientierte Atmosphäre unterstützen. Die in Beispiel 1 gestellten Fragen zu Schwierigkeiten und Verbesserungsbedarfen können in Teams mit ‚Jammerneigung' kontraproduktiv sein.

5.3.3 Aufgaben-/Funktionsmatrix

Spezialfunktionen sichtbar machen

Dieses Instrument dient dazu, wichtige Kenntnisse, Erfahrungen und Spezialfunktionen innerhalb eines Teams sichtbar zu machen. Ursprünglich wurde sie in der industriellen Gruppenfertigung entwickelt, um systematisch darzustellen, welche Mitarbeitenden welche Maschinen bedienen bzw. Arbeitsgänge durchführen können. Je mehr Funktionen beherrscht werden, desto flexibler können Mitarbeitende eingesetzt werden – daher wird das Instrument auch als Flexibilitätsmatrix bezeichnet.

Beispiel: Alten- und Pflegeheim

Im folgenden Beispiel zeigt die Funktionsmatrix, wer in einer Einrichtung welche Spezialaufgaben wahrnimmt (einfache Funktionsmatrix in einem Alten- und Pflegeheim).

Beispiel:

Experten für...	Berger	Fuchs	Lindinger	Groß	Teubler	Bauer R.	...
Hygiene	x			x			
Wundmanagement		x	x				
Demenz		x	x				
Praxisanleitung				x			
Festgestaltung					x	x	
Kinästhetik				x			
...							

Potenziale einer Funktionsmatrix

In Sozialorganisationen kann dieses Instrument folgende Funktionen erfüllen:

- Eine Funktionsmatrix gibt einen raschen Überblick über spezielle Zuständigkeiten und Funktionen in Einrichtungen/Abteilungen/Teams und zeigt, an wen man sich zu einem Thema wenden kann.
- Sie gibt Hinweise darauf, für wen welche Qualifizierungen sinnvoll sind, um seine Funktionen gut wahrzunehmen. Insofern bringt sie Systematik in die Qualifizierungen und verhindert einen ‚Wildwuchs'. Sie ist auch ein Instrument der Mitarbeiterförderung (s. Kap. 6).
- Die Matrix stellt auf einen Blick das im Team vorhandene Know-how dar, zeigt auch potenzielle Risiken, wenn Mitarbeitende ausscheiden. In der Tabelle ist jeweils nur eine Person für Praxisanleitung bzw. Kinästhetik zuständig.
- Sie informiert auch, welche Funktionen beim Ausscheiden von Mitarbeitenden übergeben bzw. welches Know-how gesichert werden muss.

5.3.4 Qualifizierungspläne

Meist Top-down-Instrument

Qualifizierungspläne können individuell für einzelne Mitarbeitende vereinbart werden (z. B. im Rahmen der Einarbeitung). Häufiger handelt es sich aber um organisationsweit verpflichtende Regelungen, die für einzelne Funktionen die Qualifizierungsnotwendigkeiten regeln. In diesem Fall zählen sie zu den Top-down-Instrumenten.

In vielen Organisationen bilden sie die Mindeststandards ab, die durch individuell vereinbarte Fortbildungen ergänzt werden. Qualifizierungspläne sind in vielen größeren Organisationen in der HR-Software abgebildet.

Abbildung von Mindeststandards

Beispiel:

Beispiel Behindertenbetreuer

Qualifizierungsplan für Behindertenbetreuer

Name: Eva Müller			
Berufsgruppe: FSB B	**Spezielle Funktionen in der Organisation:** Projektleitung: Angehörigenarbeit		
Eintrittsdatum: 01.11.2018			
Fortbildungen	Priorität	Zu absolvieren bis …	Absolviert am…
Brandschutz	1	01.01.2019	15.12.2018
Kommunikation (Basis)	2	01.05.2019	
Strömen	2	01.11.2019	
Kommunikation 2	3	…	

Qualifizierungspläne unterstützen Führungskräfte bei der Vereinbarung von Qualifizierungsmaßnahmen, weil sie sich dadurch auf Vorgaben berufen können und die zu absolvierenden Qualifizierungen klar benannt sind. Für die Organisation unterstützen sie ein einheitliches Qualifikationsniveau des Fachpersonals.

Unterstützungsfunktion

Häufig beinhalten sie nur Qualifizierungsmaßnahmen off-the-job (s. auch Beispiel), obwohl auch andere Maßnahmen wie z. B. Hospitationen, Job Rotationen, Mitarbeit in laufenden Projekten denkbar wären. Letztere werden häufig eingesetzt, wenn es darum geht, Personen auf Führungsaufgaben vorzubereiten.

Meist off-the-job

5.3.5 Stellenbeschreibungen/Anforderungsprofile als Basis für Leistungsfeedback

Stellenbeschreibungen und Anforderungsprofile bilden die mit einer Stelle/Funktion verbundenen Aufgaben und die Qualifikationen bzw. Fähigkeiten ab, die zum Erfüllen der Aufgaben notwendig sind. Sie sind eine wichtige Grundlage für die Personalauswahl und für die Potenzialeinschätzung. Wenn in Sozialeinrichtungen aktuelle und ausreichend konkrete Anforderungsprofile vorhanden sind, können sie auch als Grundlage für eine Einschätzung der vorhandenen Qualifikationen und Fähigkeiten dienen.

Grundlage für Personalauswahl, Potenzialeinschätzung

In Sozialorganisationen können Anforderungsprofile individuell für einzelne Arbeitsplätze (z. B. Assistenz der Geschäftsleitung, Küchenleitung) oder bezogen auf Funktionen (z. B. für alle Sozialarbeiter in der Familienhilfe, alle Teamleitungen) erarbeitet werden.

Arbeitsplatz- oder funktionsbezogen

In der neueren Literatur wird auch von Jobfamilien gesprochen. Darunter sind verwandte Funktionen zu verstehen, für die gemeinsame Grundanforderungen festgelegt werden, die im Anlassfall konkretisiert werden. Ein Beispiel für eine Jobfamilie sind Führungskräfte.

Jobfamilien

Methoden

Idealerweise fließen bei der Erstellung von Anforderungsprofilen verschiedene Perspektiven (Vorgesetzte, Stelleninhaber, interne/externe Kunden, aktuelle Positionsinhaber) ein. Die wichtigsten Methoden zur Analyse von Anforderungen sind Anforderungsanalyse-Workshops, Einzelinterviews, Dokumentenanalysen und Beobachtungen.

Soll-Anforderungen

Die Soll-Anforderungen müssen ausreichend operationalisiert (beobachtbar beschrieben) sein, damit aus ihnen Qualifizierungsbedarfe abgeleitet werden können. Dafür gibt es folgende Möglichkeiten:

5.3.5.1 Festlegen von Soll-Kompetenzen mit Handlungsankern

Handlungsanker

Dazu werden auf Basis von Arbeitsaufgaben die dafür nötigen Kompetenzen definiert und mittels Handlungsankern beschrieben.

Beispiel:

Für eine Teamleitung wird „Ergebnisorientierung" als eine von insgesamt acht notwendigen Kompetenzen festgelegt. Damit festgestellt werden kann, ob eine Person tatsächlich ergebnisorientiert handelt, werden folgende Kriterien (Handlungsanker) herangezogen (in Anlehnung an Sauter/Staudt 2016, 22):

Handlungsanker ‚Ergebnisorientierung'	Zeigt das Verhalten selten	regelmäßig	oft	immer
Formuliert klare Ziele für ihr Aufgabengebiet.				
Leitet geeignete Maßnahmen ab und verfolgt sie konsequent.				
Verfolgt die Ziele konsequent.				
Überprüft den Fortschritt regelmäßig und passt das Verhalten entsprechend an.				
Achtet auf einen wirtschaftlichen Ressourceneinsatz.				

5.3.5.2 Aufgabenbeschreibungen mit Leistungsindikatoren

Leistungsindikatoren

Bei dieser Methode werden die Aufgaben und Tätigkeiten einer Stelle aufgelistet und geklärt, woran die Aufgabenerfüllung gemessen wird. Leistungsindikatoren erlauben dem Positionsinhaber bzw. der Führungskraft eine Einschätzung, ob der tatsächliche Leistungsstand dem Soll entspricht oder ob Handlungsbedarf (motivational, qualifikationsbezogen) besteht.

Beispiel:

In der Aufgabenbeschreibung für ein Sekretariat lautet einer der Aufgabenkomplexe „Office-Management". Dazu werden folgende Detailaufgaben und dazugehörige Leistungsindikatoren beschrieben:

Aufgaben und Verantwortlichkeiten	Leistungsindikatoren
• Verteilen, Weiterleiten und Aufbereiten der Post • Büroverwaltung (Drucksorten, Material, Belege, Getränke) • Organisation der internen Ablage • Kundenempfang • Betreuung der Wartezone • Telefonmanagement – Ansprechstelle für interne und externe Kunden • Aufzeigen von Optimierungspotenzialen	• Bedarfsgerechte Weiterleitung notwendiger Informationen • Jederzeitige Verfügbarkeit benötigter Materialien • Aktualität der Informationen und Ordnung im Wartebereich • Professionalität am Telefon • Anzahl und Qualität der Vorschläge zur Qualitäts- und Effizienzsteigerung

5.3.5.3 Beschreibung erfolgskritischer Verhaltensweisen

Critical-Incident-Technik

Soll-Anforderungen können auch mittels der „Critical-Incident-Technik" (Flanagan 1954) entwickelt werden. Dazu werden zunächst Situationen erhoben, in denen es besonders wichtig ist, dass die Positionsinhaber kompetent handeln (‚erfolgskritische Situationen'). Nachdem sie identifiziert sind, wird in einem zweiten Schritt definiert, wie ein erfolgreicher Stelleninhaber in diesen Situationen handeln sollte (‚erfolgskritisches Verhalten'). Dabei ist es wesentlich, konkretes Verhalten zu beschreiben, keine Qualifikationen, Eigenschaften oder Persönlichkeitsmerkmale. Die Situationen und das dazugehörige Verhalten sind der Maßstab, an dem Stelleninhaber bewertet werden (Jetter 2008).

Beispiel:

Ein konfessioneller Träger von Kinderbetreuungseinrichtungen hat für Verwaltungsaufgaben in den etwa 70 Kindergärten eine zentrale Servicestelle installiert. Sie wurde zunächst mit einer erfahrenen Leitungskraft aus einer eigenen Einrichtung besetzt. Es stellt sich bald heraus, dass die Mitarbeiterin zusätzliche Qualifikationen benötigt, um ihre Funktion gut zu erfüllen. Mit Blick auf den Ausbau der Servicestelle wird eine zusätzliche Qualifizierung für die Funktion angedacht. Um die nötigen Qualifikationen und Kompetenzen herauszufinden, werden die Mitarbeiterin, ihre Vorgesetzte und zwei Personen, die die Serviceleistungen in Anspruch nehmen, zu erfolgskritischen Situationen und dem erfolgskritischen Verhalten befragt:

„Mit welchen herausfordernden **Situationen** ist man als Servicestelle konfrontiert?"

„Auf welche Situationen kommt es in dieser Funktion besonders an?"

„Wie sollte die Servicestelle in den einzelnen Situationen **idealerweise handeln**?"

- **Situation 1:** Die Beiträge für Hort oder Krabbelstube können von den Eltern nicht bezahlt werden.

  Gewünschtes Handeln: Die Servicestelle sollte nach einer Mahnung den persönlichen Kontakt suchen, Verständnis zeigen und eine Frist bzw. einen Zahlungsplan vereinbaren. Sie muss jedenfalls beharrlich sein und ‚dranbleiben'. Die Leitung der Einrichtung sollte nicht involviert werden.
- **Situation 2:** Umgang mit Beschwerden der Eltern, z. B. bei größeren Veränderungen
- **Situation 3:** Umgang mit Stundenreduktionen der Mitarbeitenden
- **Situation 4:** Vermittlung bei unterschiedlichen Vorstellungen hinsichtlich des Budgets
- ...

Lernbedarf = Differenz von Soll- u. realem Verhalten

Auch wenn die drei beschriebenen Methoden jeweils einen anderen Ausgangspunkt bzw. Fokus haben, ist ihnen gemeinsam, dass sie die Anforderungen aus den Aufgaben bzw. wichtigen Situationen ableiten und als beobachtbares Verhalten beschreiben. Aus der Differenz zwischen dem Soll-Verhalten und dem realen Verhalten wird auf Lernbedarfe geschlossen. Dabei ist sowohl eine Fremdeinschätzung (durch die Führungskraft, Kollegen, Kunden usw.) als auch eine Selbsteinschätzung der Mitarbeitenden bzw. eine Kombination denkbar. Anforderungskataloge können auch als Basis für ein Feedback im Rahmen von Mitarbeitergesprächen eingesetzt werden.

5.4 Zusammenfassende Einschätzung zum Erheben von Qualifizierungsbedarfen

In diesem Kapitel wurden zahlreiche, sehr unterschiedliche Möglichkeiten zur Bedarfserhebung vorgestellt.

Grundfragen

Die Grundfragen für die Gestaltung der Bedarfserhebung sind:

- Soll sie sich an Qualifizierungsmaßnahmen (Input) orientieren oder an Ergebnissen (Beherrschen von Aufgaben, Kompetenzen)?
- Soll der Bedarf gemeinsam mit den Mitarbeitenden, eng bezogen auf die Anforderungen ihres Arbeitsbereichs, erhoben werden oder wird eine unternehmensweite Vereinheitlichung und Standardisierung der Qualifizierung angestrebt?

Wenn bisher keine systematische Bedarfserhebung durchgeführt wurde, wie dies in vielen Sozialorganisationen der Fall ist, können Mitarbeitergespräche, Gruppenmoderationen oder Funktionsmatrizen eingesetzt werden. Ebenso können Stellenbeschreibungen mit Leistungsindikatoren angereichert werden und als Basis für Leistungsrückmeldungen genutzt werden. Das ist jeder Führungskraft in ihrem Verantwortungsbereich möglich, die Umsetzung benötigt weder ein Commitment aller Führungskräfte noch eine koordinierende Personalentwicklung.

5.5 Formulieren von Lernzielen

Qualifizierungsziele konkretisieren

‚Ziele setzen' ist der nächste Schritt im Funktionszyklus der Personalentwicklung. Es bedeutet, dass die festgestellten Entwicklungsbedarfe zu spezifischen Qualifizierungszielen (Lernzielen) konkretisiert werden.

Im Kontext des Funktionszyklus von Personalentwicklung werden dabei Lernziele für einzelne Entwicklungsmaßnahmen (z. B. Seminar, Workshop, E-Learning-Modul, Coaching ...) festgelegt. Sie beschreiben, was durch die Maßnahme erreicht werden soll.

Klare Ziele helfen

Klar formulierte Ziele sind aus mehreren Gründen hilfreich:

- Sie geben **Orientierung** bei der Auswahl von Qualifizierungsmaßnahmen, z. B. wenn ein Bildungsprogramm zur Verfügung steht.
- Sie steigern die **Motivation** und die Aufmerksamkeit der Lernenden, wenn sie sich mit den Zielen identifizieren.
- Sie stellen Kriterien für die **Erfolgsmessung** der Maßnahme zur Verfügung.
- Sie können die **Umsetzung** der erworbenen Kenntnisse/Fähigkeiten im Berufsalltag (Lerntransfer) unterstützen.
- Sie sind bei der Planung von Seminaren/Vorträgen usw. ein wichtiges **Kommunikationsinstrument** mit den Dozenten/Trainern.

Lernzieltaxonomie

Lernziele erlauben differenzierte Aussagen darüber, welche Kompetenzen bei einzelnen Mitarbeitern oder Gruppen neu ausgebildet, trainiert oder weiterentwickelt werden sollen. Sie können nach Lernzielbereichen (kognitiv, affektiv, psychomotorisch) und Lernzielebenen unterschieden werden. Im kognitiven Bereich wird häufig die sechsstufige Lernzieltaxonomie von Bloom (Krathwol et al. 1978) verwendet:

Lernzielbereiche	Lernzielebenen/-bereiche
Kognitiver Bereich	Lernzielebenen nach Bloom: • Wissen (Sachverhalte wiedergeben, darstellen, beschreiben, aufzählen ...) • Verstehen (Sachverhalte mit eigenen Worten wiedergeben, interpretieren, vergleichen, einordnen, erläutern, erklären ...) • Anwenden (etwas in einer neuen Situation anwenden, durchführen können) • Analyse (Aufbau/innere Struktur von Sachverhalten verstehen; auflösen, gliedern, zuordnen, vergleichen ...) • Synthese (Sachverhalte neu zusammenfügen, optimieren, schöpferische Leistung erbringen, Neues entwickeln ...) • Bewerten (Lösung, Verfahren, Modell ... insgesamt einschätzen, differenzieren, beurteilen)
Affektiver Bereich	Motivation, innere Einstellungen, Haltungen, Werte verändern
Psychomotorischer Bereich	Koordination von Handlungsabläufen, Umgang mit Geräten/EDV, Techniken (Gespräch, Lagerung, Verband ...) ausführen können

Tab. 7: Lernzielbereiche und Ebenen

Beispiel:

Im Weiterbildungskatalog der Caritas Oberösterreich sind für das Seminar „Demenz verstehen lernen" für Mitarbeitende der ambulanten Pflegedienste folgende Ziele formuliert:

Die TeilnehmerInnen sollen

- die Krankheitsbilder Demenz und Delir, dessen Formen und Symptome verstehen lernen.
- die Wichtigkeit der Differenzierung zwischen Demenz und Delir verstehen.
- sich bewusst werden, dass das Krankheitsbild eine Persönlichkeitsveränderung mit sich bringt.
- ein Verständnis für Menschen mit Demenz, deren Verhalten und Handeln entwickeln.
- verstehen lernen, dass hinter jedem herausfordernden Verhalten eine Ursache steht, die es zu verstehen gilt.
- sich der Wichtigkeit und Gestaltung eines vertrauten Umfeldes (Daheim) bewusst werden.
- lernen, was Milieugestaltung bedeutet.

Für die Personalentwicklung ist eine genaue Zielformulierung speziell bei fachlichen Seminaren wesentlich, damit den oft sehr spezifischen Bedarfen und Erwartungen entsprochen werden kann.

Für die Mitarbeitenden bzw. Führungskräfte sind Lernziele eine erste Orientierung bei der Auswahl von Qualifizierungsmaßnahmen und wirken auf die Erwartungsbildung. Sie können gemeinsam mit den Teilnehmern ergänzt, präzisiert und gewichtet werden (z. B. durch eine Erwartungsabfrage nach Anmeldung oder zu Beginn der Qualifizierungsmaßnahme). Wenn die Lernzielbereiche und -ebenen bestimmt sind, kann die Entwicklungsmaßnahme selbst geplant und umgesetzt werden.

6. Kreatives Gestalten

In diesem Kapitel erfahren Sie, ...

... welche Qualifizierungsformen unterschieden werden können

... welche Maßnahmen zur Qualifizierung ‚on-the-job', ‚near-the-job' und ‚off-the-job' gehören

... wie diese Maßnahmen gestaltet werden können und welche Varianten es gibt

... was beim Einsatz der einzelnen Qualifizierungsformen zu beachten ist

... welche Vor- und Nachteile damit verbunden sind

... welche Vorstellungen vom Lernen Erwachsener hinter zeitgemäßer Qualifizierung stehen

Aspekte des kreativen Gestaltens

Das ‚kreative Gestalten' als Phase im Funktionszyklus umfasst folgende Aspekte (Becker 2013, 832):

- **Inhaltlich:** Auswahl und Festlegung der Lerninhalte zum Erreichen der festgelegten Lern- und Entwicklungsziele
- **Methodisch**: Wahl der geeigneten Lernformen (abgestimmt auf den Entwicklungsstand der Teilnehmenden, die Lerninhalte und die Lernkultur in der Organisation)
- **Zeitlich:** Überlegungen hinsichtlich Dauer, Zeitpunkt, zeitliche Abfolge (z. B. bei länger dauernden mehrstufigen Qualifizierungsmaßnahmen)
- **Sachlich:** Planung der finanziellen (Kalkulation) und organisatorischen Ressourcen
- **Personell:** Auswahl der Lehrenden/Lernenden, Einbinden der Führungskräfte und ggf. weiterer relevanter Anspruchsgruppen

Die umfangreichsten Überlegungen erfordern dabei die Auswahl der Inhalte und Lernmethoden. Vor allem die Lernmethoden müssen auf Lerninhalte, das Vorwissen und die Lernerfahrungen der Zielgruppen, die vorherrschende Lernkultur (s. Kap. 10.2.2), die verfügbaren Ressourcen und speziellen Rahmenbedingungen für Lernen in der Organisation berücksichtigen.

Rahmenbedingungen in Sozialorganisationen

Personalentwickler finden in Sozialorganisationen folgende typische Rahmenbedingungen vor:

- Durch unterschiedliche Dienste bzw. den hohen Teilzeitanteil kann es in der Sozialwirtschaft schwierig sein, Qualifizierungen für alle Teammitglieder gemeinsam zu organisieren.
- In manchen Teams werden Supervisionsangebote nur zögerlich angenommen, weil Offenheit und Vertrauen im Team fehlen, der Sinn von Supervision nicht klar ist und auch von den Führungskräften nicht kommuniziert wird.
- Häufig scheitern in Sozialorganisationen umfassende Führungskräfteausbildungen an fehlenden zeitlichen und finanziellen Ressourcen.

- E-Learning-Angebote setzen voraus, dass die Mitarbeitenden Zugang zu einem Computer haben und im Umgang damit versiert sind. Das ist nicht in allen Organisationen gegeben.

6.1 Systematik der Qualifizierungsmethoden

Unterscheidung nach …

Qualifizierungsmethoden werden in der Literatur nach der Nähe zum Arbeitsplatz bzw. nach dem Zeitpunkt im Lebenszyklus der Mitarbeitenden – vom Eintritt bis zum Austritt aus der Organisation – unterschieden:

… Lebenszyklus

Training into the job: Es umfasst alle Maßnahmen zur Einschulung und Onboarding neuer Mitarbeitender (s. Kap. 4).
Training along the job: Darunter fallen alle Maßnahmen, die Mitarbeitende unterstützen, ihre Tätigkeit kompetent auszuführen.
Training into the next job: Dabei werden Potenzialträger auf künftige Positionen vorbereitet.
Training out of the job: • Es umfasst alle Maßnahmen zur Begleitung von Mitarbeitenden beim Übergang in den Ruhestand und zum Erhalt ihres Wissens für die Organisation. • Darunter fällt auch die Unterstützung bei der Stellensuche, wenn Mitarbeitende aus betrieblichen Gründen gekündigt wurden (Outplacement).

Tab. 8: Qualifizierungsmethoden entlang des betrieblichen Lebenszyklus der Mitarbeitenden

… nach Nähe zum Arbeitsplatz

Nach der Nähe zum Arbeitsplatz lassen sich folgende Qualifizierungsmethoden unterscheiden:

Training on-the-job: Die Qualifizierung erfolgt unmittelbar am Arbeitsplatz. Das Lernen erfolgt gleichzeitig mit dem Erbringen einer Leistung. Beispiele: Job Rotation, Aufgabenerweiterung, Assistenz-/Stellvertretungsfunktionen, Auslandseinsatz, Traineeprogramme…
Training near-the-job: Darunter versteht man eine arbeitsbegleitende Qualifizierung, bei der Problemlösungen und Verbesserungen für den Arbeitsbereich bearbeitet werden. Beispiele: Supervision, Coaching, Projektgruppen, Erfahrungsaustauschgruppen, Workshops zu Verbesserungen am Arbeitsplatz…
Training off-the-job: Es umfasst Qualifizierungsmaßnahmen außerhalb des Arbeitsplatzes, die zusätzliche Zeit in Anspruch nehmen. Beispiele: Seminare, Vorträge, Computer-based Training, Lektüre von Fachbüchern/-zeitschriften, Hospitationen/Exkursionen…

Tab. 9: Qualifizierungsmethoden nach der Nähe zum Arbeitsplatz

Führungskräfteverantwortung

Vor allem für arbeitsplatznahe und informelle Formen des Lernens sind Führungskräfte verantwortlich. Dies betrifft neben Maßnahmen ‚on-the-job' (z. B. Projektarbeit,

Stellvertretung, Sonderaufgaben, Unterweisung am Arbeitsplatz) auch die Gestaltung einer lernförderlichen Gestaltung von Arbeitsplätzen. Auch in die Initiierung und Gestaltung von Lernformen ‚into-the-job' (z. B. Einarbeitung, Teamintegration) und ‚near-the-job' (z. B. Coaching, Qualitätszirkel) sind Führungskräfte eingebunden. Führungskräfte sind auch (Mit-)Gestalter von Maßnahmen ‚out-of-the-job', in denen z. B. das Wissen ausscheidender Mitarbeiter weitergegeben wird oder Mitarbeiter auf den Ruhestand vorbereitet werden (Wunderer 2011, 363).

Vorteile on- bzw. off-the-job

On-the-job und off-the-job-Maßnahmen bieten jeweils unterschiedliche Vorteile:

Vorteile der Qualifizierung on-the-job	Vorteile der Qualifizierung off-the-job
Geringere Kosten	Bessere Konzentration auf das Lernen
Auch kurzfristig zu organisieren	Lernförderliche Gestaltung der Rahmenbedingungen
Geringer zusätzlicher Zeitaufwand	
Realistische Bedingungen für Lernen, Lernergebnisse sind unmittelbar einsetzbar	Breitere Erfahrungen möglich durch Einblick in Arbeitsweise anderer Personen/ Abteilungen/Organisationen
Höhere Motivation durch direkten Problembezug	Spezialisierte Trainer
Trainingszeit bzw. -dauer kann individuell gestaltet werden	Professionelles Lernumfeld (z. B. Übungsmöglichkeiten an Geräten)

Tab. 10: Vorteile einer Qualifizierung on-/off-the-job

In der Literatur wird vielfach eine Studie von Lombardo/Eichinger zitiert, nach der 70 % ‚on-the-job', 20 % durch den Austausch mit anderen und nur 10 % in formalen Lernsituationen off-the-job gelernt wird (Sammet/Wolf 2019, 8; Graf 2014, 192). Lernformen-off-the-job haben aber nach wie vor ihre Berechtigung; wann sie sinnvoll sind, hängt von den Lerninhalten/Lernzielen, der Lernkultur im Unternehmen und den Rahmenbedingungen ab, unter denen Lernen stattfindet.

In den folgenden Kapiteln werden ausgewählte **Qualifizierungs*maßnahmen/-formen*** mit Relevanz für die Sozialwirtschaft beschrieben. Dabei können jeweils unterschiedliche **Qualifizierungs*methoden*** (z. B. Vorträge, Videos, Moderationen) zum Einsatz kommen.

6.2 Qualifizierungsmaßnahmen ‚on-the-job'

Arbeitsplatzgebundene Qualifizierung

Bei diesen Maßnahmen geht die Qualifizierung mit der Ausführung der Arbeitsaufgaben einher – Arbeits- und Lernort verschmelzen. Den Führungskräften kommt eine besondere Rolle zu, weil sie durch die Gestaltung der Aufgaben und Rahmenbedingungen, aber auch durch ihr Führungsverhalten Tätigkeitsbereiche mehr oder weniger lernförderlich gestalten können.

Arbeitsplatzgebundene Qualifizierung kann über folgende Maßnahmen erfolgen:

6.2.1 Übertragen von entwicklungsförderlichen Aufgaben

Die Arbeitspsychologie entwickelte in den letzten Jahrzehnten verschiedene Ansätze zu einer motivations-, lern- und persönlichkeitsförderlichen Arbeitsgestaltung (z. B. Hackman/Oldham 1976, Hacker/Sachse 2013, Ulich 2011). In der Literatur werden in diesem Zusammenhang vor allem folgende Merkmale von Arbeitstätigkeiten beschrieben (in Anlehnung an Schaper 2014a, 377; Richter/Pohlandt 2011, 132 ff.):

Lernförderliche Arbeitsaufgaben

Ganzheitlichkeit	Aufgaben mit planenden, ausführenden und kontrollierenden Elementen; das ermöglicht Mitarbeitenden die Möglichkeit, ihr Leistungsergebnis selbst zu überprüfen bzw. Erfolge zu erkennen. Hacker (2005) spricht von einer *zyklisch vollständigen* Tätigkeit. Beispiel: Eine Therapeutin erstellt den Therapieplan, führt ihn durch und kann am Zustand der Klientin nach Therapieende erkennen, ob die Therapie hilfreich war.
Anforderungsvielfalt	Aufgaben sprechen unterschiedliche Kenntnisse, Fähigkeiten und Fertigkeiten an. Dadurch wird Monotonie und einseitigen Belastungen vorgebeugt.
Möglichkeiten der sozialen Interaktion	Aufgaben können in Kooperation mit anderen durchgeführt werden. Mitarbeitende unterstützen einander bei Schwierigkeiten, und Belastungen können besser bewältigt werden.
Autonomie	Aufgaben mit Dispositions- und Entscheidungsspielräumen stärken die Verantwortung und vermitteln das Gefühl, Einfluss auf die Tätigkeit zu haben. Beispiel: Mitarbeiter in den ambulanten Diensten können ihre Tour in Abstimmung mit ihren Klienten selbst einteilen.
Lern- und Entwicklungsmöglichkeiten	Herausfordernde Aufgaben, für die vorhandene Qualifikationen eingesetzt und erweitert bzw. neue Qualifikationen angeeignet werden müssen.
Zeitelastizität	Aufgaben mit Zeitpuffern und Möglichkeit zur zeitlichen Gestaltung wirken Arbeitsverdichtung entgegen und schaffen Möglichkeiten für eigene Zeiteinteilung.
Sinnhaftigkeit	Aufgaben, die gesellschaftlich geschätzt sind bzw. gesellschaftlich anerkannten Zwecken dienen. Sie bieten Mitarbeitenden Identifikationspotenzial.

Tab. 11: Merkmale lernförderlicher Arbeitsaufgaben

Werden diese Merkmale bei der Aufgabengestaltung berücksichtigt bzw. können sie glaubhaft vermittelt werden, beinhalten die Tätigkeiten an sich bereits Entwicklungspotenziale für die Mitarbeitenden.

6.2.2 Job Rotation

Begrenzter Arbeitsplatzwechsel

Bei Job Rotation haben Mitarbeitende Gelegenheit, systematisch und zeitbegrenzt ihren Arbeitsplatz zu wechseln, um ihre Kenntnisse auszuweiten und neue Erfahrungen zu sammeln. Auch Arbeitsplatzwechsel über die Betriebsgrenze hinaus sind denkbar.

Vorteile

In der Praxis ist Job Rotation bei Mitarbeitenden wenig beliebt, dennoch sprechen folgende Gründe dafür (Mentzel 2018, 187 f.):

- Mitarbeitende lernen Probleme aus verschiedenen Positionen kennen. Beispielsweise lernen Nachwuchsführungskräfte durch Job Rotation alle wesentlichen Bereiche eines Unternehmens kennen, um die Gesamtzusammenhänge besser zu verstehen (s. dazu auch Traineeprogramme, Kap. 8.5.3.1).
- Im Umgang mit Kolleg/innen werden eigene Stärken und Schwächen bewusster wahrgenommen.
- Rotation baut Teamegoismen ab; sie fördert die Kommunikation und Zusammenarbeit zwischen Teams.
- Die Mitarbeiter bringen durch die Wechsel neue Ideen ins Team.
- Eine Rotation bietet u. U. auch Entlastung bei schwierigen Klienten. Zu bedenken ist aber, dass gerade in Sozialorganisationen Bewohner/Klienten/Patienten stabile Betreuungsbeziehungen brauchen und eine häufige Rotation negative Konsequenzen für die Betreuten haben kann.
- Die gewonnenen Erfahrungen und Kenntnisse erlauben einen flexibleren Einsatz von Mitarbeitenden. Manche stationäre Betreuungseinrichtungen forcieren Teamwechsel, damit die Mitarbeitenden möglichst viele Bewohner kennen und die Nachtdienste für das gesamte Haus bzw. Vertretungen gut wahrnehmen können.

6.2.3 Übertragen begrenzter Verantwortung (Stellvertretung) bzw. Übertragen von Sonderaufgaben

Stellvertretung

Bei Stellvertreterfunktionen überträgt der Mitarbeitende seinem Vertreter gewisse Aufgaben bei Abwesenheit oder dauerhaft. Das ermöglicht das ‚Hineinwachsen' in eine Funktion.

Assistenz

Bei Assistenztätigkeiten unterstützt und berät ein Mitarbeiter eine Führungskraft und lernt so deren Gesamtaufgabenbereich kennen. Dadurch steigt die Sachkompetenz des Assistenten. Es handelt sich also um eine Kombination von Personaleinsatz und Personalentwicklung (Mentzel 2018, 193 f.). Assistenzfunktionen dienen ebenfalls häufig der Vorbereitung auf eine Führungsaufgabe.

Projektleitung

Ähnliches gilt für die Leitung eines Projektes. Bei einem Projekt handelt es sich um eine neuartige, zeitlich begrenzte Aufgabe, die Chancen und Risiken beinhaltet und nicht in der Linie abgearbeitet werden kann (Berthel/Becker 2017, 506 f.). Durch die Projektleitung bzw. Leitung eines Teilprojektes kann der zu qualifizierende Mitarbeiter Methoden zur Planung, Steuerung und Kontrolle eines Projektes erlernen und vertiefte Kenntnisse über den Projektinhalt erwerben.

6.2.4 Unterweisung am Arbeitsplatz

Unmittelbares Anleiten

Interne Wissens-/Erfahrungsweitergabe (z. B. durch interne Multiplikatoren, Experten) oder die Begleitung von Praktikanten erfolgt häufig durch unmittelbares Anleiten am Arbeitsplatz.

Vier-Stufen-Methode

Eine systematische Methode dazu ist die sog. „Vier-Stufen-Methode" (Berthel/Becker 2017, Mentzel 2018, 182 ff.), die in den 1990er-Jahren in der Industrie entwickelt wurde und noch heute in der Erstausbildung (z. B. Lehrlinge) eingesetzt wird.

Stufe 1 – Vorbereiten: Festlegen, was unterwiesen wird und welche Lernziele verfolgt werden, Begründung, warum so vorgegangen wird; Vorkenntnisse erfragen, Abbau von Hemmungen

Stufe 2 – Vorführen: Der zu erlernende Arbeitsvorgang soll idealerweise drei Mal vorgeführt werden – zunächst als Gesamtvorgang, anschließend langsamer und ausführlicher mit Erläuterungen zum Was, Wie und Warum. Der dritte Schritt zeigt nochmals den Gesamtablauf.

Stufe 3 – Nachmachen: Der Lernende führt den Vorgang unter Aufsicht selbst aus, idealerweise drei Mal. Analog zu Stufe 2 sollte beim ersten Mal die Aufgabe ohne Erläuterungen ausgeführt werden, nur grobe Fehler werden dabei angemerkt. Bei der zweiten Ausführung werden Erläuterungen verlangt, das Verständnis überprüft und Fehler korrigiert. Falls erforderlich, wird die Aufgabe noch ein drittes Mal wiederholt.

Stufe 4 – Üben ohne Aufsicht: Dadurch soll das Gelernte stabilisiert werden. Der Lernende ist dennoch unter Kontrolle der unterweisenden Person und erhält Rückmeldung zu Übungsfortschritten.

Cognitive Apprenticeship

Auf einem ähnlichen Prinzip basiert der sog. „Cognitive Apprenticeship Ansatz", der in der neueren Literatur häufig als Modell für die Aneignung komplexer Tätigkeiten beschrieben wird (z. B. Schaper 2014a, Kauffeld 2016). Er besteht aus vier Phasen:

Modeling: Ein Experte bearbeitet eine Aufgabe so, dass der Lernende eine Vorstellung der adäquaten Vorgangsweise aufbauen kann und verbalisiert dabei seine Überlegungen.

Scaffolding: Der Lernende (Novize) führt die einzelnen Arbeitsschritte mit Unterstützung durch den Experten selbst aus.

Fading: Der Experte nimmt seine Unterstützung mit steigender Kompetenz des Novizen sukzessive zurück (Prinzip der gestuften Hilfe).

Coaching: Der Experte beobachtet die Vorgehensweise des Lernenden, gibt Rückmeldung und Hinweise, falls dieser allein bei der Bearbeitung einer Aufgabe nicht mehr weiterkommt.

6.2.5 Wissenstandems

Bilateraler Wissensaustausch

Dabei handelt es sich um die Wissensweitergabe zwischen einem erfahrenen und einem weniger erfahrenen Mitarbeitenden. Sie haben die arbeitsintegrierte Förderung des Wissenstransfers und eine Kompetenzentwicklung auf beiden Seiten zum Ziel.

Wissenstandems bieten sich zwischen neuen und erfahrenen oder jüngeren und älteren Mitarbeitenden an. Je nach Lerninhalt sollen die Rollen (Wissensgeber/Wissensnehmer) flexibel wechseln; z. B. sollen auch jüngere Mitarbeitende ihr Know-how und Wissen (z. B. Computerkenntnisse, aktuelles Fachwissen) an ältere Kolleg/innen vermitteln.

Phasen

Damit Wissenstandems funktionieren, müssen sie sorgfältig geplant werden. Naegele et al. (2018, 156 ff.) unterscheiden folgende Phasen:

- In der **Vorbereitungsphase** werden die Tandempartner identifiziert und informiert, die Lernfelder festgelegt und die Rahmenbedingungen überprüft (z. B. Möglichkeit des gemeinsamen Arbeitens, Dauer der Tandems).
- In der **Implementierungsphase** werden die Lernziele konkretisiert.
- Erst dann beginnt die **Umsetzungsphase**, in der der Wissensaustausch erfolgt. Dabei braucht es ein Bewusstsein, dass Wissenstandems nicht einfach neben der Tätigkeit ‚mitlaufen', sondern verschiedene Methoden der Wissensvermittlung zum Einsatz kommen müssen (z. B. 4-Stufen-Methode).
- Nach der Durchführung sollte eine gemeinsame **Evaluierung** erfolgen.

6.2.6 Auslandsentsendungen

Auslandseinsätze werden meist nicht bewusst als Qualifizierungsmaßnahme gesehen; sie haben aber in manchen Bereichen eine hohe Bedeutung, z. B. in der Katastrophenhilfe oder der Entwicklungshilfe.

Reintegration

Längere Auslandseinsätze sollten von einer Vorbereitungsphase eingeleitet und durch Rückgliederungsmaßnahmen abgeschlossen werden, da sich zwischenzeitlich unter Umständen die Arbeitsbedingungen verändert haben und auch eine Reintegration im privaten Bereich nötig ist (Wegerich 2015, 55 ff.).

6.3 Entwicklungsmaßnahmen ‚near-the-job'

Professionsentwicklung

Diese Qualifizierungsmaßnahmen basieren auf der Annahme, dass Menschen selbst organisiert durch die Auseinandersetzung mit ihren Aufgaben und ihrem beruflichen Handeln lernen. Gemeinsam ist ihnen, dass reale Themen/Probleme/Anliegen aus dem Arbeitsalltag in speziellen Settings bearbeitet werden. Die Ergebnisse fließen wieder in den Arbeitsalltag ein und unterstützen die Mitarbeitenden bei der Bewältigung ihrer Aufgaben. Es kann auch von „Maßnahmen der Professionsentwicklung" gesprochen werden, da Maßnahmen „near-the-job" durch den Austausch von Erfahrungen deren gezielte Weiterentwicklung fördern (Dick/Weisenburger 2019).

Gemeinsames Wissen

Die meisten Maßnahmen ‚near-the-job' haben noch eine weitere Funktion: Durch Erfahrungsaustausch werden subjektive Erfahrungen und Erkenntnisse in gemeinschaftliches

Wissen transformiert und stehen so anderen zur Verfügung. Die Schwerpunkte können dabei auf fachlich-inhaltlichen Aspekten liegen (z. B. Qualitätszirkel) oder auf Einstellungen bzw. dem beruflichen Handeln von Mitarbeitenden sowie deren Zusammenarbeit (personenbezogene Maßnahmen, z. B. Coaching).

6.3.1 Fachlicher Erfahrungsaustausch in Gruppen

Klein- und Fachgruppen

Dazu zählen verschiedene Settings, in denen außerhalb des Arbeitsalltags in Kleingruppen arbeitsrelevante fachliche Themen/Probleme bearbeitet werden (Mentzel 2018, Becker 2013, Wegerich 2014):

- **Qualitätszirkel/Lernstatt/Werkstattzirkel:** Mitarbeiter treffen regelmäßig (z. B. alle ein bis zwei Wochen) in kleinen moderierten Gruppen zusammen. Fallweise können auch externe Experten beigezogen werden. Die Gruppen bearbeiten betriebliche Aufgabenstellungen (z. B. Qualitätsfragen, Prozesse/Arbeitsorganisation, Arbeitssicherheit). Ziel ist die Steigerung der Effizienz; die Partizipation der Mitarbeitenden unterstützt die Identifikation mit den Lösungen und ihre Arbeitszufriedenheit.

- **Erfahrungsaustausch-Gruppen (Erfa-Gruppen):** Personen treffen sich mehr oder weniger regelmäßig zur Diskussion gemeinsam festgelegter Themen. Häufig wird dieser Austausch durch ein Fachreferat eingeleitet. Erfa-Gruppen werden meistens unternehmensübergreifend organisiert. Sie können auch begleitend zu Ausbildungen eingesetzt werden, um bestimmte Verhaltensweisen einzuüben oder die Umsetzung von Gelerntem zu unterstützen.

Der Austausch über arbeitsrelevante Themen gewinnt im Kontext neuer Zugänge zu betrieblichem Lernen (→ „agile Lernformen") hohe Bedeutung; in Kap. 12.1 sind daher weitere Möglichkeiten beschrieben.

6.3.2 Personenbezogene Maßnahmen ,near-the-job'

6.3.2.1 Mentoring

Förderungsinstrument

Mentoring ist ein Instrument zur Förderung und Laufbahnentwicklung von Mitarbeitenden. Eine Nachwuchskraft (Mentee) wird in einem festgelegten Zeitraum durch eine höherrangige einflussreiche Person aus dem Arbeitsumfeld (Mentor) unterstützt und beraten. Dadurch soll die berufliche Entwicklung der Nachwuchskraft gefördert und ihr Aufstieg in der Organisation unterstützt werden. Als Instrument zur Förderung von Talenten wird Mentoring in Kap. 8.5 detailliert dargestellt.

Im Unternehmen trägt Mentoring zur Institutionalisierung von Lernbeziehungen und zur Verbesserung der Kommunikation zwischen verschiedenen Hierarchieebenen und Generationen bei.

Es kann auch für die Netzwerkbildung und die Weiterentwicklung der Unternehmenskultur förderlich sein (Wegerich 2014, 48).

6.3.2.2 Coaching

Eine weitere personenorientierte PE-Maßnahme ‚near-the-job' ist Coaching.

Coaching

In der Personalentwicklung versteht man darunter eine „individuelle Begleitung von Einzelpersonen beim Erlernen des Umgangs mit neuen Rollen, die Vorbereitung auf neue Aufgaben sowie die Verbesserung der sozialen Kompetenz und der Managementfähigkeiten von Führungskräften" (Blickle 2014a, 311).

Führungskräfte

Coaching richtet sich also in erster Linie an Führungskräfte und wird eingesetzt, wenn das bestehende Verhaltensrepertoire nicht ausreicht, um gegenwärtige oder sich entwickelnde Situationen zu bewältigen. Coaching kann auch Teil von Führungskräfte-Entwicklungsprogrammen sein.

Prinzip des Handlungslernens

Coaching basiert auf dem Prinzip des Handlungslernens: Die gecoachten Personen (Coachees) beschreiben ihre Herausforderungen, legen Ziele fest, planen Umsetzungsmaßnahmen, machen damit im Arbeitsalltag Erfahrungen, werten diese aus und setzen die nächsten Schritte. Daher steht Coaching in direktem Zusammenhang mit dem betrieblichen Leistungsprozess. Der Coach versucht dabei als objektiver und professioneller Gesprächspartner beim Finden von (alternativen) Problemlösungsstrategien zu unterstützen und das persönliche Verhaltensrepertoire auszuweiten (Wegerich 2015, 49).

Auslöser für Coaching

Die Auslöser für Coaching können sowohl auf der individuellen, der Gruppenebene oder der Organisation insgesamt liegen. Folgende Anlässe/Situationen lösen typischerweise Coaching aus (Mentzel 2018, 150 f.):

- **Veränderung von Position, Aufgabe und/oder Umfeld:** Übernahme neuer Aufgaben/Positionen, insbes. Wechsel vom Kollegen in die Führungsrolle, Implementieren neuer Konzepte, Umstrukturierungen
- **Beheben individueller Defizite/Unsicherheiten:** mangelnde Delegationsfähigkeit, Entscheidungsunsicherheit, Vorbereitung öffentlicher Auftritte
- **Persönliche Situationsanalyse:** Definition neuer Ziele, Laufbahnberatung
- **Überwinden privater/beruflicher Problemsituationen**: Trennungen, individuelle Lebenskrisen, Ablehnung im Team, Umgang mit schwierigen Mitarbeitenden, Teamkonflikte

Formen von Coaching

Coaching kann in unterschiedlichen Formen eingesetzt werden:

- **Internes/externes Coaching:** Das Coaching erfolgt grundsätzlich durch eine Person, die normalerweise nichts mit der Arbeit der gecoachten Person zu tun hat. Als Coaches können entweder Personen außerhalb des Unternehmens fungieren (externes Coaching) oder intern ausgebildete Beraterinnen, z. B. aus einem internen Coach-Pool oder der Personalentwicklung (internes Coaching). Beide Formen können auch kombiniert eingesetzt werden. Interne Coaches kosten weniger, sind meist flexibler und kennen das Feld besser als externe. Aufgrund ihrer hierarchischen Einbindung sind sie aber vielleicht weniger glaubwürdig, sie haben auch andere Aufgaben, und aufgrund ihrer hierarchischen Einbindung können Interessenskonflikte entstehen (Loebbert 2019, 25 ff.). Manchmal wird auch von internem Coaching gesprochen, wenn Vorgesetzte Aufgaben an Mitarbeitende delegieren und sie bei der Umsetzung unterstützen (Blickle 2014a, 312).

- **Einzel-/Gruppencoaching:** Meist bezieht sich Coaching auf Einzelpersonen, es könnten aber auch Gruppen beraten werden (Gruppen- oder Systemcoaching). In diesem Fall wird es für Themen eingesetzt, die eine ganze Gruppe/Abteilung betreffen (z. B. Umstrukturierungen, Konflikte) (Thommen 2007, 143 ff., Belardi 207 ff.). Gruppencoaching ist häufig Teil von Führungskräfte-Entwicklungsprogrammen. Es fördert neben dem individuellen Lernen auch die Entstehung einer Lern- und Kulturgemeinschaft zwischen den Nachwuchs-Führungskräften (Loebbert 2019, 38 f.).

- **Face-to-face-Coaching/Elektronisch vermitteltes Coaching:** Beim sog. „Distance-Coaching" erfolgt eine Virtualisierung von traditionellen Coaching-Methoden, z. B. durch Coaching über Telefon, Coaching mit Webcam oder Skype, E-Mail oder mittels Videokonferenzen. Experten gehen davon aus, dass in den kommenden Jahren die Bedeutung von Distance-Coaching zunehmen wird. Dafür sprechen vor allem niedrigere Kosten, eine problemlose Überwindung großer räumlicher Distanzen und die Möglichkeit von Just-in-time-Unterstützung. Während beim Distance-Coaching nur die Coaching-Kommunikation über Medien erfolgt, bieten elektronische Coaching-Tools virtuelle Arbeitsräume mit didaktisch vorstrukturierten Medien, mithilfe derer sich die Coachees selbst coachen bzw. sich auf Coaching-Sequenzen vorbereiten können (Geißler 2016, 137 ff., Loebbert 2019, 21).

- **Anlassbezogenes Coaching/Coaching-Programme:** In der Personalentwicklung kann Coaching anlassbezogen eingesetzt werden (z. B. auf Anfrage einer Führungskraft) oder als Bestandteil der Lernkultur systematisch vorgesehen sein bzw. angeboten werden.

Als prozess- und personenorientierte Beratung im Rahmen der Personalentwicklung hat Coaching Gemeinsamkeiten mit Supervision, welche in den Sozialberufen häufig ist (Birgmeier 2016). Während Coaching Leitungspersonen in ihrer Leitungstätigkeit unterstützen will, bezieht sich Supervision vor allem auf die Verbesserung der Tätigkeit von Personen mit ihren Klienten (i. w. S.) bzw. mit ihren Kollegen (Belardi 2015, 108).

6.3.2.3 Supervision

In amerikanischen Unternehmen wird der Begriff „Supervisor" für eine organisationsinterne Person (Vorarbeiter oder mittlere Leitungsebene) verwendet, die die Aufsicht über eine Arbeitsgruppe hat, ihr Aufträge erteilt und ihre Arbeit kontrolliert. Dagegen versteht man im deutschsprachigen Raum unter dem Begriff Supervision Beratungs- bzw. Reflexionsmethoden, die in beruflichen Zusammenhängen – speziell in helfenden Berufen – verwendet werden.

Supervision

> „Supervision dient der Verbesserung von Hilfe, des Nutzens für Klientinnen helfender Berufe und Organisationen. Das bedeutet im Einzelfall, eine helfende Beziehung zu gestalten, helfende Prozesse arbeitsteilig zu organisieren, die Effizienz von Hilfe im Verhältnis von Aufwand und Nutzen zu erhöhen, mit knappen Ressourcen das Bestmögliche zu erreichen, helfende Systeme in ihren Kontextbedingungen und Herausforderungen passend weiterzuentwickeln (...)." (Loebbert 2016, 9)

Supervision wurde bereits zu Beginn des 20. Jahrhunderts im sozialen Dienstleistungsbereich als Maßnahme der Personalentwicklung praktiziert und ist eine der verbreitetsten Personalentwicklungsmaßnahmen in der Sozialwirtschaft. Einsatz findet die Methode als Einzel-, Team- oder Gruppensupervision – bei letzterer arbeiten Personen aus unterschiedlichen Hilfekontexten bzw. sogar aus unterschiedlichen Praxisfeldern zusammen.

Der Supervisor ist eine unabhängige, außenstehende Person mit spezieller Fach-, Methoden- und Sozialkompetenz, die Helfende unterstützt, ihre Tätigkeit noch wirksamer zu gestalten.

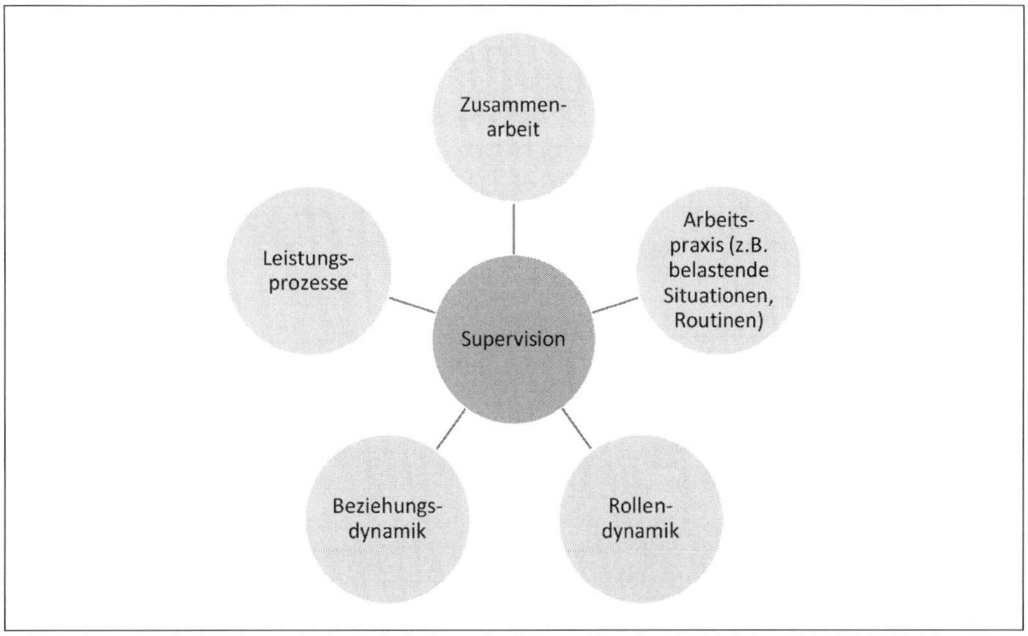

Abb. 12: Ansatzpunkte einer Supervision, in Anlehnung an Wien/Franzke 2013, 164

Funktionen

Dementsprechend kann sie folgende Funktionen erfüllen (Loebbert 2016, 10 f., Belardi 2015, 67 ff.):

- Erhaltung und Entwicklung der Arbeitsfähigkeit: Bewältigen bzw. Verarbeiten von belastenden Situationen, Einschätzen der eigenen Möglichkeiten bzw. Grenzen
- Professionelle Entwicklung: Reflexion des beruflichen Handelns und der Zusammenarbeit
- Qualitätsmanagement: Verbessern der Wirksamkeit der Hilfe, Auflösung ineffizienter Routinen
- Organisationsentwicklung: Verbessern des Leistungsprozesses und der Rahmenbedingungen

6.3.2.4 Kollegiale Fallberatung

Eng mit Supervision verwandt ist die kollegiale Fallberatung (Intervision).

Kollegiale Beratung

„Kollegiale Beratung ist ein strukturiertes Beratungsgespräch in einer Gruppe, in dem ein Teilnehmer von den übrigen Teilnehmern in einem feststehenden Ablauf mit verteilten Rollen beraten wird mit dem Ziel, Lösungen für eine konkrete berufliche Schlüsselfrage zu entwickeln." (Tietze 2012, 11)

Am Beratungsprozess nehmen idealerweise sechs bis acht Personen teil, wobei die Teilnehmer verschiedene Rollen einnehmen: Der Fallgeber bringt einen Fall aus seinem beruflichen Alltag ein, eine Gruppe von Kollegen schlüpft in die Rolle der internen Berater und ein Moderator sorgt für die Einhaltung der Regeln. Je nach Methode und Gruppengröße können auch Beobachterrollen vergeben werden (Schmid et al. 2010, 34 ff.).

Ablaufschema

Kollegiale Fallberatungen können in verschiedenen Varianten durchgeführt werden, sie haben aber stets ein strukturiertes Ablaufschema (Schmid et al. 2010, 38; Wegerich 2015, 52):

1. Vorbereitung: Festlegen der Rollen, evtl. grafische Darstellung des Falls bei komplexen Anliegen.
2. Schilderung des Falls/Anliegens: Der Fall wird mit der entsprechenden Fragestellung dazu geschildert, die anderen hören zu.
3. Befragung: Die Gruppe stellt Fragen, um die Sachlage zu verstehen, keine Diskussion, Lösungsvorschläge oder Ratschläge, am Ende formuliert der Fallbringer sein Anliegen.
4. Hypothesen: Die Gruppe berät und analysiert den Fall, formuliert Assoziationen, Hypothesen, Erklärungsansätze; es werden keine Lösungsvorschläge diskutiert.
5. Stellungnahme: nach Abschluss der Phase kann der Fallbringer dazu Stellung nehmen.
6. Lösungsvorschläge: Die Gruppe entwickelt Lösungsvorschläge, die ratsuchende Person nimmt am Ende dazu Stellung.
7. Abschluss: Am Ende können in der Gruppe noch vergleichbare Erfahrungen diskutiert und der Prozess reflektiert werden.

Das Wertvolle an der kollegialen Beratung sind die unterschiedlichen Perspektiven und das gemeinsame Reflektieren des Anliegens. Sie ermöglichen oft neue Einsichten für den Fallgeber, gleichzeitig lernen alle Teilnehmer voneinander und von den unterschiedlichen Erfahrungen und Sichtweisen. Daher müssen die Berater keine Fachexperten sein.

6.3.2.5 Kollegiale Hospitation

Von kollegialer Hospitation (auch als kollegiale Visitation bezeichnet) wird gesprochen, wenn zwei Praktiker sich „wechselseitig für einen oder einige Tage in ihrer „Praxis" besuchen und wechselseitig als Beobachter am Berufsalltag teilnehmen" (Dick/Weisenburger 2019, 860). Sie dient dazu, eigene Routinen und unbewusste Verhaltensweisen durch die Rückmeldung einer anderen Person zu erkennen. Sie kann daher blinde Flecken aufdecken und Handlungsalternativen aufzeigen. Kollegiale Visitation ist verwandt mit Job Rotation sowie der Hospitation.

Wechselseitige Beobachtung

6.4 Qualifizierungsmaßnahmen ‚off-the-job'

Dazu zählen alle Instrumente, die außerhalb der täglichen Arbeitsprozesse erfolgen und nicht unmittelbar aus Themen/Anliegen der Tätigkeit hervorgehen. Zu den wichtigsten Formen gehören:

6.4.1 Seminare und Trainings

Unter diesen Begriff fallen zahlreiche Qualifizierungsmaßnahmen, die nach der Organisationsform sowie der eingesetzten Methoden unterschieden werden können. Außerdem können Seminare als ‚face-to-face'-Veranstaltung oder elektronisch gestützte Seminare (E-Learning) konzipiert werden. Letztere sind Lernangebote, die mit elektronischen Informations- und Kommunikationstechnologien unterstützt bzw. ermöglicht werden (Kauffeld/Grote 2014, 135). Sie werden ausführlicher in Kap. 12.1 beschrieben.

6.4.1.1 Organisationsformen von Seminaren und Trainings

Hinsichtlich der Organisationsform können Seminare als sog. ‚Inhouse-Trainings' konzipiert sein, wenn sie ausschließlich für Mitarbeitende eines Unternehmens offen sind. Sie bieten sich an, wenn viele Mitarbeitende zu einem Thema qualifiziert werden sollen und/oder betriebsbezogene Themen bzw. sensible Unternehmensinformationen behandelt werden. Manche Themen lassen sich sofort unter den realen Rahmenbedingungen üben (z. B. mit bestehenden Geräten/Hilfsmitteln). In diesem Fall können sie auch als Maßnahmen ‚near-the-job' begriffen werden. Auch die geringeren Kosten sprechen meist für interne Seminare. Inhouse-Trainings können entweder durch externe Trainer oder interne Spezialisten (Multiplikatoren) durchgeführt werden. Große Sozialeinrichtungen mit eigener Weiterbildungsabteilung öffnen eigene Seminare teilweise auch für externe TeilnehmerInnen.

Inhouse-Training

Viele Sozialorganisationen konzipieren Seminare aber auch in Kooperation mit anderen Unternehmen. Dabei kann es sich um vertikale (z. B. Einschulung in ein EDV-Programm durch den Lieferanten) oder horizontale Kooperationen (z. B. zwischen verschiedenen NPOs) handeln. Die Möglichkeiten horizontaler Kooperation reichen vom Erfahrungsaustausch mit anderen Einrichtungen über gemeinsame Qualifizierungsangebote bis zum gemeinsamen Betrieb von Bildungseinrichtungen (Mentzel 2018, 250 ff.). In der Sozialwirtschaft werden häufig regionale ‚Weiterbildungsverbünde' gegründet, vor allem im Kinder-/Jugend- und Behindertenbereich.

Kooperation

Seminare externer Anbieter

Schließlich können Organisationen auch auf Seminarangebote von externen Bildungsanbietern, Interessensvertretungen oder Fachverbänden zurückgreifen. Sie dienen neben der fachlichen Qualifizierung dem Austausch über die eigene Organisation hinaus.

Vorteile

Inhouse-Maßnahmen bzw. externe Qualifizierungsformen bieten unterschiedliche Vorteile (in Anlehnung an Lindner-Lohmann et al. 2016, 194 f., Mentzel 2018, 225 f.):

Vorteile von Inhouse-Maßnahmen	Vorteile von externen Maßnahmen
Kein/geringer zusätzlicher Zeitaufwand, u. U. auch kurzfristig organisierbar	Entlastung von der Organisation der Qualifizierungsmaßnahmen
Zeitliche Lage bzw. Dauer können auf die Notwendigkeiten des laufenden Betriebs abgestimmt werden	Bessere Konzentration auf das Lernen, weniger Störungen aus dem Arbeitsalltag
Sensible Inhalte/Prozesse/Daten können angesprochen und behandelt werden	Einblick in die Arbeitsweise anderer Organisationen
Austausch über Abteilungsgrenzen hinweg möglich, fördert Verständnis für Arbeitsweisen, Notwendigkeiten in anderen Abteilungen	Kontakte über die Organisation hinaus können geknüpft und weiter genutzt werden
Realistische Bedingungen für Lernen, Lernergebnisse sind unmittelbar einsetzbar	Professionelles Lernumfeld (z. B. Übungsmöglichkeiten an Geräten)
Durch den Praxisbezug ist Transfer leichter möglich	Spezialisierte Trainer
Ziele/Inhalte können passgenau auf die Bedarfe im Unternehmen abgestimmt werden	Größere Bandbreite an Lösungen/Beispielen/Erfahrungen, unterstützend bei Innovationen
Einbezug der Teilnehmer in die Zielsetzung und Planung leichter möglich	
Bessere Identifikation mit den Inhalten durch direkten Problembezug	
Qualifizierung mehrerer Personen gleichzeitig unterstützt die Umsetzung	
Meist geringere Kosten (interne Trainer bzw. Aufteilung der Kosten auf viele Teilnehmer, Wegfall von Reise-/Aufenthaltskosten)	

Tab. 12: Vorteile von Inhouse-Trainings/externen Trainings

6.4.1.2 Seminar- und Trainingsmethoden

Hinsichtlich der eingesetzten Methoden kann grob in kognitive und verhaltensbezogene Methoden unterschieden werden (s. dazu Lindner-Lohmann et al. 2016, 189 f., Kauffeld 2016).

Kognitive Methoden

Kognitive Methoden dienen zur Vermittlung von Wissensinhalten, Zusammenhängen bzw. Handlungsabfolgen. Dabei wird ein Themengebiet systematisch aufbereitet und dargestellt. In **Fallstudien** bearbeiten die Lernenden eine komplexe Problemstellung aus dem beruflichen Alltag (z. B. eine herausfordernde Führungssituation). In Gruppen bearbeitete Fallstudien fördern den Erfahrungsaustausch, die Teamfähigkeit, die Fähigkeit zur Analyse und zur systematischen Problemlösung. Zudem werden dadurch fachliche Inhalte vertieft und in ihrem praktischen Anwendungszusammenhang durch den Einzelnen reflektiert.

Verhaltensorientierte Methoden

Verhaltensorientierte Methoden eignen sich, um affektive Lernziele zu verwirklichen und bestimmte Techniken, Verhaltensweisen und Abläufe durch Üben und begleitendes Feedback zu erwerben bzw. weiterzuentwickeln. In **Rollenspielen** simulieren die Lernenden typische berufliche Situationen (z. B. Gespräche mit schwierigen Klienten), indem sie verschiedene Rollen einnehmen und Verhalten erproben können. Im Anschluss wird das Rollenverhalten besprochen und die Teilnehmer erhalten ein ausführliches Feedback. In **Planspielen** werden komplexe mehrstufige Planungs-, Verhandlungs- und Entscheidungsprozesse simuliert (z. B. Veränderungsvorhaben in Organisationen).

6.4.2 Exkursionen, Hospitationen, Praktika in anderen Einrichtungen

Einblick in Arbeitsweisen Anderer

Diese Qualifizierungsmaßnahmen ermöglichen einen Einblick in die Arbeitsweisen anderer Organisationen.

Während Exkursionen kürzere Besuche sind, die primär Beobachtungen und einen Erfahrungsaustausch zum Ziel haben, zielen Praktika auf Lernen durch Mitarbeit in einem definierten Rahmen.

Hospitation

Der Begriff „Hospitation“ wird unterschiedlich verwendet, bezieht sich aber meist auf einen kürzeren Zeitabschnitt, in dem Mitarbeitende Einblick in die Arbeitsweise einer anderen Organisation/Abteilung erhalten.

Beispiele:

Die Caritas Deutschland bietet ihren Mitarbeitenden Hospitationen an, die sie auf ihrer Homepage wie folgt beschreibt:

„In den Einrichtungen der Caritas, können Mitarbeiterinnen und Mitarbeiter im Rahmen einer so genannten Hospitation andere Arbeitsfelder kennenlernen. Dabei können Sie für eine kurze Zeit in einem Team vor Ort mitarbeiten und den Arbeitsalltag in einem anderen Bereich erleben. So können Sie sich selbst ein Bild davon machen, ob Ihnen der Arbeitsbereich gefällt oder nicht. Die Hospitation kann entweder in Ihrer bisherigen Einrichtung sein, oder in einer anderen Einrichtung, die die von Ihnen gesuchte fachliche Ausrichtung hat.“ (www.caritas.de)

In der Caritas Oberösterreich gibt es das Angebot sog. „Study Visits" für Führungskräfte. Dabei können sowohl Caritas-Organisationen in anderen Bundesländern und in Europa besucht werden. Sie dienen dem Kontakt und fachlichen Austausch zwischen verschiedenen Caritas-Einrichtungen (www.caritas.de).

Neue Lernerfahrungen

Hospitationen ermöglichen den hospitierenden Personen neue Lernerfahrungen. Üblich sind sie z. B. im ärztlichen Bereich (Erlernen neuer Behandlungs-/Operationstechniken). Sie sind auch in vielen Ausbildungen vorgesehen (z. B. Lehrerausbildung). In der Sozialwirtschaft werden sie seltener als Qualifizierungsmöglichkeit genutzt.

Im Gegensatz zu der hier vorgestellten Form der Hospitation soll im Fall einer sog. „kollegialen Hospitation" (s. Kap. 6.3.2.5) vor allem die besuchte Organisation Nutzen ziehen. Durch einen Besuch von Fachkollegen erhalten Mitarbeitende Rückmeldungen, Anregungen und Ideen für die Weiterentwicklung der eigenen Praxis.

6.5 Exkurs: Lerntheoretische Konzepte für das Lernen Erwachsener

Die in den letzten Kapiteln dargestellten Qualifizierungsformen geben einen Überblick über die vielfältigen Möglichkeiten, die Organisationen in der Sozialwirtschaft für die Qualifizierung zur Verfügung stehen. Das Spektrum an Möglichkeiten wird in der Praxis bei Weitem nicht ausgeschöpft.

Die Auswahl, konkrete Gestaltung und letztlich auch die Akzeptanz von Lernformen und -methoden hängt auch davon ab, welche Vorstellungen Personalentwicklungsverantwortliche, Führungskräfte und die Mitarbeitenden selbst über das Lernen erwachsener Menschen haben.

In der neueren Literatur werden zum Verständnis von Erwachsenenlernen vor allem folgende lerntheoretische Konzepte herangezogen (Kauffeld 2010, 2016, Schaper 2014b):

6.5.1 Lernen als Wissenserwerb

Mentale Modelle und Handlungsschemata

Dabei stehen **Denk- und Verarbeitungsprozesse der Lernenden** im Mittelpunkt. Lernen besteht darin, den Aufbau geeigneter Repräsentationsformen von Wissen zu unterstützen.

Dabei geht es um begriffliches Wissen wie Zusammenhänge, Schritte von wiederkehrenden Handlungen, innere Vorstellungen von komplexen Phänomenen (Schemata und mentale Modelle). Prozedurales Lernen beschäftigt sich mit der Entwicklung von Handlungsschemata zum Lösen komplexer Aufgaben. Methoden zur Visualisierung von Wissen (z. B. Mindmaps, Prozessdarstellungen) und Techniken der Verhaltensmodellierung (z. B. durch Rollenspiele) unterstützen den Aufbau von Schemata und prozeduralem Lernen (Schaper 2014b, 469 f.). Unterstützend ist auch, wenn das Vorwissen und die Informationsverarbeitungsmechanismen bei der Gestaltung von Lernprozessen berücksichtigt werden.

6.5.2 Lernen als Erwerb von Handlungskompetenzen

Handeln lernen

Handlungstheoretisch orientierte Lernkonzepte stellen das ‚Handeln lernen' in den Mittelpunkt. Lernen ist der Prozess eines angeleiteten hin zum selbstständigen Handeln. Lernen soll die Ausdifferenzierung von Handlungswissen fördern und Expertenverhalten aufbauen. Dabei ist die aktive und kognitiv-reflektierende Auseinandersetzung mit den Handlungsanforderungen bei einer Aufgabe bzw. Tätigkeit wichtig. Wesentliche Phasen der Handlungssteuerung, wie Orientierungs-, Zielbildungs- und Planungsphase sowie Ausführungs-, Kontroll- und Reflexionsphase, sollten dabei durchlaufen und explizit behandelt werden. Das Ausführen von Handlungen bedarf am Anfang des Lernens strukturierter und intensiver Anleitungen von außen (z. B. durch Ausbilder). Mit zunehmender Beherrschung von Teilen der Gesamthandlung und Prozessen der Handlungskontrolle können die Anleitungen zurückgenommen werden (Schaper 2014b, 470).

Dafür bietet sich die Gestaltung von Lernprozessen am Arbeitsplatz an. Die Lernaufgaben sollten ein aktives, aufgabenorientiertes und vollständiges Lernhandeln erlauben (Schaper 2014b, 470).

6.5.3 Lernen als konstruktiver und sozialer Prozess

Wissen in sozialen Kontexten konstruieren

Die zentrale Annahme des Konstruktivismus ist, dass Menschen ihre Realität durch aktive Verarbeitungsprozesse ihrer Wahrnehmung selbst konstruieren. Wissen kann nicht passiv von einem Lehrenden aufgenommen werden, sondern muss von den Lernenden selbst erzeugt werden. Jeder **Lernprozess setzt eine aktive Konstruktion von Wissen voraus** (Kauffeld 2016, 68).

Situiertes Lernen

Ansätze situierten Lernens gehen zusätzlich davon aus, dass Lernen und die Umsetzung des Gelernten immer an einen Kontext gebunden und sozial vermittelt sind. Man spricht daher von „situierten Lernumgebungen", die folgende Merkmale haben (Schaper 2014b, 470, Kauffeld 2016, 68 ff.):

- Sie beruhen auf **authentischen Aufgaben** oder komplexen Anwendungskontexten. Lernende arbeiten an realistischen Problemen und authentischen Situationen. Die Lernumgebung ermöglicht eine eigenständige, erfahrungsbasierte Erprobung von Strategien. Dadurch wird die Anwendbarkeit des Gelernten (Transfer) gefördert.
- Sie **ermöglichen unterschiedliche Vorgehensweisen und Perspektiven,** damit die Erfahrungen auch auf neue Problemstellungen/Situationen bezogen werden können.
- Sie **fördern ein kooperatives Lernen in sozialen Kontexten** (Lerngruppen, Tandems etc.). Dadurch werden der Wissensaustausch und eine vertiefte Aneignung unterstützt. Der sozial vermittelte Prozess des Lernens kommt auch im sog. „Cognitive Apprenticeship Ansatz" zum Ausdruck, der auf dem ‚Meister-Lehrlings-Prinzip' basiert und Lernende zunehmend befähigt, eine vom Experten vorgezeigte Aufgabe selbstständig durchzuführen (s. auch Kap. 6.2.4).

Viele der beschriebenen Methoden der Qualifizierung ‚on-' und ‚near-the-job" entsprechen diesem Lernverständnis. Aber auch Maßnahmen ‚off-the-job' können Elemente davon enthalten, wenn z. B. an Fällen der Teilnehmenden gearbeitet wird.

Gestaltung von Lernprozessen

Zusammenfassend charakterisiert Kauffeld (2016, 70 f.) das Lernen im Erwachsenenalter wie folgt und formuliert folgende Hinweise für die Gestaltung von Lernprozessen:

- Erwachsene wollen genau wissen, warum sie etwas lernen; es sollte also der Sinn des Gelernten deutlich sein.
- Erwachsene bevorzugen selbstgesteuertes Lernen; sie sollten auch die Möglichkeit haben, ihre eigenen Lernziele zu entwickeln.
- Erwachsene sind in der Lernsituation mehr durch Vorerfahrungen aus ihrem Arbeitsumfeld geprägt. An diese Erfahrungen sollte angeknüpft werden.
- Erwachsene glauben durch Erfahrung zu lernen. Es ist von Vorteil, Erwachsene eine Lernerfahrung erleben zu lassen und anschließend darüber zu diskutieren.
- Erwachsene nähern sich einer Lernerfahrung eher mit einem problemzentrierten Ansatz.

7. Lerntransfer und Messung des Erfolgs von Qualifizierungsmaßnahmen

In diesem Kapitel erfahren Sie, ...

... was unter Lerntransfer zu verstehen ist

... wovon Lerntransfer abhängig ist

... wie er im Lernfeld und im Arbeitsfeld unterstützt werden kann

... welche Formen der Erfolgsmessung von Qualifizierungsmaßnahmen möglich sind

Umsetzung im Arbeitsalltag

Der Erfolg von Qualifizierungsmethoden besteht letztlich in der Umsetzung im Arbeitsalltag (Lerntransfer) und den daraus resultierenden positiven Effekten. Lerntransfer-Förderung und Evaluierung stellen daher die letzten Schritte im Funktionszyklus der Personalentwicklung dar.

Als Lerntransfer wird allgemein die Übertragung von Kenntnissen und Fertigkeiten aus dem Lernfeld (z. B. Seminar) in das Funktionsfeld (Arbeitsplatz) verstanden.

Lerntransfer

„Lerntransfer ist die Übertragung gelernter Kenntnisse und Fertigkeiten auf Herausforderungen (Aufgaben und Probleme) des Arbeitslebens, die Umsetzung und Generalisierung erworbener Kompetenzen in den Arbeitsalltag." (Solga 2011, 305)

Beim Lernen am Arbeitsplatz sind Trainings- und Anwendungssituation ident bzw. sehr ähnlich, daher ist es einfacher möglich, das gelernte Verhalten in den Arbeitsalltag zu übernehmen. Ein Transfer wird dann notwendig, wenn sich die Arbeitsumgebung stark von der Lernumgebung unterscheidet, also das Gelernte auf einen anderen Kontext übertragen werden muss. Die Notwendigkeit für Lerntransfer tritt daher vor allem bei Maßnahmen ‚off-the-job' (z. B. Seminare, Vorträge, Exkursionen) auf. Auch wenn dabei gelernt wurde, bedeutet es noch nicht, dass es tatsächlich angewendet wird.

Transferhindernisse

Hindernisse für eine Übertragung können sowohl lernpsychologisch (fehlende Lernerfahrung, zu viele Inhalte, zu wenig Eingehen auf Teilnehmer) als auch organisatorisch bedingt sein. Organisatorische Barrieren können an fehlenden Anreizen oder Anwendungsmöglichkeiten, an einem innovationsfeindlichen Klima oder am Verhalten des Vorgesetzten oder des sozialen Umfeldes liegen.

Beispiel:

Ein neuer Mitarbeiter in der ambulanten Begleitung von Familien lernt in einem Seminar die Bedeutung der Einstiegsphase und des Beratungskontraktes sowie hilfreiche Gesprächstechniken für diese Phase. In verschiedenen Rollenspielen zeigt er, dass er die neuen Techniken kompetent einsetzen kann. Im Arbeitsalltag darf er in den ersten vier Wochen einen erfahrenen Kollegen zu dessen Fällen begleiten und Teile der Beratung übernehmen. Der Kollege meint, dass für ein so aufwendiges Vorgehen in der Praxis keine Zeit sei und zeigt ihm, was er sich im Lauf der Jahre dafür zurechtgelegt hat.

Unterstützung notwendig

In diesem Fall stehen die Gepflogenheiten in der Einrichtung bzw. des Kollegen einer Umsetzung neuer Kenntnisse und Fertigkeiten entgegen. Paradox ist, dass in Organisationen häufig die knappen Weiterbildungsbudgets beklagt werden, gleichzeitig aber dem Lerntransfer wenig Augenmerk geschenkt wird. Lerntransfer muss aktiv und systematisch unterstützt werden, weil er nicht von selbst geschieht.

Lerntransfer-Management

Die Aktivitäten zur Förderung des Lerntransfers werden als Lerntransfer-Management bezeichnet. Sie können bei der Lernumgebung (z. B. Gestaltung von Trainings, Coachings, Seminaren) und/oder dem Arbeitsumfeld ansetzen. Lerntransfer-Management ist eine gemeinsame Aufgabe von Teilnehmern, ihren Führungskräften und Personalentwicklern bzw. Trainern/Vortragenden.

7.1 Einflussfaktoren auf den Lerntransfer

Folgende Faktoren werden als maßgeblich für einen funktionierenden Lerntransfer beschrieben (z. B. Solga 2011, Schaper 2014b, 480 ff., Kauffeld 2016, 132):

7.1.1 Merkmale der Teilnehmer

Faktoren für Trainingseffektivität

Darunter werden in der Literatur z. B. kognitive Fähigkeiten, Einstellungen, die zentrale Selbstbewertung und die Trainingsmotivation der Mitarbeitenden verstanden. Verschiedene Studien haben folgende drei Faktoren als besonders relevant für die Trainingseffektivität identifiziert (Solga 2011, Schaper 2014b, 480 ff.):

- Das **Selbstwirksamkeitserleben** ist bezogen auf den Lerntransfer die eigene Überzeugung, dass man in der Lage ist, die erworbenen Kenntnisse und Fähigkeiten aus eigener Kraft im Arbeitsleben umsetzen zu können.
- Die **Zentrale Selbstbewertung** ist ein Persönlichkeitsmerkmal, das eine positive und zuversichtliche Sicht auf die eigenen Fähigkeiten und Möglichkeiten im Leben beschreibt. Es umfasst neben dem Selbstwirksamkeitserleben Variablen wie Selbstvertrauen und emotionale Stabilität.
- Die **Trainingsmotivation** bezieht sich auf die Intensität und Ausdauer, mit der das Lernen vor, während und nach dem Training verfolgt wird.

7.1.2 Transferförderliche Gestaltung der Qualifizierungsmaßnahme

Werden gewisse Kriterien bei der Planung, didaktischen Gestaltung und der Trainerauswahl berücksichtigt, steigt die Wahrscheinlichkeit für einen gelingenden Lerntransfer. Die folgenden Gestaltungsmerkmale der Qualifizierungsmaßnahmen selbst unterstützen den Lerntransfer (Solga 2011, Kauffeld 2016):

Trainings-Arbeits-Übereinstimmung

Die Trainings-Arbeits-Übereinstimmung beschreibt die Ähnlichkeit von Lern- und Funktionsfeld. Je ähnlicher beide Kontexte sind, desto wahrscheinlicher ist Transfer. Das ist z. B. der Fall, wenn reale Fälle bzw. Situationen der Teilnehmer bearbeitet werden.

Transferdesign

Das Transferdesign bezieht sich auf die Frage, wie weit das Training selbst Möglichkeiten für Transfer bietet (z. B. durch Übungen, Rollenspiele, Praxisfälle). Da ein günstiges

Selbstwirksamkeitserleben sowohl das Lernen als auch den Transfer unterstützt, sollte die Qualifizierung so gestaltet werden, dass Beobachtungsmodelle präsentiert und Erfolgserlebnisse ermöglicht werden. Auch bestärkende Rückmeldungen erhöhen die Selbstwirksamkeitserwartung bezogen auf den Transfer. Qualifizierungsmaßnahmen können aber auch die Umsetzung thematisieren und auf mögliche Umsetzungsschwierigkeiten vorbereiten.

Unterstützende Gestaltung

Möglichkeiten für Transferunterstützung durch die Gestaltung von Qualifizierungsmaßnahmen:

- Die Teilnehmer bewerben sich für die Qualifizierungsmaßnahme und argumentieren, warum es wichtig ist, dass sie die Maßnahme besuchen.
- Die Teilnehmer werden vor der Qualifizierung zu ihren Erwartungen und Zielen befragt.
- Die Teilnehmer treffen sich mit dem Trainer vor der Maßnahme und vereinbaren die Inhalte und Schwerpunkte.
- In der Qualifizierungsmaßnahme wird an Fällen der TeilnehmerInnen gearbeitet.
- Die Teilnehmer schreiben sich selbst einen Brief („Selbstverpflichtungsbrief") mit geplanten Vorhaben, der ihnen nach einigen Wochen zugeschickt wird.
- Ein Transfercoaching/Telefoncoaching durch den Trainer/Vortragenden ist Bestandteil der Qualifizierungsmaßnahme.
- Im Seminar wird ein Transferprojekt geplant.
- Umsetzungsvorhaben werden mit den anderen Seminarteilnehmern vereinbart.

Unterstützend sind auch spezielle Transfermodule nach oder zwischen Seminaren, wie z. B. Transfertage, follow-up-Veranstaltungen, Peergruppentreffen. Denkbar sind auch sog. „Intervalltrainings", bei denen Trainings- und Umsetzungsphasen abwechseln. Diese speziell dem Transfer gewidmeten Formate stärken die Selbstverpflichtung und Motivation zur Umsetzung, bieten Raum für Erfahrungsaustausch und das Bewältigen von Umsetzungsbarrieren.

7.1.3 Transferförderliche Arbeitsumgebung

Selbst wenn seitens der Lernenden und durch die Gestaltung der Qualifizierungsmaßnahme gute Transfervoraussetzungen vorliegen, hängt die Umsetzung des Gelernten noch von den Bedingungen der Arbeitsumgebung ab. Dazu zählen vor allem die Unterstützung durch Vorgesetzte und Kollegen sowie das Vorhandensein von Anwendungsgelegenheiten.

7.1.3.1 Lernkultur und Lerntransferklima

Wertschätzung des individuellen Lernens

In der Literatur wird die Gesamtheit der transferrelevanten Bedingungen im Arbeitsumfeld als Lerntransferklima bezeichnet. Es ist Teil der Lernkultur eines Unternehmens.

Diese bezeichnet die spezifische Praxis der Kompetenzentwicklung in einer Organisation und die damit verbundene „bestimmte, organisationstypische Wertschätzung des individuellen Lernens und betrieblicher Weiterbildungsaktivitäten" (Solga 2011, 353).

Lerntransfersystem-Inventar

Das Lerntransfersystem-Inventar (LTSI) ist ein Instrument, mit dem die Transfervoraussetzungen (Transferklima) in einer Organisation analysiert und in der Folge weiterentwickelt werden können. Der Aufbau orientiert sich an den oben beschriebenen Einflussfaktoren auf den Lerntransfer: Teilnehmer, Qualifizierungsmaßnahme, Arbeitsumgebung. Der Fragebogen besteht aus 67 Fragen und wird von Trainingsteilnehmern ausgefüllt. Den einzelnen Faktoren sind jeweils auch Optimierungsideen zugeordnet (Kauffeld 2016, 140 ff.).

Einsatzmöglichkeiten

Das Instrument kann in folgenden Zusammenhängen eingesetzt werden (Kauffeld 2016, 135):

- Identifizieren möglicher Transferprobleme vor größeren Kompetenzentwicklungsmaßnahmen
- Prozessbezogene Evaluierung bestehender Qualifizierungsmaßnahmen
- Identifizieren von Ursachen für bekannte Transferprobleme
- Entwicklung von transferförderlichen Maßnahmen
- Sensibilisierung von Trainern und Vorgesetzten für Transferthemen

Unterstützungsprozess

Vorgesetzte und Kollegen können Transfer unterstützen, indem sie bereits **vor der Qualifizierung** Ziele formulieren, Aufgaben/Funktionen übertragen bzw. Anwendungserwartungen formulieren. Von besonderer Bedeutung ist, dass im Vorfeld ein Bezug zu den Anforderungen der Tätigkeit hergestellt wurde (s. Kap. 5.1).

Nach der Qualifizierung ist es förderlich, wenn seitens der Führungskraft bzw. Kollegen Interesse am Gelernten gezeigt wird, wenn Anwendungsgelegenheiten sichtbar gemacht, Anwendungshindernisse besprochen, Transferanreize gesetzt und verstärkendes Feedback gegeben wird.

Ansatzpunkte in der Arbeitsumgebung

Solga (2011) gliedert die möglichen Ansatzpunkte in der Arbeitsumgebung wie folgt:

Ansatzpunkte für Transferförderung im Funktionsfeld	Mögliche Maßnahmen
Anwendungsgelegenheiten schaffen und sichtbar machen	• Orientierung der Maßnahme an Aufgaben und Anforderungen • Aufgaben übertragen, Transferziele setzen • Aktionspläne entwickeln • Strukturelle Transferhindernisse identifizieren und beseitigen (z. B. fehlende Ressourcen) • Anwendungserwartungen und -gelegenheiten besprechen und sichtbar machen

Ansatzpunkte für Transferförderung im Funktionsfeld	Mögliche Maßnahmen
Anreize für Lerntransferprozesse setzen	• Nutzen des Gelernten für die Tätigkeit/die Organisation aufzeigen • Transfererwartungen kommunizieren • Anreize für Umsetzung schaffen, Erfolge positiv verstärken • Transfer in Leistungsbeurteilung berücksichtigen • Transfervereinbarungen (regeln Weiterbildungen, Unterstützung, Aufgaben, Ressourcen ...) und Aktionspläne entwickeln
Transfer unterstützen	• Transferprobleme und Lösungen besprechen • Freiräume für Transfer schaffen • Vorbildfunktion als Führungskraft wahrnehmen • Involvieren der Vorgesetzten in Qualifizierungsmaßnahmen (z. B. Tätigkeit als Trainer, partielle Teilnahme) • Coaching in Bezug auf den Transfer durch Vorgesetzte • Peer-Netzwerke, Peer-Mentoring • Qualifizieren ganzer Arbeitsgruppen
Involvieren der Führungskräfte	• Beteiligen der Vorgesetzten an der Bedarfsplanung • Bewusstmachen der Rolle von Vorgesetzten im Transfermanagement • Bindung der Vorgesetzten durch Transfervereinbarungen (s. oben)

Tab. 13: Maßnahmen zur Gestaltung des Lerntransferklimas, in Anlehnung an Solga 2011, 308 ff.

Die beschriebenen Faktoren und Maßnahmen zeigen, dass gelingender Lerntransfer an mehrere Voraussetzungen geknüpft ist:

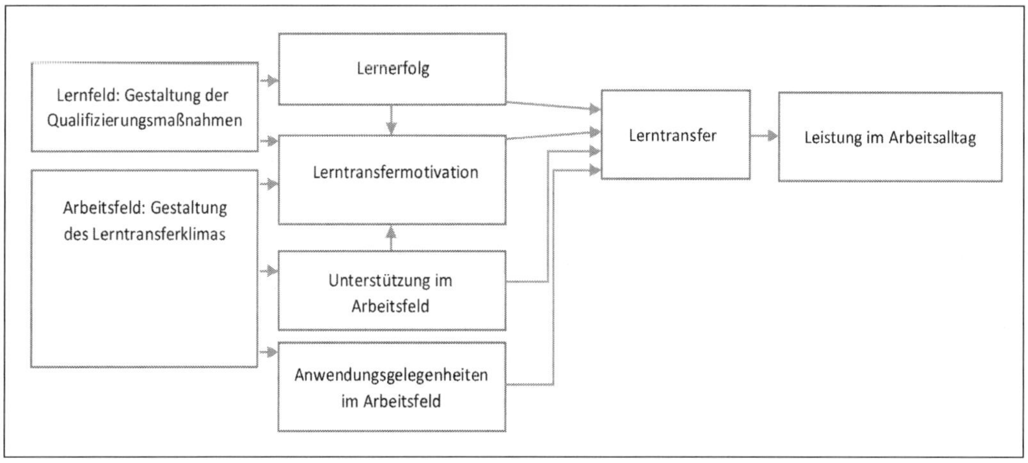

Abb. 13: Modell des Lerntransfermanagements, in Anlehnung an Solga 2011, 344

Umsetzungsbedingungen

Damit Gelerntes am Arbeitsplatz umgesetzt wird, muss bei den Lernenden selbst ein Lernerfolg und eine Lerntransfermotivation vorliegen. Beides kann durch die Gestaltung der Qualifizierungsmaßnahme (Lernfeld) unterstützt werden. Die Umsetzung setzt aber auch ein Lerntransferklima in der Organisation voraus (Arbeits-/Funktionsfeld), vor allem die Unterstützung durch Vorgesetzte bzw. Kollegen und Anwendungsgelegenheiten.

Da der Transfer in der Praxis einer der herausforderndsten Aspekte in der Qualifizierungsarbeit ist, ist dieses Wissen in mehrfacher Weise hilfreich:

Auswahlkriterien

Ein Kriterium für die Auswahl von externen Aus- und Weiterbildungsanbietern, Qualifizierungsmaßnahmen bzw. Trainern/Vortragenden/Dozenten sollte sein, inwiefern der Lerntransfer in den didaktischen Konzepten berücksichtigt wird: Wird ein Praxis-/Branchenbezug hergestellt? (Wie) wird die Handlungs-/Teilnehmerorientierung gestaltet? In welcher Form wird der Transfer in der didaktischen Gestaltung mitbedacht (Transferdesign)?

Start: Planung von Qualifizierungen

Aber auch im Arbeitsalltag benötigt der Transfer besondere Aufmerksamkeit: Vorgesetzte und Kollegen müssen sich bewusst sein, welch großen Einfluss sie auf gelingenden Transfer haben. Dabei beginnt Transfer bereits bei der Planung von Qualifizierungen: Besteht seitens der Führungskraft bzw. der Kollegen kein Interesse an der Qualifizierung, wird auch die Umsetzung nicht aktiv unterstützt werden. Häufig wird auch übersehen, dass am Beginn zusätzliche Zeit und Mühe nötig ist, um neues Wissen und neue Fähigkeiten anzuwenden.

7.2 Prozessbezogene und ergebnisbezogene Evaluation von Qualifizierungsmaßnahmen

Letzter Schritt im Funktionszyklus

Die Evaluation von Qualifizierungsmaßnahmen ist gemeinsam mit dem Lerntransfer der letzte Schritt im Personalentwicklungszyklus. Sie kann als Teil einer umfassenden Qualitätssicherung der Personalentwicklung verstanden werden. Diese umfasst nicht nur die nachträgliche Evaluation von Maßnahmen, sondern beginnt bereits „mit der sorgfältigen Präzisierung der Ziele einer Aus- und Weiterbildungsmaßnahme in der Vorbereitungsphase, geht weiter mit der Qualitätsanalyse durch Experten und potenzielle Nutzer in der Entwicklungsphase und schließt ab mit der Wirkungsanalyse sowie der Kosten-Nutzen-Analyse in der Anwendungsphase der Maßnahme" (Schaper 2014b, 483).

Evaluationsformen

Grundsätzlich können zwei Formen von Evaluation unterschieden werden:

prozessbezogen

Prozessbezogene Evaluation beschäftigt sich mit der Identifikation und Überprüfung von Einflussfaktoren auf die Wirksamkeit einer Qualifizierungsmaßnahme. Solche Evaluationen werden mit Blick auf Optimierungen der Maßnahme (Prozess) durchgeführt und in der Literatur auch als „**formative Evaluation**" bezeichnet. Prozessbezogene Evaluation nutzt also laufendes Feedback für die Gestaltung von Qualifizierungsmaßnahmen und deren Rahmenbedingungen.

Beispiel:

Eine Organisation bietet für neue Führungskräfte drei Seminartage an, um aktuelle Fragen und Herausforderungen ihrer Führungspraxis in einer kleinen Gruppe zu bearbeiten. Zwischen den einzelnen Tagen sind Umsetzungs- und Reflexionsphasen vorgesehen. Nach dem ersten Tag werden die Teilnehmenden um Feedback und Anregungen zu den bearbeiteten Inhalten und der Arbeitsweise gebeten. Der Lernbegleiter möchte sein Design und die Schwerpunktsetzungen für die noch verbleibenden beiden Tage danach ausrichten. Die Teilnehmenden erhalten Gelegenheit, die Seminartage mit zu planen.

ergebnisbezogen

Ergebnisbezogene Evaluation: Sie misst nach Beendigung einer Qualifizierungsmaßnahme deren Resultate und wird in der Literatur auch als **„summative Evaluation"** bezeichnet. Dadurch stellt sie Entscheidungsträgern Informationen zur Verfügung, ob eine Qualifizierung weitergeführt, reduziert oder eingestellt werden soll. Sie kann auch dazu dienen, den Einsatz einer bestimmten Maßnahme zu rechtfertigen oder für künftige Maßnahmen zu lernen (Kauffeld/Grote 2014, 139 f.).

Teil des Bildungscontrolling

Die ergebnisbezogene Evaluation wird auch als Teil des Bildungscontrolling betrachtet und als „pädagogisches Bildungscontrolling" (im Gegensatz zum ökonomischen Bildungscontrolling) bezeichnet (Lindner-Lohmann et al. 2016, 208 ff.). Sie kann in Anlehnung an Kirkpatrick (1967, 1994) auf folgenden vier Ebenen erfolgen (Schaper 2014b, 484):

1. **Reaktion der TeilnehmerInnen:** Die erste Ebene gibt Auskunft über die subjektive Zufriedenheit der Lernenden mit der Qualifizierungsmaßnahme. Üblicherweise werden dabei die Inhalte, der Trainer, die didaktische Gestaltung sowie die Rahmenbedingungen bewertet. Die Bewertung kann am Seminarende schriftlich (Feedback-Bogen) oder als mündliche Feedback-Runde erfolgen. Befragungen können auch schriftlich oder telefonisch in einem gewissen zeitlichem Abstand zur Maßnahme erfolgen. Die Zufriedenheit der Teilnehmer trägt dazu bei, dass Nachfrage nach den Maßnahmen stimuliert wird und Erfolgsgeschichten weitergetragen werden.

2. **Wissenszuwachs/Lernergebnisse:** Auf dieser Ebene werden die erlernten Kenntnisse, Fähigkeiten und Einstellungen erhoben. Sinnvoll ist es, dabei Bezug auf die formulierten Lernziele zu nehmen. Lernergebnisse können ebenfalls über die subjektive Einschätzung der Teilnehmenden erhoben werden oder indem konkrete Aufgabenstellungen bearbeitet werden (z. B. in Form von Fallbeispielen, Rollenspielen, Übungen, Tests).

3. **Veränderung im Arbeitsverhalten:** Dabei wird erhoben, wie weit der Transfer der gelernten Fähigkeiten und Kenntnisse in den Arbeitsalltag gelungen ist. Der Transfer kann am ehesten über Beobachtungen am Arbeitsplatz, Gespräche mit Teilnehmern, ihren Vorgesetzten oder Kollegen festgestellt werden.

4. **Resultate/Effekte:** Auf der letzten Ebene werden die Auswirkungen des veränderten Arbeitsverhaltens in Form von Leistungskennzahlen (z. B. Umsatz) bzw. anderen Leistungskriterien (Kundenzufriedenheit) gemessen. Zu bedenken ist, dass ein unmittelbarer kausaler Zusammenhang zwischen Qualifizierung und Effekten speziell in der Sozialwirtschaft schwer herzustellen ist.

Mit der Evaluierung bzw. Transferförderung schließt sich der Personalentwicklungszyklus im Sinne eines systematischen Herangehens an die Qualifizierung der Mitarbeitenden. Gleichzeitig ist die Evaluierung von Maßnahmen Bestandteil des Bildungscontrollings, das in Kap. 11.2.4 ausführlicher beschrieben wird.

Zum Weiterlesen

Vertiefende Literatur zur Qualifizierung entlang des Funktionszyklus der Personalentwicklung

Kauffeld, Simone (2016): Nachhaltige Personalentwicklung und Weiterbildung. Betriebliche Seminare und Trainings entwickeln, Erfolge messen, Transfer sichern. 2. Auflage. Wiesbaden.

Mentzel, Wolfgang (2018): Personalentwicklung. Erfolgreich motivieren, fördern und weiterbilden. 3. Auflage. München: dtv Verlagsgesellschaft.

Müller-Vorbrüggen, Michael/Radel, Jürgen (Hrsg.) (2016): Handbuch Personalentwicklung: Die Praxis der Personalbildung, Personalförderung und Arbeitsstrukturierung. 4. Auflage. Stuttgart: Schäffer Poeschel.

Ryschka, Jurij/Solga, Marc/Mattenklott, Axel (Hrsg): Praxishandbuch Personalentwicklung. Instrumente, Konzepte, Beispiele. 3., vollständig überarbeitete und erweiterte Auflage. Wiesbaden: Gabler.

Troger, Hermann (2018): Die Führungskraft als Personalmanager. Wiesbaden.

Klassiker

Becker, Manfred (2005): Systematische Personalentwicklung. Planung, Steuerung und Kontrolle im Funktionszyklus. Stuttgart: Schäffer-Poeschel.

8. Talent-, Laufbahn-/Karrieremanagement und Nachfolgeplanung

In diesem Kapitel erfahren Sie, ...

... was Talent-, Laufbahn-/Karrieremanagement und Nachfolgeplanung unterscheidet

... welche besondere Bedeutung Talentmanagement in der Sozialwirtschaft besitzt

... wie Talentmanagement verstanden werden kann

... welche Bestandteile ein organisationsweites Talentmanagement-Konzept hat

... welche Laufbahnformen und -möglichkeiten unterschieden werden können

... was Nachfolgeplanung bedeutet und welche Schritte sie umfasst

... welche Instrumente zur Potenzialfeststellung genutzt werden können

... welche Methoden zur Qualifizierung von Potenzialträgern es gibt

... was beim Talentmanagement in der Sozialwirtschaft beachtet werden sollte

Talent-, Laufbahn-/Karrieremanagement und Nachfolgeplanung bezeichnen verwandte Konzepte, die Bündel personalwirtschaftlicher Maßnahmen zur Gewinnung, Bindung und langfristigen Entwicklung der Mitarbeitenden umfassen.

Talentmanagement

Talentmanagement kann dabei als Überbegriff verstanden werden. Es umfasst sowohl ein **internes** (Bindung und Förderung bestehender Mitarbeitender) als auch ein **externes Talentmanagement.** Letzteres beschreibt die Gewinnung und Bindung von Bewerbern, die wichtige Kompetenzen für die Organisation besitzen. Entsprechend definieren Ritz/Sinelli (2011, 10) Talentmanagement wie folgt:

„Talent Management bezeichnet jene Organisationskonzepte und -maßnahmen, die sich gezielt mit der Gewinnung, Erhaltung und Entwicklung von gegenwärtigen oder zukünftigen Mitarbeitenden auseinandersetzen, die aufgrund ihrer vergleichsweise knappen, stark nachgefragten und für die Organisation zentralen Schlüsselkompetenzen als Talente bezeichnet werden."

Schlüsselkompetenzen

Talentmanagement bezieht sich nach dieser Definition also auf Personen mit wichtigen Schlüsselkompetenzen, die für die Organisation gewonnen bzw. an sie gebunden werden sollen. In diesem Band wird ausschließlich auf das interne Talentmanagement im Kontext von Personalentwicklung – also auf die Erhaltung und Entwicklung – von Talenten Bezug genommen.

Laufbahn- und Karrieremanagement

Laufbahn- und Karrieremanagement ist eine Teilfunktion des internen Talentmanagements und hat die Aufgabe, Laufbahnen für bestehende Mitarbeitende als von der Organisation vorgesehene Positionsfolge systematisch zu planen (Laufbahnplanung), ihre Umsetzung zu unterstützen und zu kontrollieren. In der Literatur werden die beiden Begriffe synonym verwendet.

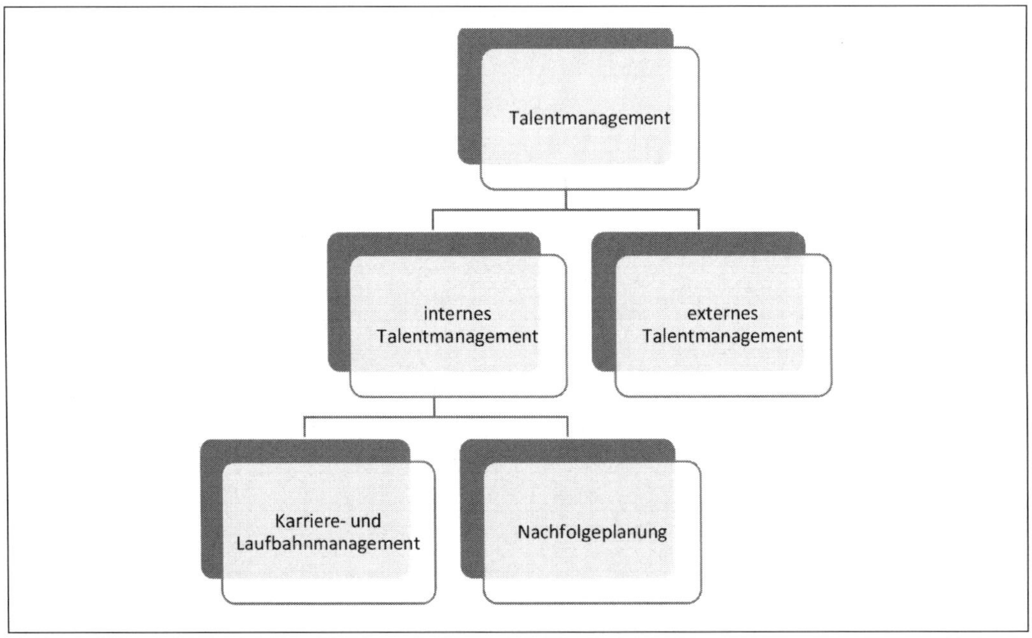

Abb. 14: Systematik der Begriffe im Talentmanagement

Laufbahnplanung

„Die Laufbahnplanung legt fest, welche Positionen ein Mitarbeiter im Laufe seiner weiteren beruflichen Entwicklung noch einnehmen kann und welche qualifizierenden Maßnahmen dazu erforderlich sind." (Mentzel 2018, 132)

Laufbahnplanung hat eine wichtige Orientierungs- und Anreizfunktion für die Mitarbeitenden. Aus der Perspektive der Organisation trägt sie zur Deckung des Personalbedarfs bei. In dieser Thematik überschneiden sich also Personalplanung und Personalentwicklung.

Nachfolgeplanung

Die **Nachfolgeplanung** orientiert sich an den zu besetzenden Stellen aus der Personalplanung und legt fest, „wer sich aus dem Kreis der vorhandenen Mitarbeiter im Falle einer Vakanz als Stelleninhaber eignet und welche Bildungsmaßnahmen für eine endgültige Stellenübernahme noch erforderlich sind." (Mentzel 2018, 141)

Dabei kann es sich um individuelle Nachfolgepläne für einzelne Stellen oder um abteilungsbezogene Nachfolgelisten handeln (Mentzel 2018, 144).

8.1 Zur Bedeutung von internem Talentmanagement in der Sozialwirtschaft

In Zeiten des Personalmangels sind Sozialorganisationen bestrebt, gute Mitarbeitende zu finden und zu fördern. Häufig wird die Ansicht vertreten, es gäbe in der Sozialwirtschaft kaum Entwicklungsmöglichkeiten, daher wird eine systematische Mitarbeiterförderung – abgesehen von Führungsfunktionen – kaum betrieben. Entwicklung vollzieht sich häufig eher zufällig als geplant. Es gibt kaum übergeordnete Vorgaben bzw. Instrumente, was dazu führt, dass für Mitarbeitende mit hohem Entwicklungspotenzial unsichere bzw. ungeklärte Situationen in Bezug auf ihre Entwicklungsmöglichkeiten bestehen.

typische Situationen

Die folgenden Beispiele zeigen die Problematik anhand von zwei typischen Situationen.

Starres Berufsrecht

Beispiel 1:

Eine Führungskraft in der stationären Altenhilfe möchte ihre in der Betreuung tätigen MitarbeiterInnen gerne fördern. Es soll Abwechslung in den Alltag kommen und sie sollen ihre Neigungen einbringen können. Sie sieht allerdings kaum Möglichkeiten, und zwar aus folgenden Gründen: Die Leitung eines Wohnbereichs ist den Diplomkräften vorbehalten, und die Übernahme höherwertiger Aufgaben in der Einrichtung ist nur mit einer zusätzlichen Ausbildung möglich und scheidet daher für die meisten Personen aus.

Dieses Beispiel zeigt zunächst, dass durch Weiterbildungsregelungen in der Gesundheits- und Sozialwirtschaft die Einrichtungen gegenüber anderen Branchen weniger Spielräume haben, Laufbahnen frei zu gestalten. Es belegt aber auch, dass Entwicklung häufig mit hierarchischem Aufstieg gleichgesetzt wird und Führungskräften das Spektrum an Entwicklungsmöglichkeiten nicht bewusst ist. Hier stellt sich also die Frage, welche weiteren Optionen die Führungskraft hat, um ihre Mitarbeitenden weiterzuentwickeln bzw. zu fördern.

Kein Interesse an Leitungsaufgaben

Beispiel 2:

In einer Behinderteneinrichtung geht eine von fünf Teamleitungen in den Ruhestand. Für sie soll nun eine Nachfolge gefunden werden. Aus dem Team möchte niemand diese Funktion übernehmen, schließlich ‚opfert' sich ein Mitarbeiter auf Druck der anderen Teammitglieder. Alle befürchten, dass das Team sonst eine externe Teamleitung erhalten wird.

Dieser Fall zeigt exemplarisch, dass im Sozialbereich das Interesse an Leitungsaufgaben eher gering ist. Dies wird häufig der – zumindest in Österreich – vergleichsweise geringen finanziellen Abgeltung bei hoher Verantwortung zugeschrieben. Typisch für viele Einrichtungen ist aber, dass trotz des absehbaren Ausscheidens und des Engpasses die Nachbesetzung nicht vorausschauend geplant wurde. Es stellt sich also die Frage, wie rechtzeitig eine neue, geeignete und motivierte Teamleitung gefunden und qualifiziert werden kann.

Gründe für ein internes Talentmanagement

Aus folgenden Gründen spielt daher internes Talentmanagement gerade in der Sozialwirtschaft eine wichtige Rolle:

- Durch eine vorausschauende Planung und Entwicklung von geeigneten Mitarbeitenden können Nachbesetzungsprobleme reduziert werden.

- Für manche Positionen ist es schwierig, geeignete Mitarbeitende auf dem Arbeitsmarkt zu gewinnen; sie müssen daher intern entwickelt werden.

- Entwicklungsperspektiven ermöglichen den Einsatz der Mitarbeiter entsprechend ihren Stärken und ihrem Erfahrungs- und Kenntnisstand. Dieser kann optimal genutzt werden.
- Gute Mitarbeiter können durch Entwicklungsperspektiven motiviert bzw. in der Organisation bzw. in ihrem Beruf gehalten werden.
- Entwicklungsmöglichkeiten unterstützen die Gesundheit und Arbeitsfähigkeit von Mitarbeitenden, weil (einseitige) Belastungen reduziert werden können.
- Entwicklungsmöglichkeiten fördern ein positives Arbeitgeberimage und unterstützen bei der Gewinnung neuer Mitarbeitender.

Der Begriff Talentmanagement wird sowohl in der Literatur als auch in der Praxis unterschiedlich verstanden. In den folgenden Kapiteln werden verschiedene Ansätze vorgestellt und ein für die Sozialwirtschaft gewinnbringender Zugang herausgearbeitet, der den weiteren Überlegungen zugrunde liegt.

8.2 Internes Talentmanagement: Inklusiver und exklusiver Ansatz

Der Begriff Talentmanagement wird in der Literatur in drei unterschiedlichen Varianten verwendet (Hirschi 2019):

	Inklusiver Ansatz	**Exklusiver Ansatz**	
		„Star-Ansatz"	Ansatz über Schlüsselpositionen
Grundaussage	„Alle Mitarbeiter haben Talente." Daher sollen **alle** entsprechend gefördert werden; Ausgangspunkt sind die Fähigkeiten und Neigungen eines jeden einzelnen Mitarbeiters.	„Mitarbeiter mit guten Leistungen und hohem Potenzial (Talente) müssen gefördert und gebunden werden." Die Aktivitäten im Talentmanagement konzentrieren sich auf die Unterstützung und Bindung der Mitarbeitenden, die als Talente identifiziert wurden.	„Zentrale Positionen in der Organisation (Schlüsselpositionen) müssen mit sehr guten Mitarbeitenden besetzt sein." Die Aktivitäten konzentrieren sich auf diese Positionen (Fluktuation, Nachbesetzung, Qualifizierung der Stelleninhaber).

Tab. 14: Sichtweisen von internem Talentmanagement in der Literatur

Inklusiver Ansatz

Der inklusive Ansatz geht davon aus, dass alle Mitarbeitenden in irgendeiner Form ‚Talent haben'. Talent beschreibt dabei eine Kombination aus Kompetenzen, Unternehmensbindung und Engagement. Talentmanagement stellt in dieser Perspektive sicher, dass alle Mitarbeitenden auf jeder Unternehmensebene ihre individuell beste Arbeitsleistung erbringen können. In der Sozialwirtschaft ist der inklusive Ansatz sehr verbreitet (s. auch Beispiel 1 oben). Die Förderung aller Mitarbeitenden entsprechend ihren Fähigkeiten und Neigungen wird als zentrale Führungsaufgabe verstanden. Hirschi

(2019, 552) kritisiert, dass dieser Ansatz keinen Mehrwert bringt, da dies die generelle Aufgabe von Führung bzw. Personalmanagement ist, wenn sie z. B. aus der Perspektive des betrieblichen/beruflichen Lebenszyklus betrachtet werden.

Exklusiver Ansatz

Der exklusive Ansatz im Talentmanagement konzentriert sich dagegen auf Personen oder Positionen, die für das Unternehmen besonders bedeutsam sind.

Star-Ansatz

Der ‚Star-Ansatz' stellt Potenzialträger (Talente, ‚High Potentials') in den Mittelpunkt. Das sind Mitarbeitende, bei denen sowohl die derzeitigen Leistungen als auch das Leistungspotenzial hoch eingeschätzt werden. Beim Star-Ansatz geht es darum, solche Talente zu erkennen, zu fördern und an das Unternehmen zu binden.

		Leistung		
		Gering	Mittel	hoch
Potenzial	Hoch			High-Potentials
	Mittel			
	gering			

Tab. 15: Leistungs-Potenzial-Matrix, Trost 2018, 233

Nachteilig wirkt sich bei diesem Zugang aus, dass möglicherweise andere Mitarbeitende entmutigt werden und das Unternehmen vorzeitig verlassen, obwohl sie sehr gute Arbeitsleistungen erbringen und/oder sich zu Potenzialträgern entwickeln könnten.

Ansatz über Schlüsselpositionen

Der Ansatz über Schlüsselpositionen geht nicht von Personen, sondern von **strategisch relevanten Positionen** im Unternehmen aus. Hirschi (2019, 554) versteht unter Schlüsselpositionen „strategisch wichtige Stellen, welche einen direkten Einfluss auf die Verwirklichung der Unternehmensstrategie und Unternehmensziele haben. Zudem sind Schlüsselpositionen Stellen, welche eine hohe Variabilität in der Leistung der Stelleninhaber ermöglichen und in der sich individuelle Leistungsunterschiede zwischen Personen besonders bemerkbar machen".

Es kann sich sowohl um Führungspositionen als auch um spezialisierte Fach- oder Querschnittsfunktionen handeln. Häufig sind diese Positionen über den externen Stellenmarkt schwer zu besetzen, da sie unternehmensspezifische Fähigkeiten und internes Wissen voraussetzen. Talentmanagement in diesem Verständnis trägt dafür Sorge, dass die Schlüsselpositionen in einer Organisation immer mit den besten Personen besetzt sind. Damit verknüpft dieser Zugang Talentmanagement mit der Unternehmensstrategie (Hirschi 2019, 554).

In der Sozialwirtschaft ist sowohl der inklusive Ansatz als auch der Zugang über die Schlüsselpositionen von Bedeutung. Der inklusive Ansatz spricht eine wichtige Führungsaufgabe an, nämlich die Mitarbeitenden entsprechend ihren Fähigkeiten und Neigungen entlang des betrieblichen Lebenszyklus optimal einzusetzen und ihre Entwicklung zu begleiten.

Beim exklusiven Ansatz mit Fokus auf Schlüsselpositionen setzt Talentmanagement bei den zentralen Positionen im Unternehmen an. Dieser Zugang ist in der Sozialwirtschaft kaum verbreitet, birgt aber großes Potenzial und wird in den folgenden Kapiteln weiter ausgeführt.

8.3 Bestandteile eines Talentmanagement-Konzepts

Internes Talentmanagement mit Fokus auf Schlüsselpositionen besteht aus folgenden Teilprozessen:

- Identifizieren der Schlüsselpositionen
- Festlegen der dafür notwendigen Kompetenzen
- Talentidentifikation und
- Talententwicklung.

Ganzheitliches Talentmanagement-Konzept

Diese Aufgaben können nur im Zusammenspiel von Führungskräften und dem Personalmanagement/der Personalentwicklung bearbeitet werden. Ein ganzheitliches internes Talentmanagement beruht daher auf einem Zusammenspiel folgender Ebenen (Ritz/Sinelli, 2010; Lindner-Lohmann et al. 2016):

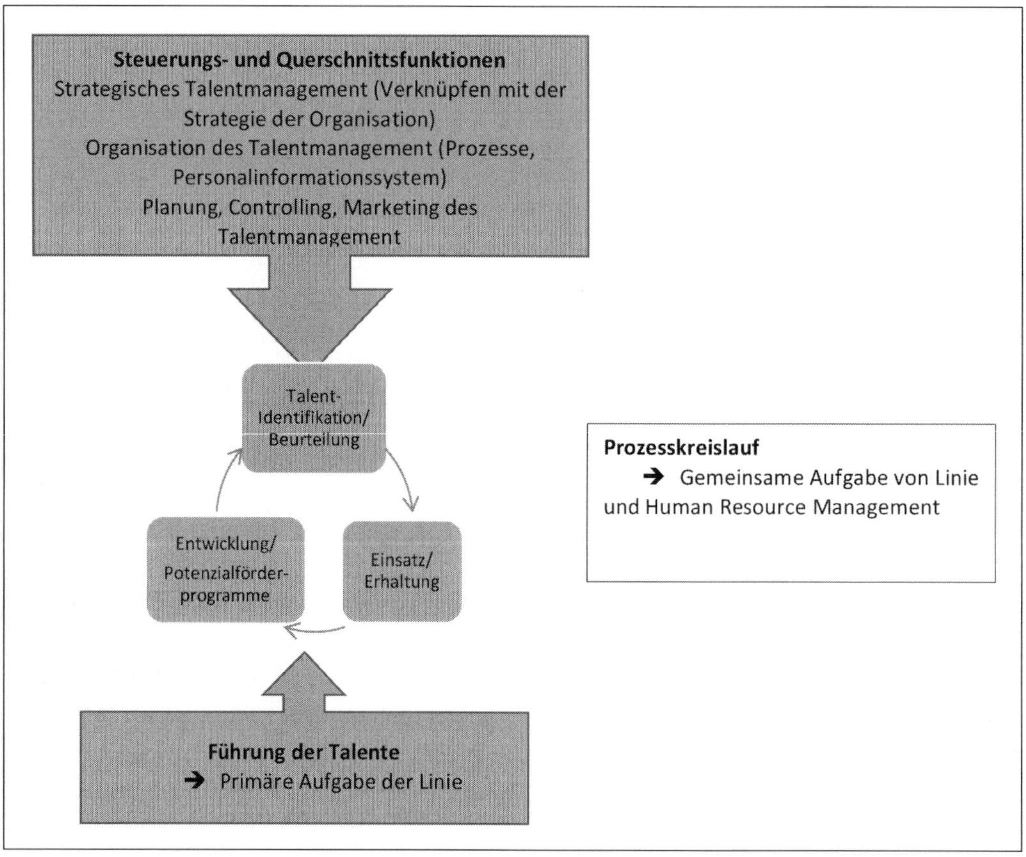

Abb. 15: Ganzheitliches Talentmanagement-Konzept, in Anlehnung an Ritz/Sinelli 2010, 11, Lindner-Lohmann et al. 2016, 198

Aufgaben der PE

Die **Steuerungs- und Querschnittsfunktion** obliegt der Personalabteilung/Personalentwicklung. Dabei geht es um die Anbindung an die Unternehmensstrategie, die Definition der notwendigen Prozesse und Instrumente und der Zuständigkeiten, das Sicherstellen der organisatorischen Voraussetzungen (z. B. Dokumentation von Soll- bzw. Ist-Kompetenzen), aber auch um das Controlling bzw. das begleitende Marketing. Letzteres hat in der Sozialwirtschaft sehr hohe Relevanz (dazu Kap. 8.6).

Aufgaben der Führungskräfte

Die **Führung der Talente** im Sinne von Einsatz/Erhaltung, Beurteilung und Entwicklung ist primäre Aufgabe der Führungskräfte. Sie kann auch ohne die übergeordnete Steuerungs- und Querschnittfunktion auskommen, z. B. wenn Führungskräfte in Mitarbeitergesprächen Leistungen einschätzen und Entwicklungsperspektiven im eigenen Verantwortungsbereich besprechen. Das stößt aber an Grenzen, wenn dadurch neue Funktionen geschaffen werden, sich Mitarbeitende in andere Bereiche entwickeln wollen bzw. umfangreichere Qualifizierungsmaßnahmen notwendig werden. Ein solches bereichsbezogenes Vorgehen führt auch zu einem „Wildwuchs" in einer Organisation (s. Beispiel Kap. 8.4.2.2).

Talentmanagement stellt ein organisationsweites Verständnis von strategierelevanten Anforderungen her, es stellt sicher, dass Maßnahmen im gesamten Unternehmen einheitlich umgesetzt werden und ist ein Korrektiv zur Einschätzung der Führungskräfte, die gute Mitarbeiter vielleicht eher im eigenen Bereich halten als weiterentwickeln möchten.

8.4 Laufbahn-/Karrieremanagement und Nachfolgeplanung

Dabei handelt sich um zwei verwandte Konzepte, die sich nur durch die Blickrichtung unterscheiden:

Nachfolgeplanung

Die Nachfolgeplanung liegt an der Schnittstelle zwischen Personalbedarfsplanung und Personalentwicklungsplanung. Sie plant vom Besetzungsbedarf einzelner Stellen ausgehend, wer beim Ausscheiden der Stelleninhaber nachfolgen wird.

Laufbahnplanung

Die Laufbahnplanung dagegen geht von den einzelnen Mitarbeitenden aus und legt fest, welche Positionen im Unternehmen sie im Lauf ihrer beruflichen Entwicklung einnehmen können.

Aus der Personalentwicklungsperspektive haben beide den Zweck, persönliche Karriereziele der Mitarbeitenden mit den Möglichkeiten, Angeboten bzw. Entwicklungswegen im Unternehmen systematisch in Übereinstimmung zu bringen. Daher werden in den folgenden Kapiteln zunächst Karriere- und Laufbahnverständnisse sowie unterschiedliche Laufbahnmöglichkeiten vorgestellt.

8.4.1 Der Laufbahn- bzw. Karrierebegriff

Die Begriffe **Laufbahn** und **Karriere** bezeichnen in der Personalwirtschaft ganz allgemein eine Abfolge von berufsbezogenen Rollen bzw. Positionen im Zeitverlauf (Latzke et al. 2019, 5).

Karrierebegriff

Der Begriff ‚Karriere' wird speziell dann gebraucht, wenn die berufliche Entwicklung mit objektivem Erfolg in Form von höherem Gehalt, einer Zunahme an Verantwortung, Statussymbolen usw. einhergeht (objektive Karriere). Die neuere Literatur kennt aber auch den Begriff „subjektive Karriere", wenn beruflicher Erfolg anhand von persönlichen

Kriterien beurteilt wird. Dieser subjektiven Perspektive von Karriere trägt auch die Definition von Becker (2013, 611) Rechnung:

> „Karriere ist definiert als subjektiv empfundene und/oder objektiv gegebene Zunahme des Einflusses einer Person oder einer Personengruppe auf die Entscheidungen und Handlungen einer Organisation."

Individuelles Wertesystem

Vor allem neuere Konzepte von Karriereerfolg bringen Karriere nicht nur mit Einfluss, sondern mit erlebter Sinnhaftigkeit der Arbeit, einer guten Work-Life-Balance oder einer kontinuierlichen Kompetenzentwicklung in Verbindung (Spurk 2019). Was für eine Person ‚Karriere' ist, orientiert sich also (auch) am individuellen Wertesystem.

Laufbahnbegriff

In der Sozialwirtschaft wird der Begriff ‚Laufbahn' häufiger gebraucht. Eine Laufbahn beschreibt entweder die gesamte berufliche Lebenszeit (berufliche Laufbahn) oder die Zeit in einer Organisation (betriebliche Laufbahn). Der Laufbahnbegriff ist wertfrei, steht also nicht zwangsläufig mit Aufstieg oder beruflicher Weiterentwicklung in Zusammenhang.

8.4.2 Fixe versus flexible Karrieresysteme

Karrieresysteme beschreiben „alle Maßnahmen und Programme, die dazu dienen, Mitarbeiter in dem eigenen Unternehmen sinnvoll entwickeln zu können" (Hirschi 2019, 545 f.).

Karrierepfade

Dazu gehören Instrumente, mit denen das Potenzial der Mitarbeiter festgestellt werden kann, entsprechende Qualifizierungsmaßnahmen sowie Überlegungen zu möglichen Abfolgen von Positionen (Karrierepfade).

8.4.2.1 Fixe Karrieresysteme

normative Karrierepfade

Fixe Systeme planen Laufbahnen voraus, indem sie Abfolgen von Positionen vordefinieren und genau beschreiben, wie Entwicklungen verlaufen. Trost (2018, 244) bezeichnet solche Systeme als normative Karrierepfade. Solche normativen Karrierepfade beschreiben eine vom Unternehmen vordefinierte Abfolge von Positionen, die in einer logischen Sequenz durchlaufen werden. Die Abfolge basiert auf erworbenen Kompetenzen und Erfahrungen, die in einer nächsten Position genutzt werden können. Beispiele dafür finden sich z. B. im Verkauf (Verkäufer →Teamleiter → Filialleiter → Regionalleiter) oder im Bankenbereich. Hier sind neben der Abfolge der Positionen auch die (gesetzlich) notwendigen Ausbildungen für das Erreichen der nächsten Position definiert. In der Sozialwirtschaft ist dieses Vorgehen kaum vorzufinden.

lineares Karrieremodell

Dieses Modell entspricht dem klassischen linearen Modell der Karriere, bei dem Mitarbeiter entlang einer Serie von hierarchisch jeweils höher gelegenen Positionen befördert werden. Für Mitarbeitende vermitteln sie transparent, welcher Weg für eine bestimmte Zielposition zu durchlaufen ist. Diese Karriereform spricht vor allem Mitarbeitende an, die viel Wert auf Leistung, aber auch sichtbaren Erfolg, äußere Anerkennung und Führungseinfluss legen.

8.4.2.2 Flexible Karrieresysteme

Unterschiedliche Entwicklungswege

Im Gegensatz zu fixen Karrieresystemen ermöglichen flexible Karrieresysteme unterschiedliche Entwicklungswege. Becker (2013, 613 f.) differenziert drei Entwicklungsrichtungen betrieblicher Laufbahnen:

Führungslaufbahn

Führungslaufbahn bedeutet die Übernahme von Positionen mit Leitungsaufgaben in einem hierarchischen System, z. B. als Teamleitung, KiTa-Leitung. Ein hierarchischer Aufstieg ist meist mit einer höheren Leitungsspanne und größerer Verantwortung verbunden.

Fachlaufbahn

Fachlaufbahn ist durch die Zunahme von Verantwortung und Entscheidungskompetenz in einem bestimmten Fachbereich gekennzeichnet, z. B. im Bereich Demenz, Wundversorgung. Die Fachlaufbahn spricht Personen an, denen eine vertiefte Auseinandersetzung mit ihren Interessengebieten wichtig sind. Sie definieren Karriereerfolg über fachliche Expertise und Anerkennung in ihrem Fachbereich (Becker 2013, 614). Der Fachkarrierebegriff kann jedoch auch auf eine Verbreiterung von Kompetenzen ausgeweitet werden (Domenig 2005, 9).

Beispiel:

Ein Träger von vollstationären Pflegeeinrichtungen, Altenpflegeschulen und Anbieter von Betreutem Wohnen an fünf Standorten in Deutschland beschäftigt insgesamt 790 Mitarbeitende. Zur Stärkung der Mitarbeiterbindung sollten attraktive Laufbahnwege identifiziert werden. Dabei wurde das Potenzial von Expertenfunktionen erkannt und die bereits vorhandenen Beauftragten-Funktionen analysiert. Dabei stellte sich heraus, dass eine ungeordnete Vielfalt von unterschiedlichen ‚Beauftragten' vorhanden war. Die bestehenden Funktionen wurden anschließend in zweifacher Hinsicht eingeschätzt:

1. Welche Funktionen sind für die Entwicklung der Einrichtungen von strategischer und zukunftsweisender Bedeutung?
2. Welche Funktionen sind geeignet, potenzialstarken Mitarbeitern attraktive Entwicklungswege zu eröffnen?

Folgende Funktionen erfüllten dabei beide Anforderungen: Ethik-Koordinator, Demenz-Koordinator, Palliativ-Care-Koordinator, Ehrenamtskoordinator, Fachkraft Hygiene und Praxisanleiter. Sie wurden als Stabstellen installiert (Herzberg/Schneider 2013).

Projektkarriere

Projektkarriere bedeutet eine zeitlich begrenzte Fach- oder Führungsverantwortung, z. B. zur Erprobung der Führungsfähigkeit oder zur Erweiterung des fachlichen Horizonts durch die Mitarbeit oder Leitung in einem Projekt.

Karrierekegel: Andere Laufbahnoptionen

Andere Laufbahnoptionen stellt Edgar Schein (1971, nach Föhls-Königslehner/Müller-Camen 2015, 346) in Form eines Karrierekegels dar:

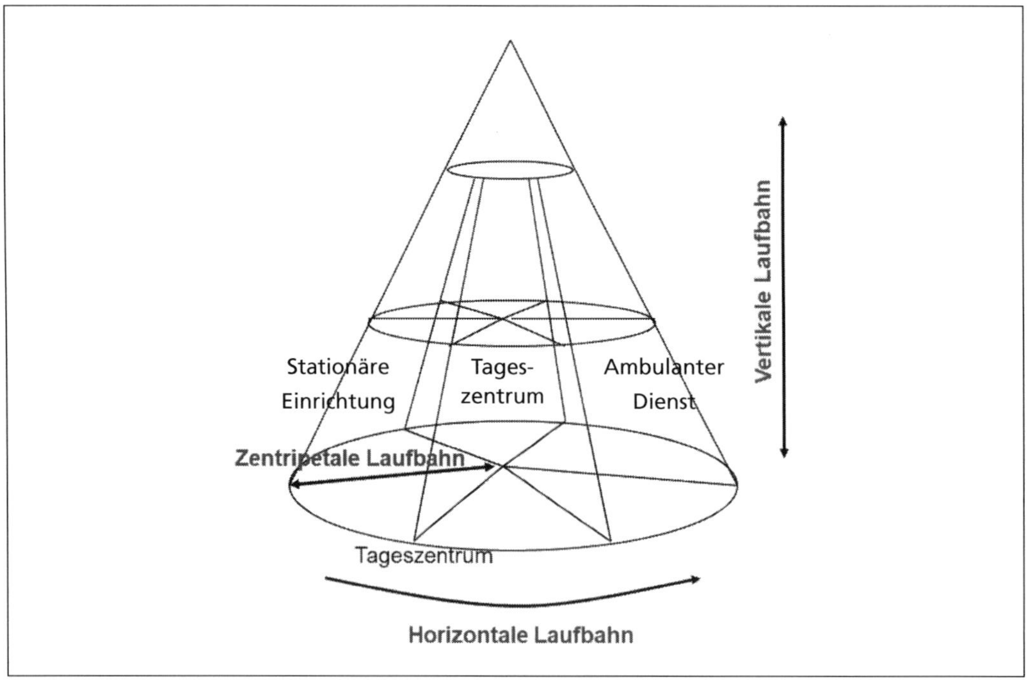

Abb. 16: Karrierekegel nach Edgar Schein, in Anlehnung an Schein 1971

Neben der **vertikalen (Führungslaufbahn)** beschreibt Schein eine **laterale (horizontale) Laufbahn**, bei der unterschiedliche Fachbereiche durchlaufen werden oder Job Rotationen vorgesehen sind. In der Abbildung wäre das z. B. eine Entwicklung vom stationären in den ambulanten Bereich einer Einrichtung bzw. in das Tageszentrum. Vertikale und laterale Entwicklungen können auch als spiralförmige Bewegungen kombiniert werden. Dabei sind auch Rückschritte in der hierarchischen Position denkbar. Diese Formen sprechen Personen an, denen vielfältige Arbeitserfahrungen und ein breiter Kompetenzerwerb wichtiger sind als Status (Hirschi 2019, 547).

Als dritte Option beschreibt Schein eine sog. **zentripetale Laufbahn.** Sie ist als Annäherung an das Machtzentrum mit vermehrtem Einfluss auf Entscheidungen und der Zugehörigkeit zu einflussreichen Gruppen innerhalb der Organisation zu verstehen. Diese Form der Karriere muss weder mit einem formalen Aufstieg noch einem sonstigen Positionswechsel einhergehen. In Sozialorganisationen könnte diese Karriereform folgendermaßen zum Ausdruck kommen:

- Mitarbeit in (organisationsübergreifenden) Arbeitsgruppen/Gremien
- Bearbeiten unternehmensrelevanter Projekte mit interner/externer Wirkung, Mitarbeit in Imageprojekten
- interne Spezialisten-, Beratungs-, Multiplikatoren- oder zusätzliche Lehrtätigkeit in der Ausbildung
- Vorträge zu Themen (Spezialthemen, aktuelle Entwicklungen) im eigenen Fachbereich
- Verfassen von Fachbeiträgen

- Teilnahme an Wettbewerben mit Auszeichnungen
- Kontaktflächen zur Geschäftsführung gestalten (z. B. Besprechungen zu strategischen Themen)
- Vorstellen von Aktivitäten/Leistungen in der Mitarbeiterzeitung/im Intranet

Speziell für die Sozialwirtschaft eröffnet dieses Modell von Schein wertvolle Entwicklungsoptionen. Die Kegelform erlaubt es, unterschiedliche Bewegungsrichtungen abzubilden.

8.4.2.3 Neue Karriere-/Laufbahnkonzepte

Zeitgemäße Konzepte verabschieden sich von der Annahme einer relativ stabilen, vorhersagbaren organisatorischen Struktur sowie einer sukzessiven (hierarchischen) Entwicklung individueller Berufslaufbahnen. Sie erweitern flexible Laufbahnmodelle um weitere Aspekte:

Transitorische Karrieren

Transitorische Karrieren beschreiben eine Abfolge von vielen relativ kurzen Arbeitserfahrungen in verschiedenen Bereichen, wobei weder ein hierarchischer Aufstieg noch eine fachliche Expertise angestrebt wird. Das Kennenlernen vieler Aufgaben und das Sammeln von Erfahrungen stehen dabei im Vordergrund.

Variationen der horizontalen Laufbahn

Variationen der horizontalen Laufbahn beinhalten auch Aspekte der Arbeitsgestaltung, z. B. eine horizontale Aufgabenerweiterung (job enlargement), die Erweiterung um Planungs- und Entscheidungskompetenzen (job enrichment) oder Arbeitsplatz-Wechsel (job rotation). Sie ermöglichen neue Erfahrungen und Kontakte und geben das Gefühl einer beruflichen Weiterentwicklung. „Job Crafting" beschreibt die Möglichkeit, den eigenen Tätigkeitsbereich und den sozialen Kontext so anzupassen, dass die Arbeit besser zu den persönlichen Stärken und Bedürfnissen der Mitarbeitenden passt. In neueren Konzepten wird Karriereerfolg auch durch die Sinnhaftigkeit der Arbeit, eine gute Work-Life-Balance oder eine kontinuierliche Kompetenzentwicklung definiert (Hirschi 2019, 546 f.).

Protean Career

Die „Protean Career" als Laufbahntyp geht davon aus, dass sich die Mitarbeitenden eher ihrem Beruf und ihren Tätigkeiten als einer bestimmten Organisation verpflichtet fühlen. Laufbahnen sind in diesem Verständnis keine vorhersagbaren Entwicklungen, sondern bestehen aus wiederkehrenden Lernzyklen, die in allen beruflichen Phasen und in jedem Alter vorkommen können. Diese Lernzyklen verlaufen in folgenden vier Phasen: Entdecken (Exploration) – Ausprobieren (Trial) – Etablierung (Establishment) – Expertentum (Mastery). Mit jeder Phase im Zyklus steigen Können und Leistung. Nach einer gewissen Zeit suchen Mitarbeitende nach neuen Herausforderungen und beginnen einen neuen Lernzyklus, der allerdings auf einem höheren Niveau beginnt, weil Wissen und Erfahrungen aus früheren Zyklen einfließen. Anders als stellenbezogene Lebenszyklen (Graf 2002) beziehen sich Lernzyklen nicht auf eine Abfolge von Positionen, sondern auf Aufgaben und Herausforderungen.

Laufbahnen definieren sich in dieser Sichtweise aus der Stufe im jeweiligen Lernzyklus und nicht durch das biologische Alter oder die bisherige Positionsfolge. Dies birgt ein gewisses Potenzial, z. B. um gegen altersabhängige Stereotype anzukämpfen. Das Konzept der Lernzyklen ist auch eine gute Basis, um in Mitarbeitergesprächen die Eigen- und Fremdeinschätzung der Leistung zu besprechen und Entwicklungsmaßnahmen zu planen (Gubler 2019, 956).

Alternsgerechte Laufbahnen

„Alternsgerechte Laufbahnen" wurden in den letzten Jahren angesichts älter werdender Belegschaften erforscht (z. B. Frerichs 2019, Naegele/Frerichs 2018, Sporket 2011). Die Abfolge von Positionen oder Aufgaben wird in enger Verbindung zum körperlichen und geistigen Leistungsvermögen betrachtet: „Laufbahnen ordnen im erwerbsbiographischen Verlauf Anforderungen, Anreize und Belastungen so hintereinander, dass ein Erwerbsleben bis ins gesetzliche Rentenalter hinein regelmäßig erreicht werden kann, auch dann, wenn die einzelne Tätigkeit nur befristet auszuüben ist (z. B. Schichtarbeit, schweres Heben und Tragen)." (Naegele/Frerichs 2018, 210)

Eine bewusst gestaltete Abfolge der Funktionen bzw. Aufgaben soll einen möglichst langen Verbleib in der Organisation/im Beruf unterstützen und die Kompetenzen/ Erfahrungen jeder Lebensphase bestmöglich nutzen. Das kann u. U. auch einen Rückzug aus Verantwortungsbereichen beinhalten.

Infragestellen des Karrierebegriffs

Diese unterschiedlichen neueren Modelle stellen das vorherrschende Grundverständnis von Karriere infrage. Einerseits, weil für eine sukzessive hierarchische Entwicklung eine relativ stabile organisatorische Struktur nötig ist (Gubler 2019). Andererseits werden den jüngeren Generationen Werthaltungen zugeschrieben, die mit dem traditionellen Karriereverständnis nicht kompatibel sind.

Die folgende Tabelle gibt einen zusammenfassenden Überblick über traditionelle und neue Laufbahnmodelle:

	Annahmen in traditionellen Laufbahnmodellen	**Annahmen in neuen Laufbahnmodellen**
Laufbahnumfeld	Stabil, vorhersagbar, hohes Maß an Sicherheit	Instabil, wenig vorhersagbar, wenig Sicherheit
Arbeitsverhältnisse	Arbeitsplatzsicherheit durch Loyalität	Beschäftigung dank Leistung und Flexibilität
Laufbahnverlauf	Vertikal nach oben, meistens in wenigen Organisationen	Multidirektional (nach oben, unten oder geradeaus), meistens in verschiedenen Organisationen
Benötigte Fähigkeiten	Berufs- und firmenspezifisch	In verschiedenen Funktionen und Umgebungen nutzbar
Erfolgskriterien	Sichtbarer, objektiver Laufbahnerfolg (sichtbare Positionen, Stellung, Status etc.)	Subjektiver Laufbahnerfolg (subjektive Zufriedenheit mit dem Erreichten etc.)

	Annahmen in traditionellen Laufbahnmodellen	Annahmen in neuen Laufbahnmodellen
Ausbildung	Langfristig ausgerichtet, Programme mit formalen Abschlüssen	Kurzfristig ausgerichtet, Lernen-on-the-job
Das Individuum fühlt sich verpflichtet gegenüber ...	der Organisation	dem Beruf
Verantwortung für die Laufbahn liegt...	bei der Organisation	beim Einzelnen

Tab. 16: Gegenüberstellung traditioneller und neuer Laufbahnmodelle; Gubler 2019, 940

Hirschi (2019, 557 f.) prognostiziert, dass Unternehmen in Zukunft noch stärker mit der Herausforderung konfrontiert sein werden, „dass Karrieren immer individueller werden und sich immer weniger in hierarchischen Organisationsformen und linearen Karrieremustern abbilden lassen".

8.5 Nachfolgeplanung

Eine Nachfolgeplanung stellt sicher, dass für wichtige Positionen beim Ausscheiden der Stelleninhaber geeignete Nachfolgekandidaten zur Verfügung stehen. Sie hat ihren Ausgangspunkt in der Personalplanung.

Nachfolgeplanung

Es handelt sich dabei um einen Prozess „zur Identifikation von Schlüsselpositionen in einem Unternehmen über verschiedene Hierarchieebenen und Funktionen hinweg – kombiniert mit dem Bemühen, die für diese Positionen passenden Personen zu identifizieren." (Hirschi 2019, 555)

Bei der Identifikation kann grundsätzlich potenzialorientiert im Sinne eines Talentepools oder positions-/stellenorientiert vorgegangen werden (Mentzel 2018, Lindner-Lohmann et al. 2016).

positionsorientierte Planung

Bei einer positionsorientierten Planung ist die Zielposition definiert. Für jede in die Planung einbezogene Stelle (Schlüsselposition) wird ein individueller Nachfolgeplan mit bis zu drei Nachfolgekandidaten erstellt (‚Name-to-box-Ansatz'). Die Nachwuchskräfte werden konkret als Nachfolge einer bestimmten Position zugeordnet. Die Positionen können aber auch nach Positionsgruppen/Jobfamilien zusammengefasst und eine gemeinsame Nachfolgeliste erarbeitet werden (z. B. zur Nachbesetzung von Teamleitungen in einer Einrichtung).

Talentpool

Dabei wird ein Talentpool flexibel einsetzbarer Nachwuchskräfte (‚Goldfischteich') aufgebaut, die bei Bedarf einer vakanten Position zugeordnet werden können.

	‚Name-to-Box'-Ansatz	Talentpool-Ansatz (‚Goldfischteich')
Zu besetzende Position	Managementpositionen und andere Schlüsselpositionen (eine Stelle im Organigramm → ‚name to box')	Gruppe von Positionen mit vergleichbaren Anforderungen (gleiche (Management-)Ebene/ gleiche Job-Familie)
Zuordnung von potenziellen Nachfolgern	Mögliche Nachfolger werden namentlich identifiziert.	Mögliche Nachfolger werden einem Talentpool für einen Level/eine Funktion zugeordnet

Tab. 17: Formen der Nachfolgeplanung, in Anlehnung an Ballhausen 2015, 94

Nachfolgeplanung hat in den letzten Jahren aufgrund der demographischen Entwicklung und der daraus resultierenden großen Anzahl an Pensionierungen stark an Bedeutung gewonnen. Sie spielt auch in der Sozialwirtschaft eine wesentliche Rolle, denn sie garantiert eine zeitgerechte und qualitätvolle Besetzung der zentralen Positionen und sichert die Kontinuität von Wissen (v. a. implizites Wissen über Prozesse und Beziehungen).

8.5.1 Schritte einer Nachfolgeplanung

Eine Nachfolgeplanung umfasst folgende Teilschritte (Hirschi 2019, 556; Mentzel 2018, 141; Lindner-Lohmann et al. 2016, 195 ff., Rohrschneider 2011a, 83):

Identifizierung von Schlüsselpositionen

- **Festlegen der Schlüsselpositionen und der notwendigen Anforderungen:** Zunächst werden die Stellen identifiziert, die in die Planung mit einbezogen werden, wobei sich die Planung auf Schlüsselpositionen konzentriert. Für diese Positionen werden die Anforderungsprofile festgelegt. Dies erfolgt analog einer externen Personalsuche.

Beispiel: Entwicklung von Anforderungsprofilen für eine neue Schlüsselfunktion

Ein Freier Jugendwohlfahrtsträger im Bereich der stationären Betreuung von Kindern und Jugendlichen (sog. ‚Volle Erziehung') führt eine ambulante Dienstleistung ‚Sozialpädagogische Familienbetreuung' (‚Unterstützung der Erziehung') ein. Diese neue Leistung soll eine Entwicklungsperspektive für die bestehenden Sozialpädagogen darstellen.

Um diese für die neuen Aufgaben vorbereiten zu können, wurden die Anforderungen an die neue Position mittels Experteninterviews in Einrichtungen, die bereits Erfahrungen mit dieser Dienstleistung hatten, erarbeitet. Dazu wurden zunächst entlang der Phasen des Betreuungsprozesses Aufgaben und kritische Erfolgsfaktoren erhoben, die in der folgenden Tabelle vereinfacht dargestellt werden:

Phasen im Betreuungsprozess				
	Auftragsklärung/ Beauftragung	Einstiegsphase	Haupt-betreuungsphase	Abschlussphase
Hauptaufgaben	Abklären der Rahmenbedingungen in der Zusammenarbeit	Beziehungsaufbau: Vertrauen und Akzeptanz gewinnen Diagnose erstellen: Vorgegebene Ziele überprüfen	Umsetzen der vereinbarten Ziele	Formale und emotionale Beendigung des Betreuungsprozesses
Krit. Erfolgsfaktoren	Klärung der Rolle des Sozialpädagogen Festlegen der Arbeitsbeziehung Vereinbarung mit den Klienten formulieren	Umgang mit den Zielen der Behörde Zielformulierung Kooperationsbereitschaft der Klienten herstellen	Zielerreichung Beziehungsdynamik zwischen Sozialpädagogen und Klienten	Zielerreichung Umgang mit frühzeitiger Beendigung Gestaltung des Loslösungsprozesses

Ergänzt wurde dies durch die Erhebung von erfolgskritischen Situationen sowie Aussagen zu den Unterschieden zwischen der vollen Erziehung und der Unterstützung der Erziehung. Aus den Aufgaben und Erfolgsfaktoren wurden notwendige Kompetenzen und Qualifizierungsbedarfe für die neue Funktion abgeleitet.

- **Einschätzen des Austrittsrisikos:** Das Austrittsrisiko in den definierten (Schlüssel-)Positionen wird erhoben (Pensionierungen) bzw. geschätzt (Kündigungen), um Aussagen über künftige Bedarfe an diesen Positionen machen zu können.

Identifizierung geeigneter Personen

Die nachfolgenden Schritte konzentrieren sich auf die Identifikation und Qualifizierung der Mitarbeitenden für die identifizierten Schlüsselpositionen.

- **Potenzialidentifikation:** Es werden jene Personen identifiziert, welche in Zukunft diese Positionen übernehmen könnten. Die Einschätzungen basieren meist auf vorläufigen Eindrücken der Führungskraft und können durch vertiefende Instrumente (z. B. Potenzial-Assessments) ergänzt werden. Es geht darum, sowohl das Potenzial als auch die Motivation der Mitarbeitenden für eine berufliche Weiterentwicklung festzustellen.

- **Querabstimmung innerhalb der Organisation (‚Personalkonferenz', ‚Potenzialreview'):** Diese Querabstimmung verschafft einen Überblick über die identifizierten Potenziale sowie die möglichen Laufbahnwege über die Abteilungen/Bereiche einer Organisation hinweg. Teilnehmer sind die beurteilenden Führungskräfte und die nächsthöhere Ebene sowie das Personalmanagement.

- **Entwicklung und Qualifizierung der Nachfolgekandidaten:** Die identifizierten Potenzialträger werden entweder durch individuell abgestimmte Maßnahmen (Trainings, Übertragen von Projekten und Arbeitsaufgaben, Coaching etc.) oder standardisierte Programme (z. B. Führungskräfte-Entwicklungsprogramm, gesetzlich erforderliche Weiterbildung) auf künftige Positionen vorbereitet.

In den folgenden Kapiteln werden die Potenzialidentifikation sowie die Qualifizierung mit speziellen Instrumenten ausführlicher beschrieben.

8.5.2 Instrumente zum Feststellen von Potenzial

Führungsaufgabe

Die Identifikation und Förderung von Talenten sind grundsätzlich Führungsaufgabe. Dafür stehen einer Führungskraft im Arbeitskontext zahlreiche Möglichkeiten zur Verfügung, die im folgenden Kapitel als „Orientierungshilfen" bezeichnet werden.

Unterstützung durch PE

Die Personalentwicklung hat beim Einsatz dieser Orientierungshilfen eine unterstützende Funktion, indem sie Checklisten, Fragebögen usw. zur Verfügung stellt, die den Führungskräften helfen, verschiedene Indikatoren für Potenzial besser einzuschätzen. Es können aber auch psychologische Methoden zur Potenzialdiagnostik angewendet werden, wie z. B. Potenzialassessments oder Tests. Welche Methoden zum Einsatz kommen, hängt in der Praxis häufig von der Zielposition ab, wie die folgende Tabelle beispielhaft zeigt:

Verfahren/ Zielposition	Bereichsleitung	Einrichtungs-leitung	Teamleitung
Potenzial-Assessment	Verpflichtend	Nur auf Empfehlung des Personalbereichs oder des Fachbereichs	Nicht vorgesehen
Interview und Test: **Kompetenzen** **Persönlichkeit**	Optional	Verpflichtend	Nur auf Empfehlung des Personalbereichs oder des Fachbereichs
Vorgesetzten-beurteilung: **Kompetenzen** **Erfahrung** **Wissen**	Optional	Optional	Verpflichtend

Tab. 18: Einsatz diagnostischer Verfahren auf unterschiedlichen Hierarchieebenen, in Anlehnung an Ballhausen 2015, 99

8.5.2.1 ‚Orientierungshilfen'

Einschätzung von Fähigkeiten, Motivation

Orientierungshilfen dienen einer ersten Einschätzung hinsichtlich Fähigkeiten und Motivation durch die Führungskräfte und die Mitarbeitenden selbst. Dazu gehören:

- **Potenzialeinschätzungen durch die Vorgesetzten:** Dabei ist zu beachten, dass von einer guten Leistung in der derzeitigen Position nicht geschlossen werden kann, dass Mitarbeitende auch in der nächsten Position erfolgreich sein werden. Die Konsequenzen solcher Fehleinschätzungen beschreibt das sog. „Peter-Prinzip". Es besagt, dass Mitarbeiter, die in einer Funktion erfolgreich sind, in die nächste befördert werden, ohne zu überprüfen, ob sie diese ebenfalls noch gut erfüllen können. Sie werden also so lange befördert, bis sie eine Funktion erreicht haben, in der sie sich nicht mehr bewähren. In der Literatur werden Potenzialeinschätzungen daher strikt von Mitarbeiterbeurteilungen abgegrenzt (z. B. Becker 2013, 627 f.), da sich das Potenzial auf die Zukunft (mögliche künftige Aufgaben) bezieht, während Leistungen derzeitige oder vergangene Ergebnisse betreffen. Insofern sind Mitarbeitergespräche oder Beurteilungs-/Feedback-Instrumente nur dann aussagekräftig, wenn sie auf die Aufgaben und Anforderungen einer angestrebten künftigen Position Bezug nehmen. Führungskräfte können dabei durch Checklisten oder Leitfragen unterstützt werden.

  Eine Sonderform der Leistungsbeurteilung ist das sog. „360-Grad-Feedback". Es umfasst eine Einschätzung aus folgenden Blickwinkeln: Vorgesetzte, Kollegen, Mitarbeiter und in Abhängigkeit von der Position auch Kunden, Projektpartner, Zulieferer etc. sowie eine Selbsteinschätzung (Domsch/Ladwig 2013). Diese Feedbackform basiert auf der Idee, dass die genannten Interaktionspartner in unterschiedlichen Situationen und häufig intensiver als die Führungskraft mit den Mitarbeitenden zu tun haben.

- **Mitarbeitergespräche:** Sie beinhalten sowohl eine Fremd- als auch eine Selbsteinschätzung. Neben der Feedback-Funktion bieten sie auch die Möglichkeit, Entwicklungswünsche bzw. Bedenken oder Vorbehalte der Mitarbeitenden zu thematisieren. Dient das Mitarbeitergespräch explizit auch der Potenzialeinschätzung, spricht man von einem Fördergespräch. Dabei werden Entwicklungswünsche besprochen und es erfolgt eine vorläufige Potenzialeinschätzung durch die Vorgesetzten.

- **Übernahme von Sonderaufgaben:** In der Sozialwirtschaft können solche Aufgaben z. B. die Einarbeitung neuer Mitarbeitender/Praxisanleitung, die Entwicklung von Konzepten oder die Leitung von Projekten sein. Als Orientierung geeignet sind Aufgaben, die den weiterführenden Funktionen ähnlich sind (z. B. Projektleitung oder Praxisanleitung in Bezug auf Führungsaufgaben). Sie erlauben sowohl Mitarbeitenden als auch Führungskräften eine Einschätzung von Können und Motivation für die Übernahme höherwertiger Aufgaben.

- **Stellvertretung:** Eine ideale Möglichkeit zur Orientierung ist die Übernahme von Stellvertretungsaufgaben. Sie erlaubt einen authentischen Einblick in eine künftige Funktion, sofern die Positionsinhaber tatsächlich Aufgaben delegieren und/oder Einblick gewähren.

Die als Orientierungshilfen bezeichneten Methoden verbindet, dass das Potenzial auf Basis von Leistungen bzw. Verhalten im Arbeitskontext eingeschätzt wird. Ist Talentmanagement in der Organisation ausgebaut, werden sie in einem weiteren Schritt häufig durch diagnostische Verfahren ergänzt.

8.5.2.2 Methoden zur Potenzialdiagnostik

Im Gegensatz zur arbeitsplatznahen Führungskräfte- bzw. Selbsteinschätzung des Potenzials sind diagnostische Instrumente aus der Psychologie standardisierte und von den Vorgesetzten unabhängige Verfahren, die durch geschulte interne Personen oder externe Experten durchgeführt werden.

Identifikation von Führungspotenzial

Da diese Verfahren häufig für die Identifikation von Führungspotenzial zum Einsatz kommen, spricht die Literatur auch von Management-Diagnostik. Zu den wichtigsten Verfahren zählen:

- **Potenzial- bzw. Orientierungs-/Förder-Assessment:** Assessment-Center sind spezielle Instrumente zur Personalauswahl, in denen die Teilnehmenden realitätsnahe Übungen und Simulationen wichtiger beruflicher Situationen zu bewältigen haben. Die Übungen sollten berufliche Anforderungen der Zielposition gut abbilden. Das Verhalten der teilnehmenden Personen wird von mehreren Beobachtern dokumentiert und beurteilt. Nach dem Assessment-Center erhält jeder Kandidat ein mündliches oder schriftliches Feedback über seine Leistung (Krause 2017, 198). Assessment-Verfahren können auch in der Laufbahnplanung eingesetzt werden.

  Potenzial-Assessments sollen eine Einschätzung ermöglichen, ob die Kandidaten in der Lage sind, die Herausforderungen weiterführender Funktionen zu bewältigen, haben also eine Selektionsfunktion (Lindner-Lohmann et al. 2016, 201). Davon zu unterscheiden sind sog. **Förder- bzw. Orientierungs-Assessments**. Sie haben eine Orientierungsfunktion für die Potenzialträger und dienen dazu, ein differenziertes Stärken- und Schwächenprofil zu erarbeiten bzw. ihren Entwicklungsbedarf festzustellen (s. auch gleich Strukturierte Orientierungsprogramme).

- **Management-Audit:** Dieses Verfahren kommt in erster Linie für höhere Führungsebenen zum Einsatz. Es besteht im Kern aus einem mehrstündigen, teilstrukturierten Tiefeninterview, um Erfahrungen, Kompetenzen, Werte und Einstellungen festzustellen. Es kann bei Bedarf durch situative Aufgaben (analog dem Assessment Center) ergänzt werden. Im Gegensatz zum Assessment-Center handelt es sich aber um ein Einzelverfahren (Friedrichs 2017, 118).

- **Weitere Testverfahren:** Infrage kommen z. B. Leistung-/Intelligenztests, Persönlichkeitsfragebögen oder Selbstreflexionsaufgaben zu Führungsthemen (Lindner-Lohmann et al. 2016, 198 f., Friedrichs 2017, 116 ff.).

- **Strukturierte Orientierungsprogramme:** In größeren Organisationen werden häufig verschiedene Instrumente kombiniert, um Potenzialträgern eine Standortbestimmung in Bezug auf ihre Stärken und Potenziale zu ermöglichen und geeignete Entwicklungsoptionen aufzuzeigen. Sie unterstützen meist bei der Entscheidung zwischen Fach- und Expertenlaufbahn. Dabei können folgende Instrumente zum Einsatz kommen (Blickle 2014a, 299, Lindner-Lohmann et al. 2016, 200): Testungen hinsichtlich Persönlichkeit, Motivstruktur, Kompetenzen; Förder- bzw. Orientierungs-Assessments, Feedback, Coaching/Entwicklungsgespräche, Transferaufgaben und moderiertes Abschlussgespräch mit der eigenen Führungskraft.

Vor-, Nachteile

Diese Instrumente haben im Vergleich zu den ‚Orientierungshilfen' den Vorteil, dass die Potenzialeinschätzung objektiver, differenzierter und vergleichbarer wird. Sie stellen somit ein Korrektiv zur Sichtweise der Führungskräfte dar. Von ihrem Einsatz wird erwartet, dass sie die Transparenz und damit auch die Akzeptanz von Besetzungsentscheidungen erhöhen (Friedrichs 2017, 101 f.). Kritisch kann beim Einsatz die Gefahr einer dauerhaften Stigmatisierung durch eine punktuelle Einschätzung gesehen werden (Becker 2013). Da der Fokus dieser Verfahren in erster Linie auf einer Fremdeinschätzung liegt, kann sich ein Einsatz kontraproduktiv auswirken, wenn das Interesse an verantwortungsvollen Aufgaben ohnehin weniger ausgeprägt ist. Hier braucht es eher Maßnahmen, die die Bereitschaft und Motivation dazu fördern.

8.5.3 Spezielle Instrumente zur Qualifizierung von Potenzialträgern

Förderung von Potenzialträgern

Neben den bereits in Kap. 6 beschriebenen Qualifizierungsmaßnahmen dienen Mentoring und Traineeprogramme speziell der Förderung von Potenzialträgern. Führungskräfte werden in komplexen Führungskräfte-Entwicklungsprogrammen auf ihre Aufgaben vorbereitet bzw. dabei begleitet. Diese können sich am sog. „Multiplen Strang-Konzept" (Büser 2007) orientieren.

8.5.3.1 Traineeprogramme

Talentförderung für Berufseinsteiger

Dabei handelt es sich um strukturierte, organisationsspezifische Nachwuchsförderprogramme, die auf dem Prinzip des Trainings-on-the-job basieren und mehrere Jahre dauern können. Sie bieten Hochschulabsolventen eine unternehmensspezifische Grundlagenausbildung für die Übernahme von Schlüsselpositionen. Neben der Vermittlung unternehmensspezifischer Kenntnisse dienen sie auch zum Kennenlernen der eigenen Stärken und Neigungen, der Struktur und Kultur des Unternehmens und dem Aufbau von Beziehungen (Thom/Nesemann 2011, 26). Insofern können sie auch als intensive Einführungs- und Einarbeitungs-Programme für Schlüsselpositionen betrachtet werden.

Beim Einsatz von Traineeprogrammen sind folgende Punkte zu klären (Mentzel 2018, 192):

- **Ziele bzw. Lernziele des Programms:** Dabei ist festzulegen, welche Funktion Traineeprogramme generell im Unternehmen erfüllen sollen (Qualifizierung, Förderung des Führungsnachwuchses, Imagewirkung) und welche konkreten Lernziele und Ausbildungsinhalte damit verbunden werden.

- **Programmstruktur:** Sie legt die Rahmenbedingungen von Traineeprogrammen fest: Es gibt ressortübergreifende oder ressortbegrenzte Programme mit Vertiefungsphase, projektbezogene bzw. individuelle Programme (Thom/Nesemann 2011, 27). Außerdem legt die Programmstruktur fest, wie lange die Ausbildung dauern, an welchen Standorten bzw. Abteilungen sie stattfinden soll und welche Begleitmaßnahmen gesetzt werden. Traineeprogramme basieren zwar auf dem Prinzip des Learning-on-the-job, können aber durch spezielle off-the-job-Elemente (z. B. Seminare, E-Learning-Module, Teilnahme an Besprechungen, Austauschgruppen von Trainees) ergänzt werden. Das Programmende kann fix oder variabel gestaltet werden. In der Praxis haben sich variable Systeme durchgesetzt.

- **Steuerungs- und Feedbackinstrumente:** Traineeprogramme brauchen eine koordinierende Funktion, die z. B. die Wechsel der Arbeitsbereiche organisiert, Kontakt zu den Trainees bzw. den Fachabteilungen hält und diese unterstützt und den Trainees Orientierungshilfen gibt. Darüber hinaus muss sichergestellt werden, dass der Leistungs- und Entwicklungsstand regelmäßig besprochen wird. Die Koordinationsfunktion ist meist in der Personalentwicklung angesiedelt.

Traineeprogramme sind eine spezifische Form der Talentförderung für Berufseinsteiger und nehmen daher eine Sonderstellung innerhalb der Förderinstrumente ein. In der hier beschriebenen idealtypischen Form werden sie im Sozialbereich äußerst selten eingesetzt.

8.5.3.2 Mentoring

Arbeitsunterstützung für Potenzialträger

Mentoring ist eine besondere Form der Arbeitsunterstützung für Potenzialträger. Es findet seit den 1970er-Jahren in Unternehmen vor allem im Bereich der Führungskräfte-Entwicklung Anwendung. Mentzel (2018, 155) definiert Mentoring wie folgt:

> „Mentoring wird als die Tätigkeit einer erfahrenen Person (Mentor) verstanden, die ihre Erfahrung und ihr Fachwissen an eine Person mit weniger Erfahrung (Mentee) weitergibt, mit dem Ziel, deren persönliche und berufliche Entwicklung zu begleiten und zu unterstützen."

In der Praxis wird der Begriff Mentor bzw. Mentoring häufig für Patensysteme zur Einführung neuer Mitarbeitender (s. Kap. 4.5.4) verwendet.

Formen und Ablauf von Mentoring

Grundsätzlich kann in formelles und informelles Mentoring unterschieden werden. Das **formelle** (institutionalisierte) Mentoring ist ein Programm, dessen Ablauf und Dauer vom Unternehmen festgelegt werden. **Informelles** Mentoring entsteht durch einen spontanen Kontakt zwischen Mentor und Mentee aufgrund von geteilten Interessen oder wahrgenommenen Übereinstimmungen und ist daher freiwillig (Domsch et al. 2017, 6; Mentzel 2018, 155 f., Wihler 2019, 787).

Von **internem** Mentoring wird gesprochen, wenn beide Personen in der gleichen Organisation arbeiten. Der Mentor ist dabei hierarchisch höhergestellt und verfügt über eine entsprechende Berufserfahrung. Es handelt sich aber nicht um die eigene Führungskraft.

Bei **externem** (Cross-)Mentoring sind Mentor und Mentee in unterschiedlichen Organisationen tätig. Dazu schließen sich verschiedene Organisationen zusammen und entwickeln ein gemeinsames, unternehmensübergreifendes Mentoring-Programm, das die Teilnehmenden bei der Übernahme einer Führungs- oder Expertenfunktion unterstützt. Das folgende Beispiel aus Österreich bildet idealtypisch Ziele, zeitlichen Rahmen und den Ablauf eines Cross-Mentoring-Programmes ab:

Cross-Mentoring-Programm

Beispiel:

Im Bundesland Oberösterreich wird seit einigen Jahren ein Cross-Mentoring-Programm für weibliche Führungskräfte angeboten. Es handelt sich um ein sektoren- bzw. branchenübergreifendes Programm, das von der oberösterreichischen Standortagentur begleitet und koordiniert wird. Zielgruppe des Programms sind Frauen unmittelbar vor oder nach einem Karriereschritt, sowohl in For- als auch in Non-Profit-Organisationen. Die Absicht des Cross-Mentoring Programmes ist die Entwicklung weiblicher Führungskräfte sowie der Aufbau eines Netzwerkes im jeweiligen Mentoring-Jahrgang. Die Zuordnung (Matching) der Mentorinnen und Mentees erfolgt auf Basis eines Persönlichkeitstests. Das Programm beinhaltet neben den Mentorinnen-Mentee-Treffen einen gemeinsamen Startworkshop, Treffen aller Mentoren bzw. Mentees, ein Sommerfest und eine Abschlussfeier. Insgesamt dauert das Programm neun Monate (Netzwerk HR 2019).

Gesamtkoordination notwendig

Unternehmensübergreifende Programme brauchen eine intensivere Vorbereitung und Begleitung als unternehmensinterne Mentoring-Programme. Es bedarf einer unabhängigen Gesamtkoordination, die folgende Funktionen übernimmt (Domsch et al. 2017, 14 f.):

- Vernetzung und Betreuung der Unternehmen
- Matching zwischen Mentoren und und Mentees
- Vorbereitung der Mentoren und Mentees
- Begleitung und Evaluation des Gesamtprozesses und
- Öffentlichkeitsarbeit für das Programm

Varianten des Mentoring

In den letzten Jahren haben sich zahlreiche Varianten des Mentoring entwickelt, die sich vom ursprünglichen Konzept entfernt haben, wie z. B. „Blended Mentoring" (Kombination zwischen persönlichem und virtuellem Austausch), „Peer-Mentoring" (informelle Kontakte zu Personen mit gleicher oder ähnlicher Position) oder „Cross Reverse Mentoring". Dabei werden ältere Mitarbeiter oder Führungskräfte von jüngeren Mitarbeitern zu speziellen Themen (z. B. Digitalisierung und IT-Themen) unterstützt (Domsch et al. 2017, 10).

Als Mentoring werden auch Programme bezeichnet, bei denen Zuwanderer von Unternehmen gefördert werden, um ihre Potenziale einbringen zu können. Dabei arbeitet jeweils ein qualifizierter Zuwanderer mit einem Mitarbeiter aus einem Unternehmen (Mentor) ein Jahr lang an einer geschäftsrelevanten Fragestellung, bei der sich der Mentee fachlich/kulturell/persönlich einbringt. Themenbeispiele: Übersetzen von Onboarding-Materialien, Erarbeiten von Materialien für Erzieherinnen im Umgang mit Zuwanderer-Kindern und ihren Eltern, Unterstützen von Zuwanderern im Umgang mit Banken (Kobayashi/Drichelt 2017).

Die folgenden Ausführungen beziehen sich ausschließlich auf das formelle interne Mentoring im Kontext von Laufbahnentwicklung.

Funktionen, Erfolgsfaktoren

Mentoring werden folgende drei Funktionen zugeschrieben (Wihler 2019, 787; Blickle 2014a, 313; Mentzel 2018, 157):

- Die **laufbahnbezogene** Funktion besteht in der Unterstützung beim Aufstieg in der Organisation (z. B. indem Wissen oder Erfahrungen weitergegeben werden), durch herausfordernde Aufgaben, die Einführung in die Mikropolitik der Organisation, in formelle und informelle Regeln und den Einblick in organisationale Abläufe. Zudem profitiert der Mentee vom Netzwerk des Mentors.

- Durch die **psychosoziale** Funktion wird das Selbstvertrauen des Mentees gestärkt und der Aufbau seiner beruflichen Identität unterstützt. Der Mentor bekräftigt das Verhalten, zeigt Stärken und Schwächen auf, berät bei Problemen und gibt Ratschläge.
- In der **Vorbildfunktion** wirkt der Mentor als Rollenmodell für den Mentee und stellt seine beruflichen Erfahrungen zur Verfügung.

Übernimmt der Mentor alle drei Funktionen, liegt eine echte Mentor-Mentee-Beziehung vor. Werden diese Funktionen aber nur teilweise erfüllt, verschwimmt Mentoring mit anderen Formen der Laufbahnunterstützung, wie z. B. Karrierecoaching oder Sponsoring. Bei letzterem wird z. B. nur der Einfluss der Führungskraft genutzt, um für Nachwuchstalente Türen zu öffnen; die anderen Funktionen haben keine Bedeutung (Wihler 2019; Blickle 2014a, 313).

Geeignete Mentoren

Mentoren sollten für diese Funktion folgende Voraussetzungen mitbringen (Wegerich 2015, 46):

- umfassende langjährige Führungserfahrung
- zwei bis drei Führungsebenen über dem Mentee
- aus anderen Einrichtungen eines Trägers oder anderen Unternehmensbereichen stammend
- Bereitschaft, sich für den Mentee angemessen Zeit zu nehmen
- Bereitschaft, Erfahrungen und Wissen weiterzugeben
- die Fähigkeit, gut zuhören und fragen zu können, sowie
- gutes Urteilsvermögen, Kritikfähigkeit, Bereitschaft, auch das eigene Verhalten zu reflektieren, Offenheit, Neugier, soziale Kompetenz

Der Erfolg von Mentoring-Programmen ist nicht nur von den persönlichen Merkmalen der Mentoren, sondern auch von den Mentees, der Beziehungsqualität sowie der Struktur der Programme und der Rahmenbedingungen in der Organisation abhängig. Daher müssen Mentorenprogramme sorgfältig geplant werden. Dazu gehört die Festlegung der Ziele, die Auswahl und Vorbereitung der Mentoren und die Festlegung der Rahmenbedingungen für Mentoring.

Phasen eines Mentoring

Mentoringprogramme verlaufen in folgenden Phasen (Mentzel 2018, 157 f., Domsch et al. 2017, 14 f., Becker 2013, 549 ff.):

- **Auswahlphase** (Matching): In dieser Phase werden Mentor und Mentee einander zugeordnet. Dabei sollte die Personalentwicklung unterstützen, da die Beziehungsqualität einen wesentlichen Einfluss auf den Erfolg von Mentoring hat (Wihler 2019, 800 ff.).
- **Vereinbarungsphase** (Commitment): Hier werden grundlegende Fragen, Ziele, die Form der Unterstützung, Spielregeln der Zusammenarbeit, Vertraulichkeitsregelungen sowie Häufigkeit und Dauer der Gespräche zwischen Mentor und Mentee festgelegt.

- **Arbeitsphase** (Working): Sie besteht aus den regelmäßigen Treffen, in denen die vereinbarten Themen behandelt werden bzw. ergänzt durch neue Themen.
- **Auswertungsphase** (Evaluation): Darin wird die gemeinsame Arbeit nochmals reflektiert und ausgewertet.

Positive Effekte

Von Mentoring-Programmen erwarten sich Unternehmen vor allem positive Effekte auf das Commitment und die Laufbahn der Mentees.

Studien belegen aber auch eine positive Wirkung auf die Mentoren. Sie profitieren durch den Perspektivenwechsel und die Möglichkeit, ihr eigenes Führungsverhalten zu reflektieren. Sie erhalten neues Wissen und gewinnen an Beratungserfahrung (Wihler 2019, 801, Rudat 2017, 35 ff.). In verschiedenen Studien wurden positive Effekte von Mentoring auf die berufliche Leistung der Mentoren, die Arbeitszufriedenheit und die Bindung an die Organisation festgestellt.

Mentoringprogramme erhöhen laut Studien die Attraktivität einer Organisation insgesamt und unterstützen Aufstiegswünsche der Mitarbeitenden (Wihler 2019, 800 f.).

8.5.3.3 Führungskräfte-Entwicklungsprogramme

Auch hier: Funktionszyklus der PE

Führungskräfte werden meist in längeren und komplexer gestalteten Qualifizierungsprogrammen auf ihre Aufgaben vorbereitet. Die Führungskräfte-Entwicklung folgt ebenfalls dem Funktionszyklus der Personalentwicklung und beginnt mit einer sorgfältigen Bedarfsanalyse. Die Ziele der Führungskräfte-Entwicklung müssen sowohl die Anforderungen der Organisation als auch die Perspektive der Mitarbeitenden berücksichtigen, denn eine Führungskraft muss in der Lage sein, divergierende Ansprüche, Ziele und Werte zu integrieren. Dabei spielen Führungs- und Sozialkompetenz eine größere Rolle als die Fachkompetenz, was sich auch in den eingesetzten Qualifizierungsmethoden niederschlägt. Dazu gehören z. B. erlebnis- und erfahrungsorientierte Methoden, Job Rotation, Mentoring, Selbstreflexions-Phasen, 360-Grad-Feedback.

Multiple-Strang-Konzept

Das **„Multiple-Strang-Konzept"** ist ein Schema, mit dem Führungskräfte-Entwicklungsprogramme systematisch und zielgerichtet geplant werden können.

Es basiert auf der Unterscheidung zwischen implizitem und explizitem Wissen. Explizites Wissen ist bewusstes Wissen, das schriftlich bzw. symbolisch darstellbar ist und verbreitet und genutzt werden kann. Implizites Wissen ist dagegen personengebundenes Erfahrungswissen, das schwer formulierbar und daher für andere kaum zugänglich ist (Becker 2013, 6 bzw. Büser 2007, 4 f.).

5 Lernstränge

Das Konzept beschreibt insgesamt fünf Lernstränge, aus denen Führungskräfte-Entwicklungsprogramme bestehen können. Den einzelnen Lernsträngen können unterschiedliche Lernmethoden zugeordnet werden (Büser 2007, 22 ff.):

- **Kognitiver Selbstlernstrang:** Dabei geht es in erster Linie um den Aufbau von explizitem Wissen und Fachkompetenzen. Dazu erhalten die Teilnehmer Unterrichtsmaterialien zum selbstständigen Durcharbeiten (Bücher, Videos, E-Learning-Sequenzen).
- **Organisierter Lernstrang:** Dabei handelt es sich um interne oder externe Lernveranstaltungen (Seminare, Vorträge, Workshops). Sie sollen den Ausbau von Fach-, Methoden-, Sozial- und persönlichen Kompetenzen unterstützen. Je nach Ziel und Methode fördern sie das explizite und/oder das implizite Wissen.

- **Projektlernstrang:** Dabei bearbeiten Gruppen in einem definierten Zeitraum reale Arbeitsaufgaben. Idealerweise handelt es sich um unternehmensrelevante Projekte. Projektlernen fördert vor allem die impliziten Anteile von Führungskompetenzen.

- **Selbstreflexionsstrang:** Er fördert den Übergang von implizitem zu explizitem Wissen. Die Lernenden machen sich ihre Erfahrungen, Einstellungen, Werte bewusst. Entsprechende Methoden sind Lerntagebücher, Coaching, Entwicklungsgespräche, Reflexionsaufgaben etc.

- **Evaluationsstrang:** Dieser beinhaltet die Kontrolle der Lernfortschritte, indem in Entwicklungsprogrammen Feedback-, Entwicklungs- und Auswertungsgespräche vorgesehen sind.

Durch eine Kombination werden die Wirkungen der einzelnen Stränge noch gesteigert, wenn z. B. der Projektlernstrang mit dem Selbstreflexionsstrang kombiniert wird und die Projekterfahrungen in explizites Wissen übergeführt werden. Es müssen allerdings nicht alle Lernstränge berücksichtigt werden bzw. ist es möglich, verpflichtende und fakultative/individuelle Elemente zu kombinieren (z. B. Pflicht- und Wahlseminare).

Beispiel:

Ein Weiterbildungsanbieter im Gesundheits- und Sozialbereich hat sein Entwicklungsprogramm für Führungskräfte wie folgt aufgebaut (Auszug):

Seminarmodule (Eine Woche ca. alle zwei Monate)	Modul 1	Modul 2	Modul 3	Modul 4	Modul 5 …
Peergruppe	Parallel zu den einzelnen Seminarblöcken wird im 1. Block eine Peergruppe installiert, die sich zwischen den Seminaren trifft und Transferaufgaben bzw. Fragen der Teilnehmenden bearbeitet				
Lerntagebuch	Das Lerntagebuch dient der fortlaufenden individuellen Auseinandersetzung mit den gelernten Inhalten und den eigenen Erfahrungen rund um die Ausbildung.				
Teamaufgabe (1 und 2)			Bearbeitung eines komplexen Falls im Team		Bearbeitung eines komplexen Falls im Team
Gruppenprojekt			Selbst gewähltes Projektthema aus dem eigenen Unternehmen wird in Gruppe bearbeitet.		

Auch der Qualifizierungs-Zeitpunkt muss in Zusammenhang mit Führungskräfte-Entwicklung gut überlegt werden. Führungskräfte können bereits vor (Pool-Modell) oder erst nach der Übernahme einer Führungsfunktion qualifiziert werden. Denkbar wäre auch ein zweistufiges Vorgehen durch eine Grundqualifizierung vor und eine Begleitung bei der Übernahme der Führungsposition.

Wichtig: Qualifizierungs-Zeitpunkt

8.6 Laufbahnmanagement in der Sozialwirtschaft

Es wurde bereits mehrfach beschrieben, dass in der Sozialwirtschaft eine hohe Identifikation mit den Fachaufgaben vorherrscht und dadurch die Übernahme von Querschnitts- bzw. Führungsaufgaben weniger attraktiv ist als in anderen Branchen. Vermutlich spielt auch der hohe Frauenanteil in der Sozialwirtschaft eine Rolle. Studien zeigen, dass Frauen ein geringeres Zutrauen in ihre Fähigkeiten haben als Männer und für sie Aufstieg weniger wichtig ist als Arbeitszufriedenheit und interessante Aufgaben (Hentschel/Braun/Peus 2019, 995 ff.).

Wenig Interesse an Führungsaufgaben

Laufbahnmanagement hat daher auch die Aufgabe, die Bereitschaft zur Übernahme von Führungs- und verantwortungsvollen Fach- und Querschnittsfunktionen zu fördern. Dieser Aspekt wird in der personalwirtschaftlichen Literatur zum Laufbahnmanagement wenig thematisiert. Vielmehr liegt der Schwerpunkt auf der diagnostischen, selektierenden Funktion im Sinne der Potenzialidentifikation und der Auswahl geeigneter Mitarbeiter. Der Einsatz von Diagnoseinstrumenten kann aber eine gravierende motivationale Hürde für Mitarbeitende sein. Folgendes Beispiel veranschaulicht dies (Herzberg/Schneider 2013, 10 f.):

Diagnoseinstrumente evtl. abschreckend

Beispiel:

Ein Wohlfahrtsträger im Bereich Altenhilfe startete ein einjähriges Orientierungsprogramm für maximal 15 Mitarbeitende um Talente im Fachbereich Pflege zu identifizieren und systematisch zu entwickeln. Es bestand aus mehreren Workshops und zwei individuellen Mitarbeiterberatungen. Den Mitarbeitenden sollte die Möglichkeit geboten werden, ihre Kompetenzen zu entdecken und den beruflichen Entwicklungsweg gemeinsam mit den verantwortlichen Führungskräften zu planen. Dabei sollten Mitarbeitende aller Altersstufen angesprochen werden.

Die Mehrzahl der Mitarbeitenden stand dem Programm aber mit Vorbehalten gegenüber. Sie fürchteten, dass die Teilnahme automatisch mit Verpflichtungen verbunden sei, es gab Scheu, karrierebezogene Fragen in einer gemischten Gruppe offen anzusprechen. Nur wenige Mitarbeitende nahmen das Programm als Chance zur eigenen Weiterentwicklung wahr.

In der Sozialwirtschaft erfordert daher der Gestaltung des Prozesses von Potenzialidentifikation und Qualifizierung viel Fingerspitzengefühl.

Fingerspitzengefühl

Eine Orientierung bietet das Grundmodell menschlichen Handelns von Lutz von Rosenstiel (2007, 409 ff.; s. auch Kap. 1.2): Er zeigt damit, dass menschliches Handeln (hier die Übernahme neuer, herausfordernder Funktionen) von folgenden vier Bedingungen abhängig ist:

Grundmodell des menschlichen Handelns

- **Können:** Dabei geht es um die Frage, ob das relevante Wissen und die nötigen Fähigkeiten, Haltungen etc. vorhanden oder entwickelbar sind; diesen Bereich decken verschiedene Formen der Potenzialanalysen ab.

- **Wollen:** Damit ist die motivationale Komponente angesprochen. Das Erwartungs-Valenz-Modell der Motivation geht davon aus, dass die Motivation abhängig ist vom erwarteten Nutzen einer Handlung sowie vom subjektiven Zutrauen in die eigene Fähigkeit (Kirchler/Walenta 2011, 352 ff.). Mitarbeitende brauchen überzeugende Nutzenargumente für die Übernahme einer neuen Funktion, nicht nur monetärer Natur. Vorteile können sein: geregeltere Arbeitszeiten, interessante Kontakte, Sichtbar-Werden in der Organisation, Abwechslung, Einblick in Unternehmensabläufe, Anerkennung von außen, interessante Fort-/Weiterbildung, Eröffnung beruflicher Möglichkeiten. Es gilt also, diese Vorteile zu kommunizieren und durch geeignete Modelle sichtbar zu machen.

  Das individuelle Zutrauen ist oft auch deshalb gering, weil der Einblick in die Aufgaben oder geeignete Rollenmodelle fehlen. Es kann daher z. B. durch ein Kennenlernen der Funktion, eine vorherige Übernahme von Teilaufgaben, positive Erfahrungsberichte oder Unterstützung bei Funktionsübernahme etc. gefördert werden.

- **Dürfen und Sollen:** Dabei geht es um die Kultur, die Spielregeln und Selbstverständlichkeiten in einer Organisation. Das kann z. B. bedeuten: Inwieweit wird für die Mitarbeitenden glaubwürdig vermittelt, dass interne Bewerbungen erwünscht sind? Inwieweit wird im Speziellen Frauen signalisiert, dass sie eine Chance haben, sich weiterzuentwickeln? Sind die Anforderungen bzw. die Auswahlkriterien transparent?

- **Situative Ermöglichung:** Damit sind Rahmenbedingungen angesprochen, die das Handeln überhaupt ermöglichen (Zeit, Arbeitsmittel ...). Für die Übernahme leitender Funktionen bedeutet das z. B., inwieweit die Aufgabe neben familiären Verpflichtungen überhaupt machbar ist. Die Personalwirtschaft beschäftigt sich seit einigen Jahren verstärkt mit dem Thema „Top-Sharing", also der Aufteilung einer Führungsfunktion auf zwei Personen (z. B. Himmen 2019).

Die Bedeutung der individuellen Aufstiegsmotivation, der internen Spielregeln sowie der Rahmenbedingungen macht auch das folgende Beispiel deutlich:

Beispiel:

Eine Stadt betreibt in Summe etwa 150 Kindergärten, Krabbelstuben und Horte, in denen laufend Leitungen neu besetzt werden müssen. Allerdings ist das Interesse an der Leitungsfunktion sehr gering. Die Stadtverwaltung vermutet, dass es an der wenig attraktiven Bezahlung liegt. Tatsächlich stellt sich bei einer Befragung von potenziell geeigneten Mitarbeitenden Folgendes heraus:

Die befragten Mitarbeitenden stehen der Übernahme einer Leitungsfunktion grundsätzlich positiv gegenüber. Sie verbinden damit die Möglichkeit, sich gestaltend einzubringen und eigene Ideen zu verwirklichen. Bei Vielen besteht durchaus Interesse an dieser beruflichen Perspektive. Problematisch wird allerdings empfunden, dass die Ausbildung zur Pädagogin nicht auf die Leitung einer Einrichtung vorbereitet und sie sich der Rolle nicht gewachsen fühlen. Vor allem die damit verbundenen administrativen Aufgaben sowie Kommunikation/Konfliktlösung werden als hohe Anforderungen eingeschätzt. Außerdem ist für sie nicht transparent, welche Aufgaben insgesamt mit einer Leitungsfunktion verbunden sind.

Manche Personen sprechen auch die derzeitige Lebenssituation an: Sie haben noch kleinere Kinder und sind derzeit in Teilzeit beschäftigt; eine Leitungsaufgabe würde aber eine Vollzeitanstellung bedeuten, die derzeit nicht bewältigbar ist.

Ganzheitliches Modell notwendig

Auch dieses Beispiel zeigt, dass die Bereitschaft zur Übernahme weiterführender Funktionen ein komplexes Zusammenspiel mehrerer Faktoren ist. Ein Gesamtmodell von Laufbahn- bzw. Nachfolgeplanung in der Sozialwirtschaft müsste sich demnach zusätzlich zur Personalplanung bzw. der Eignungsfeststellung mit der Motivation bzw. förderlichen Rahmenbedingungen für die Übernahme der zu besetzenden Schlüsselfunktionen beschäftigen. In der Sozialwirtschaft betrifft das ganz wesentlich Frauen – Frauenförderung gewinnt in diesem Kontext also spezielle Bedeutung.

Die folgende Abbildung zeigt beispielhaft mögliche Aktivitäten (s. dazu auch Hentschel/Braun/Peus 2019).

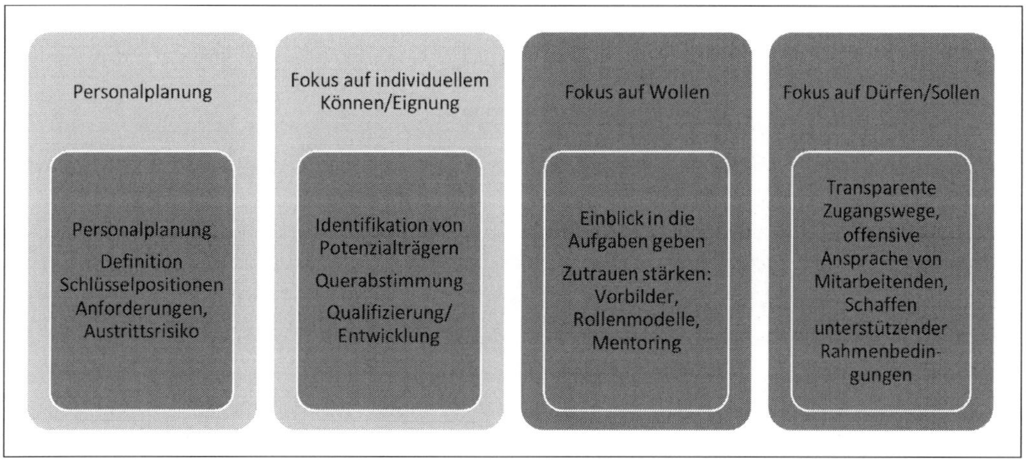

Abb. 17: Ganzheitliches Modell von Nachfolgeplanung/Laufbahnmanagement in der Sozialwirtschaft

Zum Weiterlesen

Vertiefende Literatur zum internen Talentmanagement

Büser, Tobias (2007): Entwicklung der Kompetenzen von Führungskräften. Kissing. Symposion Verlag.

Domsch, Michel E./Ladwig, Desirée C./Weber, Florian C. (Hrsg.) (2017): Cross Mentoring. Ein erfolgreiches Instrument organisationsübergreifender Personalentwicklung. Deutschland: Springer Gabler.

Felfe, Jörg/Franke, Franziska (2014): Führungskräftetrainings. Göttingen et al.: Hogrefe.

Kauffeld, Simone/Spurk, Daniel (Hrsg.) (2019): Handbuch Karriere und Laufbahnmanagement. Wiesbaden: Springer.

Thom, Norbert/Ritz, Adrian (Hrsg.) (2011): Talent Management. Talente identifizieren, Kompetenzen entwickeln, Leistungsträger erhalten. 2., aktualisierte Auflage. Wiesbaden: Springer Gabler.

Weinert, Stefan/Stulle, Klaus, B. (Hrsg.) (2015): Executive Assessment. Instrumente, Trends, Herausforderungen. Berlin Heidelberg: Springer.

9. Das Ausscheiden von Mitarbeitern aus der Organisation begleiten

In diesem Kapitel erfahren Sie, ...

... warum Personalentwicklungsmaßnahmen für ausscheidende Mitarbeitenden zunehmend an Bedeutung gewinnen

... was Mitarbeitende beim Übergang in den Ruhestand bewegt

... was unter Übergangsmanagement zu verstehen ist und welche Ziele es verfolgt

... wie ein Übergangsmanagement gestaltet werden kann

Zunehmende Fluktuationsneigung

Die Beschäftigung mit ausscheidenden Mitarbeitenden ist in der Personalentwicklungsliteratur bisher ein Randthema. Meist wird lediglich die Notwendigkeit der Wissensweitergabe mit entsprechenden Instrumenten thematisiert. Erst in den letzten Jahren wurden ausscheidende Mitarbeitende als Zielgruppe des Personalmanagement bzw. der Personalentwicklung entdeckt. Auslöser dafür sind in vielen Unternehmen eine zunehmende Fluktuationsneigung der Mitarbeitenden, eine steigende Anzahl an Pensionierungen sowie Probleme, die offenen Stellen nachzubesetzen (Heinecke/Müller 2015).

In der Ausstiegsphase können folgende personalwirtschaftliche Maßnahmen gesetzt werden:

Ausstiegsgespräche/-interviews

Ausstiegsgespräche/-interviews, um eine Rückmeldung zu erhalten, wie die Organisation als Arbeitgeber wahrgenommen wurde. Diese Möglichkeit besteht, wenn das Ausscheiden für das Unternehmen ungeplant (Mitarbeiterkündigung) oder vorhersehbar ist (Pensionierungen, Vertragsablauf). Ausstiegsinterviews können aber auch die Funktion haben, eine Aufrechterhaltung des Kontakts zu den ausscheidenden Mitarbeitenden zu vereinbaren, z. B. im Hinblick auf eine mögliche Rückkehr (Trost 2012, Buckmann 2017).

Vorhersehbarer Ruhestand

Bei geplantem/vorhersehbarem Ausscheiden in Zusammenhang mit Pensionierungen kommen folgende Maßnahmen infrage:

- Seminare/Workshops zur Unterstützung des Übergangs
- Aufgaben-/Rollenanpassung für die letzten Arbeitsjahre
- Maßnahmen für einen frühzeitigen Wissenstransfer
- Maßnahmen zur nachberuflichen Bindung bzw.
- konkrete Vereinbarungen für eine entgeltliche bzw. freiwillige Weiterarbeit

Übergangsmanagement

Es wird deutlich, dass vor allem der Übergang in den Ruhestand[1] ein großes Gestaltungsfeld für die Personalentwicklung ist. Angesichts der Altersstrukturen in vielen Einrichtungen und der Personalknappheit hat die Gestaltung dieser Phase eine hohe Relevanz für die Sozialwirtschaft. In der Literatur und in Beratungsangeboten werden

[1] Der Begriff Ruhestand bezieht sich auf das Ausscheiden aus der Erwerbsarbeit und die Nichtteilnahme am Arbeitsleben. Häufig werden weitere Merkmale ergänzt wie die mentale sowie verhaltensbezogene Distanzierung vom Arbeitsleben oder der Bezug von monetären Mitteln aus einer eigenen früheren Arbeitstätigkeit (Schmitt 2015, 338). In Österreich spricht man eher vom Übergang in die Pension.

entsprechende Maßnahmenpakete meist als „Übergangsmanagement" (in den Ruhestand) bezeichnet. Veith (o. J.) spricht treffend von einer **„aktiv gelebten Ausstiegskultur"**. Übergangsmanagement kann auch als Gestaltungsfeld des betrieblichen Laufbahnmanagements und der Ruhestand selbst als eine Stufe der beruflichen Laufbahn verstanden werden (z. B. Nagy/Hirschi 2019, Wöhrmann et al. 2019). Entsprechend werden in elaborierten Programmen die ersten Aktivitäten bereits Jahre vor dem Pensionsantritt gesetzt.

Gründe für eine aktive und bewusste Gestaltung des Übergangs sind:

- Das Unternehmen hinterlässt sowohl bei den bestehenden als auch den ausscheidenden Mitarbeitenden einen positiven Eindruck und gewinnt an Attraktivität als Arbeitgeber. Ausscheidende Mitarbeiter sind wichtige ‚Stimmungstransporteure'.
- Die Motivation der ausscheidenden Mitarbeitenden in den letzten Arbeitsjahren bzw. -monaten wird aufrechterhalten. Die Aktivitäten schaffen die Möglichkeit, Aufgaben bzw. Klient/innen gut zu übergeben.
- Eine systematische und zeitgerechte Planung von Nachfolgern wird gefördert und ein reibungsloser Übergang auf die Nachfolger unterstützt.
- Strategisch wichtiges Wissen kann zeitgerecht weitergegeben werden, weil Abwesenheiten in den letzten Monaten und Wochen (Urlaubsabbau, Kuraufenthalte ...) berücksichtigt werden können.
- Die Bereitschaft zu einer Freiwilligentätigkeit oder entgeltlichen Weiterbeschäftigung kann gefördert werden.

9.1 Der Übergang in den Ruhestand aus Perspektive der Mitarbeitenden

Einschneidendes Ereignis

Der Übergang vom Erwerbsleben in den Ruhestand ist in der Psychologie gut erforscht. Er bedeutet für die betroffene Person zunächst einmal die „Entpflichtung" von den vielfältigen Zwängen des Erwerbslebens (Piorr 2017, 20). Er bewirkt aber gleichzeitig einen sozialen und psychischen Bruch zwischen zwei Lebensabschnitten. Durch den Wegfall der Erwerbstätigkeit müssen neue Tätigkeitsfelder gefunden werden, die alltägliche Zeitorganisation und -struktur muss neu gestaltet werden. Es werden Neugewichtungen von Rollen notwendig, denn durch den Verlust der beruflichen Rolle entfällt ein wichtiger Baustein der individuellen Identität (Schmitt 2018, 341). Die Vorbereitung auf die Pensionierung wird daher als eine der wichtigen beruflichen Entwicklungsaufgaben im späten Erwachsenenalter betrachtet.

Berufliche Aktivität in Ruhestand

Auch die Entscheidung, im Ruhestand einer beruflichen Aktivität nachzugehen, ist Ergebnis eines längeren Prozesses und kein einmaliges Ereignis. Der Entscheidungsprozess verläuft in Phasen: In der ersten Phase denken Menschen darüber nach, wie sie ihr Leben im Ruhestand gestalten wollen. In der anschließenden Phase entscheiden sie, ob und wann sie in den Ruhestand gehen werden und ob eine nachberufliche Tätigkeit für sie infrage kommt. „Der Übergang in den Ruhestand ist demnach ein anhaltender Prozess, der die Planung beinhaltet, aktiv noch arbeitsbezogenen Tätigkeiten im Ruhestand nachzugehen. Diese Planung beginnt häufig vor dem Eintritt in den Ruhestand." (Wöhrmann 2019, 921)

Zahlreiche Studien weisen nach, dass eine frühzeitige Vorbereitung und Auseinandersetzung mit der Zeit nach der Erwerbstätigkeit eine erfolgreiche Anpassung unterstützt und beiträgt, dass der Ruhestand als weniger einschneidend erlebt wird (Wöhrmann 2019, Schmitt 2018). Dieses Vorziehen in die Erwerbsphase hat also nicht nur positive Auswirkungen für das Unternehmen, sondern auch für die Mitarbeitenden bzw. die Gesellschaft insgesamt.

Rolle des Unternehmens

Ob und wie die Auseinandersetzung der Mitarbeitenden mit dem Übergang stattfindet, ist grundsätzlich eine private Angelegenheit. Ein Anknüpfungspunkt, der dem Unternehmen das Recht gibt, in dieser Thematik aktiv zu werden, ist das Arbeitsverhalten bzw. die Arbeitsleistung in den letzten Erwerbsjahren. In diesem Zusammenhang ergibt sich auch die Möglichkeit, gemeinsam über die Erwerbstätigkeit hinaus zu blicken. Auf diese Weise kann zumindest ein verbindlicher Anstoß für eine Beschäftigung mit der Nach-Erwerbsphase gegeben werden. Diese Chance vergeben Zugänge, die Übergangsmanagement nur als Angebot im Rahmen des Betrieblichen Gesundheitsmanagement konzipieren. Denn freiwillige Angebote werden aus Erfahrung von jenen angenommen, die bereits ein Bewusstsein für die Thematik entwickelt haben (Piorr 2017, 22 ff.).

Übergangsmanagement beginnt daher bereits Jahre vor dem Pensionsantritt und soll aus Sicht der Mitarbeitenden beitragen,

- die letzten Jahre im Unternehmen so zu gestalten, dass sie gut eingebunden bleiben und ihrer Kompetenz/ihrem Leistungsvermögen entsprechend eingesetzt sind,
- den Ausstieg aus dem Unternehmen wertschätzend zu gestalten und
- sich mit der Gestaltung der Nacherwerbsphase auseinanderzusetzen.

9.2 Gestaltung eines Übergangsmanagement

Ein systematisches Übergangsmanagement stellt ein Gesamtkonzept aus verschiedenen Bausteinen dar, die zeitlich sinnvoll aufeinander abgestimmt und mit bestehenden personalwirtschaftlichen Instrumenten (z. B. Mitarbeitergespräche) verknüpft sind.

9.2.1 Vorbereitung eines Übergangsmanagement in der Organisation

Analyse der Ausgangssituation

In der Vorbereitung wird zunächst die Ausgangssituation in der Organisation eruiert (Piorr 2017, 25):

- **Quantitative Analyse:** Wie viele Mitarbeitende, in welchen Bereichen und auf welchen Ebenen werden in den nächsten fünf bis sieben Jahren in den Ruhestand gehen?
- Abschätzen der **Auswirkungen der Abgänge** auf das Arbeitsprogramm der Organisation: Droht der Verlust einer hocheffektiven Arbeitskraft, die schwer ersetzt werden kann? Geht exklusives Wissen verloren? Droht Demotivation?

Präzisierung der Ziele

Darauf aufbauend können die Ziele des Programms präzisiert werden: Je nach Mitarbeitergruppe und möglichen Auswirkungen kann z. B. das Halten der ausscheidenden Mitarbeitenden und/oder die Wissensweitergabe bzw. ein adäquater Einsatz bzw.

möglicher Rollenwechsel im Fokus stehen. Dieser vorbereitende Schritt erfolgt mit den Führungskräften; die ausscheidenden Mitarbeitenden werden gegebenenfalls indirekt einbezogen (z. B. über Erhebungen zu ihren Vorstellungen).

Beispiel:

Ein Freier Wohlfahrtsträger, der im Bereich Altenarbeit und Familienhilfe tätig ist, wollte die Potenziale von Übergangsmanagement eruieren und führte zunächst eine quantitative Vorausschau durch, die für die folgenden fünf Jahre insgesamt 96 Pensionierungen zeigte.

Bereich	**Anzahl voraussichtliche Pensionierungen in den nächsten fünf Jahren (Stichtag: 31.12.2017)**
Ambulante Familien- und Pflegedienste	12
Betreute Wohnformen	6
Seniorenwohnhäuser	35
Psychosoziale Betreuungsangebote	31
Zentrale Dienste	12
Summe	**96**

Gespräche mit Führungskräften zeigten, dass die meisten keinen Überblick über die Zahl der Pensionierungen in ihrem Bereich hatten. Insofern stellte bereits der erste Schritt eine wichtige Intervention dar und förderte das Bewusstsein für Personalplanung in der Organisation.

Außerdem wurden die betroffenen Mitarbeitenden zu ihren Ruhestandsplänen und einer möglichen Unterstützung des Übergangs durch das Unternehmen befragt. Dabei zeigte sich bei den Mitarbeitenden ein uneinheitliches Bild: Obwohl mehr als 60 % es als sehr sinnvoll fanden, sich mit dem Thema Pensionierung auseinanderzusetzen, befürworteten nur knapp 35 % begleitende Maßnahmen seitens der Organisation, am ehesten in Form von Seminaren oder Vorträgen. Die befragten Führungskräfte waren überzeugt, dass Mitarbeitende Unterstützung nicht annehmen würden, der Übergang in den Ruhestand sei Privatsache oder Mitarbeitende wollten nicht an „ihr Ablaufdatum erinnert werden".

Das Beispiel zeigt, dass die Einführung von Übergangsmanagement sensibel geplant und Führungskräften und Mitarbeitenden gut kommuniziert werden muss.

9.2.2 Programmgestaltung, Durchführung und Evaluierung

Schwerpunkte je Zeitabschnitt

Die Inhalte eines Übergangsmanagement können entlang einer Zeitlinie vor und nach dem Übergang in den Ruhestand gegliedert werden. Dabei werden in einzelnen Zeitabschnitten jeweils unterschiedliche Schwerpunkte gesetzt.

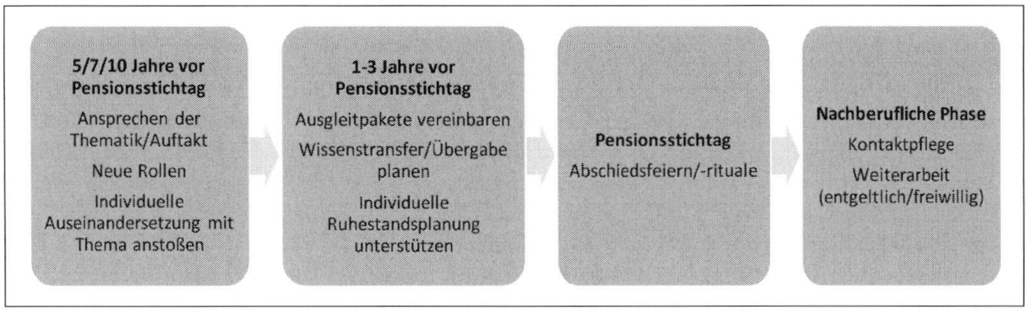

Abb. 18: Phasen und Schwerpunkte eines Übergangsmanagement

9.2.2.1 Auftaktgestaltung

Wie oben dargestellt, bedarf es eines Anlasses, der das Unternehmen/die Führungskraft legitimiert, das Übergangsthema aufzugreifen.

Informationsschreiben

Ein Informationsschreiben der Personalabteilung mit pensionsrechtlichen Informationen und einer Einladung zu einem Gespräch ist eine Möglichkeit, den ersten Schritt zu setzen. Der geeignete Zeitpunkt wird, je nach Quelle, zwischen drei und sieben Jahren vor dem Pensionsantritt empfohlen. (Eidgenössisches Personalamt 2017, Schmidbauer et al. 2018, Veith o. J.).

Zukunftsgespräch

Wenn vorhanden, können auch bestehende Mitarbeitergespräche mit dem neuen Fokus „Übergang" angereichert und dafür genutzt werden. In der Schweizer Bundesverwaltung werden Mitarbeitende von ihren Vorgesetzten zu einem sog. „Zukunftsgespräch" eingeladen. Im Gespräch werden die beruflichen Perspektiven und Wünsche der Mitarbeitenden ermittelt und mögliche Arbeits- und Entwicklungsperspektiven für die letzten Berufsjahre besprochen. Dazu ist u. U. bereits vorher eine Abstimmung mit dem Personalbereich notwendig, um die Möglichkeiten abzustecken (Eidgenössisches Personalamt 2017).

Nachdem das Thematisieren des Ruhestands wenig Tradition in Unternehmen hat, hat der Auftakt eine wichtige Symbolfunktion und muss daher sehr sorgfältig geplant werden.

9.2.2.2 Maßnahmen vor dem Pensionsstichtag

Zusätzlich können im Übergangsmanagement **vor dem Pensionsstichtag** folgende weiteren Aktivitäten gesetzt werden (Piorr 2017, Veith o. J., Eidgenössisches Personalamt 2017):

Aktivitäten vor dem Ausscheiden

- **Gruppenangebote (Seminare, Workshops):** Sie verfolgen schwerpunktmäßig folgende Ziele (Veith o. J., Piorr 2017): Unterstützung für die Gestaltung des Ruhestands, Erhalt der Gesundheit und Vorbereitung auf neue Rollen in den letzten Jahren der Erwerbstätigkeit (z. B. Mentoring, Trainer).

- **Einzel-/Gruppencoaching:** Fokus ist meist das Erarbeiten einer individuellen Bilanz und das Anstoßen von Überlegungen zur Ruhestandsgestaltung im familiären Umfeld.

- **Begleitende Rollenanpassung:** Dabei geht es um die Frage, welche Aufgaben in den letzten Berufsjahren übernommen werden können. Ideal sind Rollen, die viel Expertise, Sicherheit, Beziehungen und Netzwerke erfordern. Möglicherweise möchten die Betroffenen auch Verantwortung abgeben. Der Umfang einer solchen Rollenanpassung orientiert sich an den Tätigkeiten und Möglichkeiten der Organisation.

- **‚Ausgleitpakete':** Damit sind Änderungen der Rahmenbedingungen gemeint, die einen guten Verbleib bis zum Pensionsantritt unterstützen. Dabei können sowohl gesetzliche Möglichkeiten wie Altersteilzeit ausgeschöpft, aber auch spezifische Angebote seitens der Organisation entwickelt werden. Denkbar sind: spezielle Dienstplan-Regelungen, Möglichkeit für Home-Office, Gutscheine für Coaching, Vereinbarungen für den Abbau von Urlaub und Überstunden usw.

- **Wissenstransfer-Maßnahmen:** Eng mit der Rollenanpassung und den Ausgleitpaketen ist der Wissenstransfer verbunden. In der Personalentwicklung bzw. im Wissensmanagement existieren eine Fülle an Instrumenten, die zum Wissenstransfer von ausscheidenden Mitarbeitenden einsetzbar sind (z. B. Mentoring, Lernpatenschaften). Beispielhaft werden hier zwei spezielle Instrumente aus dem Wissensmanagement kurz skizziert.

  - **Expert Debriefing** ermöglicht einen moderierten Wissenstransfer eines Mitarbeiters auf einen oder mehrere Nachfolger. Es eignet sich für die Weitergabe von explizitem und implizitem Wissen von Personen, die komplexe Tätigkeiten ausüben und/oder über umfangreiche Netzwerke verfügen. Es kann direkt mit dem Nachfolger oder mit einem Kollegen bzw. Vorgesetzten durchgeführt werden. Kernstück ist die Erarbeitung einer sog. „Job-Map" (analog einer Mind-Map), die folgende Informationen enthält: Aufgaben, Tätigkeiten des Wissensgebers und Erfahrungen damit, Ansprechpartner und Kontakte, Dokumente und wichtige Unterlagen. Darauf aufbauend werden konkrete Maßnahmen zur Vermittlung der nötigen Kompetenzen vereinbart (z. B. Übergabegespräche) und Dokumentationen (z. B. WIKI, FAQ-Liste) angefertigt.

  - **Storytelling** ist eine Methode, bei der die Sicherung von Erfahrungswissen für die Organisation, weniger die Schulung eines Nachfolgers, im Mittelpunkt steht. Dazu werden Erfahrungsgeschichten erfahrener Mitarbeiter erschlossen und dokumentiert, z. B. Erlebnisse mit Klienten, Angehörigen, anderen Berufsgruppen, Ausnahmesituationen. Die Geschichten entstehen, indem ein geschulter Moderator den Wissensgeber etwa eine Stunde lang interviewt. Aus den Geschichten werden Themencluster gebildet. Die aus den Geschichten entwickelten Erfahrungsdokumente werden in einem Workshop mit anderen Kollegen diskutiert und können als Basis für Verbesserungen dienen.

- **Abschiedsfeiern/-rituale:** Zum Übergangsmanagement gehören auch Abschiedsrituale, analog der Integration neuer Mitarbeitender. Auch sie sollten mit den ausscheidenden Mitarbeitenden besprochen und vereinbart werden.

9.2.2.3 Maßnahmen in der nachberuflichen Phase

Kontakt-Halten

In dieser Phase geht es um das Kontakt-Halten zu den ausgeschiedenen Mitarbeitern. Über diese Kontakte tragen auch ehemalige Mitarbeiter wesentlich zur Verbreitung eines positiven Unternehmensimages bei. Es eignen sich z. B. Einladungen zu Festen und Feiern, Zusendung der Mitarbeiterzeitung, Einbindung in ausgewählte Unternehmensaktivitäten (z. B. Mitarbeiterempfehlungsprogramme), Mitgliedschaft in Gremien oder freiwillige Mitarbeit.

Silver-Worker, Silver Career

Eine spezielle Form des Kontakt-Haltens stellt die entgeltliche Weiterarbeit in der Organisation dar. In der neueren Literatur wird die entgeltliche oder freiwillige Weiterarbeit im Ruhestand als Silver Work oder Silver Career bezeichnet (Wöhrmann et al. 2019, 913). In den letzten Jahren entstanden zahlreiche Studien, die die Entscheidung für eine Weiterarbeit im Ruhestand untersuchten. Die wichtigsten Ergebnisse sind (Nagy/Hirschi 2019, Wöhmann et al. 2019, Büsch et al. 2015, Fasbender et al. 2015):

Faktoren für Weiterarbeit

Der Zeitpunkt des Rückzugs aus dem Erwerbsleben wird von zwei Faktoren beeinflusst: der Motivation zu arbeiten und der Notwendigkeit zu arbeiten. Der finanzielle Aspekt ist nicht das Hauptmotiv für eine entgeltliche Weiterarbeit im Ruhestand, obwohl ca. 1/5 der Personen auch aus finanziellen Gründen weiter tätig ist. Ausschlaggebend sind eher soziale Bedürfnisse sowie die Anerkennung und Wertschätzung am Arbeitsplatz.

Faktoren, die eine Weiterarbeit begünstigen, sind

- die individuelle Fähigkeit/Gesundheit,
- die erlebte Freiheit bzw. Flexibilität bei der nachberuflichen Tätigkeit (z. B. hinsichtlich der Arbeitszeit),
- die Unterstützung der Führungskraft bzw. ein wertschätzendes Organisationsklima und
- Merkmale der Arbeit selbst (adäquate Aufgabenzuschnitte und Rollen).

Beispiel:

Der im letzten Beispiel beschriebene Wohlfahrtsträger wollte angesichts des Fachkräftemangels auch die Weiterbeschäftigung von Mitarbeitenden im Ruhestand ausloten. Dazu wurde die Einschätzung von Führungskräften und den betroffenen Mitarbeitenden eingeholt:

Die Führungskräfte sahen zahlreiche Nutzenaspekte einer Weiterbeschäftigung: Die Mitarbeitenden sind eingeschult, sie können im Gegensatz zu Freiwilligen fix eingeplant und relativ flexibel eingesetzt werden, Jüngere können gut von ihren Erfahrungen profitieren und sie können Aufgaben übernehmen, die derzeit nicht wahrgenommen werden können. Die Führungskräfte dachten in erster Linie an zusätzliche oder Nebentätigkeiten (Projekte, Mentorentätigkeit, Festgestaltung und Dekoration). Allerdings formulierten sie auch Bedenken hinsichtlich der körperlichen Leistungsfähigkeit bzw. dem unklaren Status dieser Gruppe innerhalb der Belegschaft; vor allem zweifelten sie aber an der Bereitschaft der Mitarbeitenden für eine Weiterarbeit nach der Pension.

Eine Erhebung des Interesses bei den Mitarbeitenden selbst ergab ein völlig konträres Bild: Obwohl beim größten Teil die Vorfreude auf den Ruhestand überwog, konnten sich knapp 40 % sicher und weitere 30 % vielleicht vorstellen, weiterhin erwerbstätig zu sein. 85 % dieser Gruppe wollten weiterhin bei ihrem Arbeitgeber tätig sein, 55 % der Befragten präferierten eine entgeltliche Tätigkeit.

Als Hauptmotive wurden Spaß an der Arbeit, sinnvolle Beschäftigung und soziale Einbindung genannt. Der Zuverdienst spielt für knapp 40 % ebenfalls eine wichtige Rolle, was angesichts der Beschäftigungsverhältnisse in der Sozialwirtschaft nicht verwunderlich ist.

Im Gegensatz zu den Führungskräften sahen sich knapp 70 % der interessierten Personen weiterhin in ihrer bisherigen Betreuungstätigkeit, als weitere Optionen wurden Projekte, die Betreuung von Freiwilligen oder die Begleitung von Praktikanten/SchülerInnen sowie neuen Mitarbeitenden genannt. Ein Wechsel in einen anderen Bereich der großen Einrichtung war für etwa 15 % erstrebenswert. Etwa 55 % konnten sich ein Stundenausmaß zwischen fünf und zehn Wochenstunden vorstellen.

Es ist zu erwarten, dass die Gestaltung des Übergangs in den Ruhestand in den kommenden Jahren mehr Bedeutung erlangen wird. Auch die Weiterarbeit Älterer wird vermutlich zunehmen, u. a. weil sie finanziell darauf angewiesen sind. Möglicherweise wird eine „Laufbahnberatung" dieser Personengruppe ein neues Thema für die Personalentwicklung. Zudem wird zu klären sein, welche Rahmenbedingungen dazu notwendig sind und wie die innerbetriebliche Kommunikation dazu gestaltet wird – auch in Richtung der jüngeren Mitarbeitenden (Wöhrmann et al. 2019).

Zum Weiterlesen

Vertiefende Literatur zur Gestaltung des Übergangs in den Ruhestand

Schneider, Norbert F./Mergenthaler, Andreas/Staudinger, Ursula M./Sackreuther, Ines (Hrsg.) (2015): Mittendrin? Lebenspläne und Potenziale älterer Menschen beim Übergang in den Ruhestand. Opaden/Toronto: Verlag Barbara Budrich.

Piorr, Rüdiger (2017): Anhang III: Der Nutzen von Übergangsfortbildungen für Arbeitgeber und Arbeitnehmer/innen. In: Bundesministerium für Familie, Senioren, Frauen und Jugend (Hrsg.) (2017): Runder Tisch „Aktives Altern – Übergänge gestalten". Arbeitsgruppe „Bildung im und für das Alter". Dokumentation zum Workshop „Fortbildungen zur Gestaltung des Übergangs in den Ruhestand". Frankfurt: o. V., 18–36.

Kauffeld, Simone/Spurk, Daniel (Hrsg.): Handbuch Karriere und Laufbahnmanagement. Wiesbaden: Springer.

Heinecke, Andreas/Müller, Susan (2015): Nach der Karriere ist vor der Karriere – Zur Entwicklung eines Arbeitsmarktes für Senioren. In: Hartmann, Michaela (Hrsg): Rekrutierung in einer zukunftsorientierten Arbeitswelt. HR-Aufgaben optimal vernetzen. Wiesbaden: Springer, 119–131.

Teil 3: Strategische Aspekte und Perspektiven für Personalentwicklung in der Sozialwirtschaft

In diesem Teil erfahren Sie, ...

... woran der ‚Reifegrad' von Personalentwicklung festgestellt werden kann

... was strategisch orientierte Personalentwicklung bedeutet

... wie eine Personalentwicklungsstrategie entwickelt werden kann

... was ein Personalentwicklungskonzept enthält und wozu es dient

... was die Umsetzung eines Personalentwicklungskonzepts unterstützt

... welche Rollen zeitgemäße Personalentwicklung derzeit in Organisationen ausfüllt

... warum der Kontakt von Personalentwicklungsspezialisten zu den Führungskräften und zur Geschäftsführung essenziell ist

... was unter Bildungscontrolling zu verstehen ist

... welche aktuellen Entwicklungen die Gestaltung von Personalentwicklung beeinflussen

... was informelle und digitale Lernformate charakterisiert

... was unter Kompetenzen verstanden wird

... was Kompetenzmanagement bedeutet

Der letzte Teil dieses Bandes ist zwei großen Themen gewidmet: der Entwicklung der strategischen Schwerpunktsetzung für die Personalentwicklung und den wichtigsten Zukunftsthemen der Personalentwicklung, die derzeit in der einschlägigen Literatur diskutiert werden.

Ein an der Organisationsstrategie orientiertes Gesamtkonzept der Personalentwicklung soll dafür sorgen,

- dass die Teilprozesse und Instrumente an den (strategischen) Organisationszielen ausgerichtet,
- auf die spezifischen Rahmenbedingungen/Anforderungen der Organisation abgestimmt sind
- und sich wechselseitig unterstützen/verstärken.

Ein in diesem Sinne ausgearbeitetes Personalentwicklungskonzept gilt als Indikator für eine professionelle Personalentwicklung. In der Praxis ist ein solches Konzept vielfach nicht vorhanden, wie auch Kauffeld/Grote (2019, 205) feststellen: „Während viele PE-Instrumente vorhanden und etabliert sind, die PE ein Dienstleistungsverständnis entwickelt hat und diesem nachkommt, bleiben Fragen zur strategischen und impulsgebenden PE an vielen Stellen offen."

Daher beginnt dieser Teil mit der Frage, was professionelle Personalentwicklung charakterisiert bzw. anhand welcher Kriterien der Professionalisierungsgrad (‚Reifegrad') festgestellt werden kann.

10. Kriterien für eine ‚Standortbestimmung' der Personalentwicklung

In der Sozialwirtschaft wird immer wieder der hohe Stellenwert von Personalentwicklung beschworen. Gleichzeitig gibt es große Unterschiede, wie Personalentwicklung in den Einrichtungen institutionalisiert und inhaltlich ausgebaut ist, wie die einzelnen Prozesse gestaltet sind und welche Rolle ihr insgesamt im Unternehmen zukommt. Wie professionell Personalentwicklung betrieben wird, ist (auch in der Sozialwirtschaft) nicht nur eine Frage der Organisationsgröße.

Reifegradmodelle

Zum Feststellen des Professionalisierungsgrades von Personalentwicklung können Organisationen auf Kriterienkataloge oder sog. „Reifegradmodelle" zurückgreifen. Die meisten Modelle zeigen auch Ansatzpunkte für Professionalisierungsschritte auf.

10.1 Merkmale zeitgemäßer Personalentwicklung

Unabhängig von konkreten Reifegradmodellen wird in der Literatur professionelle und zeitgemäße Personalentwicklung relativ übereinstimmend durch folgende Merkmale charakterisiert (Sammet/Wolf 2019, Knoch 2016, Lindner-Lohmann et al. 2015, Wegerich 2015, Becker 2013, Rohrschneider/Lorenz 2011, Schönenberg 2010):

Operative Ebene – Prozesse und Umsetzung des Funktionszyklus	• Umsetzung des gesamten Funktionszyklus (von der Bedarfserhebung bis zu Evaluierung und Transfer) • Einsatz unterschiedlicher Qualifizierungsformen (on-the-job, near-the-job bis off-the-job, formelles und informelles Lernen) • Nutzen digital unterstützter Lernmöglichkeiten • Regelmäßige Überprüfung und Verbesserung der Personalentwicklungsprozesse
Umfang und Zielgruppen der Personalentwicklung	• Personalentwicklung adressiert nicht nur Einzelpersonen, sondern auch Gruppen und Teams • Personalentwicklung begleitet Mitarbeitende entlang ihres gesamten betrieblichen Lebenszyklus – vom Eintritt bis zum Austritt
Systematik, Strategie-/ Wertschöpfungsorientierung	• Personalentwicklungsverantwortliche verstehen die strategischen Ziele der Bereiche und der Organisation • An der Unternehmensstrategie ausgerichtetes Personalentwicklungskonzept ist vorhanden und wird regelmäßig adaptiert → ‚externer fit' (Passung mit der Unternehmensstrategie) • Personalentwicklung platziert aktiv für die Organisation wichtige Zukunftsthemen (z. B. die Altersentwicklung, Konsequenzen neuer Berufsbilder) • Entwicklungsbedarfe einzelner Mitarbeitergruppen sind mit Bezug zu den Unternehmenszielen definiert • wesentliche Aktionsfelder bzw. Instrumente sind aufeinander abgestimmt, keine Insellösungen (z. B. Anforderungsbeschreibungen, Mitarbeiterintegration, Nachfolgeplanung) → ‚interner fit' (Passung zwischen den Instrumenten)

Erfolgsmessung	• Vorhandensein eines über die Evaluierung von Einzelmaßnahmen hinausgehenden Bildungscontrollings
Rollen und Verantwortung in der Personalentwicklung	• Klar definierte Rollen/Zuständigkeiten der Beteiligten, insbesondere auch der Personalentwicklungsverantwortlichen • Selbstverständnis der Führungskräfte als Personalentwickler vor Ort • Geschäftsführung als Vorbild und Promotor für Personalentwicklung

Tab. 19: Merkmale zeitgemäßer Personalentwicklung

Operativ und strategisch

Demnach liegen die Eckpfeiler einer professionellen Personalentwicklung auf unterschiedlichen Ebenen:

- Auf der **operativen** Ebene geht es um Systematik, Qualität der Prozesse und Aktualität der Instrumente.
- Auf der **strategischen** Ebene ist vor allem die Wechselwirkung mit der Unternehmensstrategie von Bedeutung. Die Personalentwicklung orientiert sich an ihr, gibt aber auch Impulse. Das setzt voraus, dass die Verantwortlichen Klarheit über ihre Rollen und Aufgaben haben. Die Bedeutung der Personalentwicklung und ihr Einfluss auf das Unternehmensgeschehen kann daran gemessen werden, inwieweit diese Kriterien erfüllt sind.

Reifegradmodelle

Die dargestellten Dimensionen und Indikatoren fließen mit unterschiedlichen Schwerpunkten auch in die Reifegradmodelle der Personalentwicklung ein. Diese Modelle sind normativ, d. h. sie machen Aussagen darüber, welche Merkmale professionelle Personalentwicklung derzeit aufweisen sollte (Knoch 2016, Wegerich 2015, Becker 2013, Schönenberg 2010). Sie stellen somit Analysetools dar, mit deren Hilfe der Ausbaugrad in einer Organisation bestimmt werden kann.

10.2 Ausgewählte Reifegradmodelle und Kriterienkataloge zur Analyse des Professionalisierungsgrades der Personalentwicklung

Die nachfolgend beschriebenen Modelle haben jeweils einen unterschiedlichen Fokus: Das Konzept der Lernkultur (Sonntag et al. 2004) ist ein vielfach zitierter ‚Klassiker', in dem unterschiedliche Dimensionen mit Fokus auf die Unternehmenskultur integriert sind. Schönenberg (2010) konzentriert sich auf die Gestaltung der Personalprozesse, während das Reifegradmodell von Becker et al. (2009) von der Unternehmensentwicklung ausgeht und korrespondierende Reifegrade für die Personalentwicklung ableitet.

10.2.1 Das Konzept der Lernkultur

Verankerung in der Organisationskultur

Das Konzept der Lernkultur stellt spezifisch auf die Verankerung von Lernen und Personalentwicklung in der Organisationskultur ab.

Lernkultur

> „Unter dem Begriff Lernkultur werden die Werte und Normen des Unternehmens in Bezug auf das Lernen seiner Mitarbeiter und deren Umsetzung bei der Gestaltung lernförderlicher Rahmenbedingungen und Fördermaßnahmen verstanden." (Schaper 2014b, 481)

Die Lernkultur zeigt anhand verschiedener Dimensionen, welchen Stellenwert Personalentwicklung und Lernen im Organisationsalltag haben und wie Lernen in Organisationen unterstützt und gefördert wird. Anders als bei Reifegradmodellen wird darauf verzichtet, die Ergebnisse zu Entwicklungsstufen zu aggregieren.

Kriterien, Dimensionen

Die Charakterisierung der Lernkultur in Organisationen geht auf Sonntag (1996) zurück; er beschreibt sie anhand folgender neun Kriterien (Sonntag et al. 2004):

Dimensionen	Inhalte
Lernen als Teil der Unternehmensphilosophie	• Vorliegen lernorientierter Leitlinien im Leitbild des Unternehmens • Kommunizierte Erwartungen an das Lernverhalten der Mitarbeiter
Rahmenbedingungen für das Lernen im Unternehmen	• Lernförderliche Organisationsstruktur (z. B. flache Hierarchien) • Lernförderliche Gestaltung von Entgelt- und Anreizsystemen (z. B. Kompetenzziele in der Zielvereinbarung) • Lernförderliche Arbeitszeitregelungen (z. B. Lernzeitkonten) • Berücksichtigung des individuellen Lernens in organisationalen Veränderungsprozessen
Aspekte der Personalentwicklung	Konkrete Ausgestaltung der Personalentwicklung im Unternehmen: • Reichweite und Nutzung von PE-Maßnahmen • Unterstützung der Mitarbeiter durch PE-Abteilungen • Systematische Erfassung des Lernbedarfs • Systematische Evaluation von PE-Maßnahmen • Unternehmensstrategische Einbettung der PE
Formalisierung der Kompetenzentwicklung	• Stellenbeschreibung mit Kompetenzmodellen • Zertifizierung von Lernerfolgen
Lernatmosphäre und Unterstützung durch Kollegen	• Gegenseitige Ermutigung und Hilfe • Teilhabe an den Lernerfahrungen der Kollegen • Konstruktiver Umgang mit Kritik

Dimensionen	Inhalte
Lernorientierte Führungsaufgaben	• Die Führungskraft als Vorbild bezüglich Lernens und Kompetenzentwicklung • Übertragung herausfordernder Aufgaben an Mitarbeiter • Vereinbarung von Lern- und Entwicklungszielen mit Mitarbeitern • Regelmäßiges Durchführen von Feedbackgesprächen • Weiterbildungsberatung für Mitarbeiter
Information und Partizipation	• Informationswege und -möglichkeiten bezüglich Weiterbildung • Einflussmöglichkeiten der Mitarbeitenden bei der Gestaltung von Lernen und PE • Lernen durch Rückgriff auf Wissensdatenbanken • Interne Netzwerke für Lernen und Wissensaustausch
Wissensaustausch mit der Umwelt für Zwecke der Kompetenzentwicklung	• Nutzung von Kontakten zu Partnern, Kunden, Lieferanten, Universitäten bzw. Forschungsinstitutionen sowie Beratungsfirmen • Nutzung von Netzwerken
Lern- und Entwicklungsmöglichkeiten im Unternehmen	• Unterschiedliche Lernformen im Unternehmen: mediengestütztes und selbstgesteuertes Lernen, lernförderliche Arbeitsgestaltung etc. • Maßnahmen zur Transfersicherung

Tab. 20: Dimensionen der Lernkultur; Sonntag et al. 2004

Die Analysedimensionen beinhalten auch die Rahmenbedingungen für Lernen (wie z. B. Anreize, Lernmöglichkeiten). Die dargestellte ‚Checkliste' erlaubt eine detaillierte Analyse der Lernkultur einer Organisation. Die Kriterien haben auch heute noch Gültigkeit.

Ein Instrument zur Messung der Lernkultur einer Organisation ist auch das „Lernkulturinventar" (LKI) (Sonntag/Stegmaier 2005).

10.2.2 Reifegrade von Personalprozessen

Beurteilung von Prozessqualität

Schönenberg (2010) entwickelt Kriterien, um die Qualität („Reife") von Prozessen zu beurteilen und Verbesserungsschritte zu bestimmen. Sein Modell lehnt sich eng an prozessorientierte Qualitätsmanagement-Systeme an.

Exkurs: Prozesse in der Personalentwicklung

Ein Prozess ist eine Folge von sachlogisch und zeitlich aufeinander aufbauenden Tätigkeiten, die von Kundenanforderungen ausgehend Inputs in Ergebnisse umwandeln (Schönenberg 2010, 19). Zu unterscheiden sind Managementprozesse (z. B. Personalcontrolling), Supportprozesse (z. B. IT, Administration) und Kernprozesse. Kernprozesse werden als wertschöpfende Prozesse verstanden, d. h. sie generieren einen unmittelbaren Nutzen für die (internen) Kunden. Schönenberg beschreibt insgesamt sechs Kernprozesse im Personalmanagement – von der Rekrutierung bis zur Trennung von Mitarbeitenden. Drei davon betreffen die Personalentwicklung im Sinn dieses Buches: Training und Entwicklung, Talentmanagement sowie in Teilaspekten auch Team- und Organisationsentwicklung.

Prozesse untergliedern sich in Teilprozesse und ihnen zugeordnete Aktivitäten. Folgendes Beispiel zeigt einen möglichen Teilprozess mit entsprechenden Aktivitäten im Talentmanagement (Schönenberg 2010, 31):

Der Teilprozess ‚Potentialkandidaten identifizieren' kann folgende Aktivitäten beinhalten: Kompetenzprofile definieren – Prozess planen – Daten generieren – Auswahlworkshop/Personalkonferenz durchführen – Entscheidung kommunizieren

Die Aktivitäten werden Ausführungszuständigen zugeordnet – das können in der Personalentwicklung je nach Aktivität auch Führungskräfte, die Geschäftsführung, Arbeitnehmervertreter, Externe oder Mitarbeitende selbst sein. Je mehr Teilprozesse/Aktivitäten und verschiedene Zuständige, desto komplexer werden Prozesse.

Reifegrad-Modell von Schönenberg

Prozessqualität bedeutet für Schönenberg, dass Prozesse beherrschbar sind und fehlerfrei ablaufen. Je transparenter und weniger komplex sie sind, desto besser ist dieses Ziel zu erreichen. Das Reifegrad-Modell von Schönenberg liefert keine konkreten Beschreibungen von Soll-Prozessen (‚Wie sollte der Prozess gestaltet sein?'), sondern definiert die Anforderungen an einen Prozess (‚Was ist bei einem Prozess wesentlich?') auf verschiedenen Effizienzstufen (Fähigkeitsgrade oder Reifegrade). Zusätzlich wird beschrieben, welche Schritte notwendig sind, um von einem Reifegrad auf den nächsten zu gelangen.

5 Effizienzstufen

Das Reifegradmodell unterscheidet folgende fünf Effizienzstufen von Prozessen (Schönenberg 2010, 60 ff.):

- **Level 1 – Unvollständige Prozesse:** Hier laufen Prozesse ad hoc ab; sie sind abhängig von der Kompetenz der handelnden Personen und können nicht systematisch reproduziert werden. Zum Beispiel gestaltet jede Führungskraft die Integration neuer Mitarbeitender nach eigenem Ermessen.
- **Level 2 – Strukturierte Prozesse:** Prozesse sind geplant und werden nach festgelegten Grundsätzen und Methoden durchgeführt; diese können allerdings z. B. in verschiedenen Abteilungen unterschiedlich gestaltet sein. Level 2 stellt das Mindestlevel für Prozesse dar.
- **Level 3 – Standardisierte Prozesse:** Auf diesem Level sind Regeln und Programme festgelegt, die für alle vergleichbaren Situationen unabhängig von der ausführenden Person verbindlich sind (z. B. Arbeitsanweisungen, Formblätter, festgelegte Informationspflichten). Systeme sind vereinheitlicht und Prozesse mit hoher Frequenz automatisiert. Standardprozesse sind unternehmensweit etabliert und werden im Zeitablauf optimiert.

- **Level 4 – Quantitativ gesteuerte Prozesse:** Die Prozessqualität wird aus Kunden- und Unternehmensperspektive anhand quantitativer Ziele überprüft. Auf diesem Level messen z. B. Kennzahlen die Effektivität eines Prozesses. Die Qualität der Mitarbeiterintegration wäre z. B. durch die Frühfluktuationsquote messbar.
- **Level 5 – Optimierte Prozesse:** Zusätzlich zur quantitativen Überprüfung wird auch die Zielerreichung überprüft und der Prozess wird kontinuierlich verbessert.

Welchen Reifegrad (Professionalitätsgrad) ein Prozess erreichen soll, ist abhängig von der Häufigkeit des Prozesses, dem (geplanten) Automatisierungsgrad und der Bedeutung des Prozesses für die Unternehmensführung. Personalprozesse müssen demnach weder den höchsten noch einen einheitlichen Reifegrad aufweisen. Schönenberg sieht für den Prozess „Training und Entwicklung" Level 2 ausreichend, für Talentmanagement Level 4 (Schönenberg 2010, 87).

Auswirkungen auf die Rolle der PE

Allerdings wirkt sich der Prozesslevel auf die Rolle aus, die die Personalverantwortlichen in der Organisation einnehmen können. Die folgende beispielhafte Übersicht zeigt die Reifegrade und entsprechenden Rollen für Personalentwicklung und Talentmanagement:

Level und Rolle	Training und Entwicklung	Talentmanagement
Level 1: HR-Administrator	Angebotsorientierte PE, häufig Incentive-Charakter, zyklische Budgets	Ad-hoc-Maßnahmen der Entwicklung von erfolgskritischen Mitarbeiter-Gruppen
Level 2: HR-Manager	PE-Grundsätze intern veröffentlicht, Bedarfserhebung durch Führungskräfte-Befragung, PE-Programme für bestimmte Zielgruppen, Evaluation durch Teilnehmer-Feedback	Strukturierter Prozess zur Identifikation von Talenten, Entwicklungspfade für Führungskräfte mit Fokus auf Nachwuchskräfte
Level 3: HR-Businesspartner	Systematischer PE-Prozess entlang des PE-Zyklus (Entwicklungsgespräche mit allen MA; Entwicklungsmaßnahmen basieren auf Bedarfsanalyse, individueller Lerntransfer)	Unternehmensweiter standardisierter Prozess für Führungskräfte Einheitliches Kompetenzmodell im Unternehmen Individuelle Entwicklungspfade
Level 4: HR-Leader	PE-Qualitätsmanagement implementiert	Systematische Nachfolgeplanung für Führungsfunktionen etabliert Ausweitung des Talentmanagement-Konzepts auf andere erfolgskritische Zielgruppen
Level 5: HR-Strategist	Kompetenzmodell implementiert PE-Budget antizyklisch Messen des ökonomischen Nutzens der Personalentwicklung	Etablierter Talent Pool Entwicklungs- und Bindungsprogramme vernetzt mit anderen HR-Prozessen

Tab. 21: Zusammenhang zwischen Fähigkeitsgraden und Rollen in der Personalentwicklung

Die Übersicht zeigt, dass die in der Personalentwicklung aktuell angestrebte Rolle als Businesspartner (s. Kap. 11.2.2) systematische und standardisierte Prozesse voraussetzt.

10.2.3 Reifegrade in Abhängigkeit von Systematik und Strategiebezug der Personalentwicklung

Diese Modelle gehen davon aus, dass Personalarbeit und Unternehmensentwicklung stets konform gehen müssen. Die von Becker et al. (2009) formulierten Überlegungen werden in neueren Zugängen zu strategischem Personalmanagement aufgegriffen und weitergeführt (Trost 2018, Lebrenz 2017).

Reifegradmodell von Becker et al.

Das Reifegradmodell von Becker et al. (2009) beschreibt drei Reifegrade, die die Personalentwicklung in Organisationen durchlaufen kann: Die Entwicklung verläuft von der **Institutionalisierungs**- über die **Differenzierungs**- zur **Integrationsphase**. Nicht jede Organisation muss allerdings die höchste Entwicklungsstufe anstreben, denn welcher Reifegrad angemessen bzw. notwendig ist, bestimmt sich aus dem Entwicklungsstand der Organisation. Personalentwicklung und Unternehmensentwicklung müssen konform gehen, damit sich Personalentwicklung nicht „von ihrem Auftrag entkoppelt" (Meifert 2013a, 13) und zum Selbstzweck wird. „Ohne genaue Analyse des Reifegrades ist keine an die Unternehmensführung anschlussfähige Personalentwicklung möglich." (Becker 2009, 178)

Unternehmensgenerationen

Die drei Unternehmensgenerationen mit den entsprechenden Personalentwicklungsphasen können wie folgt charakterisiert werden (in Anlehnung an Becker 2009, 2013; Becker et al. 2009):

Generation 1: Traditionale Unternehmen	**Generation 2: Transitionale Unternehmen**	**Generation 3: Transformierte Unternehmen**
Stabile Märkte Klare Strukturen: Funktionale Gliederung mit horizontaler und vertikaler Arbeitsteilung, klare Hierarchie Strukturale Führung: Verfahren und Richtlinien Karriere nach Unternehmenszugehörigkeit	Veränderungsstrategien durch externen Druck oder interne Notwendigkeiten Personale Führung: Orientierung in Richtung Mitarbeitende (Motivation, Transparenz) Orientierung an Zielen	Veränderung wird zur Normalität, kontinuierliche Verbesserung und Innovation Projekt- und Prozessorientierung: neue Formen der Zusammenarbeit Personale Führung: partizipativ-integrativ Strukturale Führung: Sinnvermittlung
Generation 1: Institutionalisierungsphase	**Generation 2: Differenzierungsphase**	**Generation 3: Integrationsphase**

Tab. 22: Reifegrade der Unternehmensführung und der Personalentwicklung

Sozialorganisationen

Viele Sozialorganisationen dürften sich anhand dieser Kriterien zwischen Generation 2 und 3 bewegen. Fachliche Entwicklungen, politische/gesetzliche Einflussfaktoren wie auch geänderte Kundenanforderungen zwingen sowohl zu Einsparungen wie auch zur strategischen Neuausrichtung in vielen Sozialorganisationen.

agile Gestaltungsprinzipien

Auch agile Gestaltungsprinzipien halten in der Sozialwirtschaft Einzug (Bartonitz 2018, Kissel 2018, van Bergen 2016).

Buurtzorg

Beispiel:

Die 2006 in den Niederlanden gegründete Pflegeorganisation Buurtzorg gilt als Referenzmodell für eine agile Organisation in der Betreuung und Pflege. Im Mittelpunkt steht dort eine eigenverantwortliche Gestaltung des Pflegeprozesses in den Teams. Der Informationsfluss wird sehr transparent gestaltet, sodass die Mitarbeitenden dezentral entscheiden können. Die Organisation kommt ohne mittleres Management aus, was beträchtliche Kosteneinsparungen bringt (Bartonitz 2018). Eine solche Organisation entspricht dem Typus des transformierten Unternehmens nach Becker. Die dezentrale Entscheidungsfindung und Organisation benötigt auch eine Entsprechung in der Personalarbeit. Beispielsweise muss bei der Personalsuche und -auswahl stärker auf die kulturelle Passung geachtet werden als auf Wissen und Erfahrungen. Das traditionelle Auswahlgespräch durch die Personalabteilung wird ersetzt durch das Kennenlernen der Personen und der Arbeitsweise im Team. Die Schwerpunkte der Einarbeitung können in den Teams stark variieren – je nachdem, was dort benötigt wird. Auch die notwendige Qualifizierung wird teamspezifisch bestimmt und häufig teambezogen durchgeführt (Bartonitz 2018).

Die drei beschriebenen Stufen der Unternehmensentwicklung korrespondieren mit folgenden drei Reifegraden der Personalentwicklung (Becker et al. 2009):

Institutionalisierungsphase

- In der **Institutionalisierungsphase** liegt die Personalentwicklung je nach Unternehmensgröße in den Händen von Weiterbildungsreferenten, einer Stabsfunktion oder sie wird von Sachbearbeitern miterledigt. Sie bieten punktuell Seminare für die Mitarbeitenden an (Angebotsorientierung), um entweder Leistungsdefizite auszugleichen oder auch als Anreiz oder Belohnung. Entsprechend findet keine systematische Analyse des Entwicklungsbedarfs statt. Die Maßnahmen sind trainerzentriert ausgerichtet, Transfer wird nicht thematisiert. Personalentwickler haben in diesem Verständnis vor allem folgende Rollen (Becker 2009, 706): Trainer in Seminaren, Entwickler von Trainings und Trainingsunterlagen, Verwalter und Bewerter von Trainingsmaßnahmen.

Differenzierungsphase

- In der **Differenzierungsphase** erfolgt Qualifizierung bereits entlang des Funktionszyklus: Es werden Lernangebote auf Basis einer systematischen Bedarfserhebung zwischen Vorgesetzten und Mitarbeitenden entwickelt und die Wirksamkeit der Maßnahmen überprüft. Auch wenn Lernen in dieser Phase noch weitgehend getrennt vom Arbeitsplatz organisiert ist (off-the-job/near-the-job), wird der Transfer in das Arbeitsumfeld gezielt unterstützt. Neben der Fortbildung geht es auch um die Förderung einzelner Mitarbeitender. In der transitionalen Phase fungieren Personalentwickler in erster Linie als Begleiter, Moderator und methodischer Gestalter von Veränderungsprozessen (Becker 2009, 706).

Integrationsphase

- In der **Integrationsphase** sind Lern- und Arbeitsplatz verbunden. Probleme, die sich im Arbeitsprozess stellen, werden zum Auslöser für Lernprozesse. Entsprechend bezieht sich Personalentwicklung nicht nur auf Einzelpersonen, sondern Teams bzw. Abteilungen erarbeiten gemeinsam die zu bearbeitenden Problemstellungen. Personalentwicklung schöpft das gesamte Methodenspektrum aus und berücksichtigt dabei auch Maßnahmen zur Organisationsentwicklung. Ihr kommt dabei die Rolle der Methodenberatung und Prozessbegleitung zu. Lernen und Arbeiten sind weitgehend integriert. Neben der Lernerfolgskontrolle am Arbeitsplatz ist auch ein Personalentwicklungscontrolling installiert. Des Weiteren charakterisiert diese Phase eine Orientierung an der Unternehmensstrategie und am Leitbild bzw. der Unternehmenskultur.

Passungsgedanke

In der neueren Literatur findet sich dieser ‚Passungsgedanke' u. a. auch bei Trost (2018). Er beschreibt ebenfalls Phasen der Unternehmensentwicklung. Sie verläuft von der Gründung über die Implementierung von Strukturen und Regeln bis zu strategischen Managementsystemen. Er geht aber davon aus, dass Unternehmen im Verlauf der Phasen zwei entgegengesetzte Richtungen einschlagen können: Hierarchie und Stabilität oder Agilität und Vernetzung (Trost 2018, 10 ff.).

Entsprechend unterscheidet Trost zwei mit diesen Richtungen korrespondierende ‚HR-Spielarten':

hierarchisch, institutionalisiert

- „Zentrale Planung und Steuerung" beschreibt ein Personalmanagement mit stark institutionalisiertem, hierarchischem Charakter (‚Personalplanwirtschaft').

mitarbeiterzentriert

- Die „mitarbeiterzentrierte Befähigung" ist mit einem agilen Organisationsverständnis kompatibel.

Diese HR-Spielarten ziehen sich wie ein roter Faden durch alle Felder der Personalarbeit. Lebrenz (2017, 86) spricht von der HR-Architektur als „Strukturierungshilfe für die einzelnen Instrumente" bzw. als „grundlegenden Rahmen (...), der es ermöglicht, die einzelnen Instrumente auszuwählen und zu koordinieren".

Für Lernen und Entwicklung der Mitarbeitenden bedeutet das beispielsweise:

‚Institutionalisierung und Hierarchie'	‚Mitarbeiterzentrierte Befähigung'
Aufgabensicherheit und Stabiltiät	Unsicherheit und Agilität
Vorgegebene Lernbedarfe	Reflektierte Lernbedarfe
Lernen durch vorgegebene Anforderungen ausgelöst	Lernen durch Relevanz ausgelöst
Lernen als individueller Prozess	Lernen als Prozess in Teams
Geplantes Lernen	Spontanes Lernen
Lernen erfolgt außerhalb der Arbeit (Seminar)	Lernen und Arbeiten sind verbunden
Lernen auf Vorrat	Lernen nach Bedarf
Formelles Lernen	Informelles Lernen
Lernen von Lehrern	Lernen von anderen
Lernen durch Beibringen	Lernen durch Ausprobieren

Tab. 23: Mögliche Grundausrichtungen von Lernen und Entwicklung, in Anlehnung an Trost 2018, 205

10.2.4 Zusammenfassende Einschätzung zum Professionalisierungsgrad der Personalentwicklung in der Sozialwirtschaft

Ebenso schwierig wie über ‚die Sozialwirtschaft' zu schreiben ist es, ‚die Personalentwicklung in der Sozialwirtschaft' verallgemeinernd einzuschätzen. Dennoch wird in diesem Kapitel versucht, einige Thesen zu formulieren, die sich auf die Literatur wie auch auf Praxiseinblicke in verschiedenste Sozialorganisationen stützen. Die Thesen lehnen sich an die Kriterien an, die in den letzten Kapiteln beschrieben wurden.

- Durchgängig ist ein **hohes Bewusstsein für die Bedeutung der Personalentwicklung** in den Organisationen erkennbar – und zwar auf allen Hierarchieebenen.
- Die **Prioritäten** und **Angebote** der Personalentwicklung sind in vielen Einrichtungen eher **an den Bedürfnissen der Mitarbeitenden** als an den Notwendigkeiten der Organisation ausgerichtet.
- Die Personalentwicklung hat ihr **Selbstverständnis** und die Prioritäten noch **nicht an die neue Veränderungsdynamik angepasst,** die in vielen Bereichen der Sozialwirtschaft Einzug gehalten hat. Möglicherweise wird der Zusammenhang zwischen Unternehmensentwicklung und Personalentwicklung (noch) zu wenig gesehen.
- **Problemdruck** zwingt kleinere Einrichtungen zur **Institutionalisierung** (für Personalentwicklung zuständige Person, häufig als Zusatzaufgabe) und **Professionalisierung** der Personalentwicklung (Entwicklung von Standards). In vielen großen Einrichtungen wird die Personalarbeit/Personalentwicklung aus den gleichen Gründen neu ausgerichtet.
- Die **Führungskräfte** nehmen vor allem in kleineren Einrichtungen viele Personalentwicklungsaufgaben wahr, **stoßen aber an ihre Grenzen** mangels Zeit, Know-how und Unterstützung.
- Idente **Aufgaben** werden in einzelnen Unternehmensbereichen **unterschiedlich wahrgenommen** und mit unterschiedlichen Hilfsmitteln (Dokumente, Checklisten ...) abgewickelt (z. B. die Integration neuer Mitarbeitender). Die **Prozesse** sind nicht beschrieben/standardisiert und werden kaum auf Effektivität und Effizienz überprüft.
- Die eingesetzten **Instrumente** sind untereinander **wenig abgestimmt** und verknüpft. Mögliche Synergien zwischen den Instrumenten werden daher nicht genutzt (z. B. Abstimmung zwischen Mitarbeitergespräch und Bildungsplanung).
- Zur **Integration neuer Mitarbeitender** stehen häufig unterstützende Instrumente (z. B. Checklisten, Einarbeitungspläne) zur Verfügung, sie wird aber dennoch häufig vernachlässigt. Möglicherweise wird die Bedeutung unterschätzt.
- Die **laufende Qualifizierung** wird als Notwendigkeit für alle Mitarbeitenden erkannt und auch gewünscht. **Ausbaufähig** sind vor allem die **Bedarfsanalyse** und die Unterstützung des **Lerntransfers**. Die Entscheidung über Fortbildungen wird vielfach den Mitarbeitenden überlassen. Damit geben Führungskräfte die Steuerung aus der Hand – sowohl was die Schwerpunkte als auch die Fortbildungsbeteiligung betrifft. Der Lerntransfer beschränkt sich darauf, dass für die anderen berichtet wird oder Materialien verfügbar sind.

- Die klassischen **Seminarformate** werden in der Sozialwirtschaft **durch weitere Lernsettings ergänzt;** vor allem Supervision und kollegiale Beratung werden zur Qualitätssicherung genutzt. Allerdings wird das Spektrum an Methoden bei Weitem nicht ausgeschöpft. Das Bewusstsein für arbeitsplatznahe Lernformen ist (noch) gering ausgeprägt, leicht zu realisierende Lerngelegenheiten werden übersehen (z. B. der fachliche Austausch bei Teambesprechungen). Bei einigen Trägern wird jedoch bereits mit ‚agilen Lernformaten' experimentiert.
- Die **Führungskräfte** in der Sozialwirtschaft sind bemüht, ihre Mitarbeitenden **zu fördern,** nicht immer werden aber die Möglichkeiten dazu erkannt. Sie haben bei ihrem Bemühen auch wenig Unterstützung durch ein systematisches Talentmanagement.
- Der **Übergang in den Ruhestand** ist als Personalentwicklungsthema weitgehend **unbekannt,** hat aber in einigen Bereichen der Sozialwirtschaft ein hohes Potenzial.

Nach dieser groben – und auch subjektiven – Einschätzung zum Ausbaustand von Personalentwicklung in der Sozialwirtschaft werden in den nächsten Kapiteln drei wesentliche Gestaltungsaspekte mit Relevanz für eine professionelle Personalentwicklung vertieft dargestellt.

- **Strategische Personalentwicklung** ist die Klammer über einzelne Aufgabenfelder, Prozesse und Instrumente und stellt den Bezug zu den übergeordneten Zielen der Organisation sicher. In Kap. 11 wird geklärt, was unter strategisch orientierter Personalentwicklung zu verstehen ist und wie eine Personalentwicklungsstrategie erarbeitet werden kann. Üblicherweise wird sie in einem Personalentwicklungskonzept festgehalten, das Orientierung für alle Beteiligten gibt. Damit das Konzept wirksam umgesetzt werden kann, bedarf es darüber hinaus eines klaren Rollenverständnisses der Personalentwicklung.
- In der neueren Literatur wird ein Paradigmenwechsel in Bezug auf Lernen diskutiert, der durch die **Kompetenzorientierung der Personalentwicklung, agile Organisationsprinzipien und die Digitalisierung** vorangetrieben wird. Diese Zusammenhänge werden in Kap. 12.1 erläutert, außerdem werden neben einem systematischen Überblick über die Entwicklung neuer Lernformen neue Lernformate mit und ohne digitale Unterstützung vorgestellt.
- **Kompetenzmodelle** werden in der Literatur als wichtiger Beitrag zu einer integrierten, systematischen und strategiegeleiteten Personalentwicklung diskutiert. Kap. 12.2 beschreibt, was unter Kompetenzen zu verstehen ist, wie ein Kompetenzmanagementsystem entwickelt wird und wie es verwendet werden kann.

11. Strategisch orientierte Personalentwicklung

Die in Kap. 10 beschriebenen Reifegradmodelle haben gezeigt, dass ein zentrales Merkmal zeitgemäßer Personalentwicklung ein systematisches, integriertes und strategisches Vorgehen ist. Es liegt dann vor, wenn Maßnahmen planvoll und aufeinander bezogen umgesetzt werden und sich an den strategischen Zielen der Organisation ausrichten. Letztere stecken daher den groben Zielhorizont der Personalentwicklung ab. Personalentwicklung muss aus betriebswirtschaftlicher Sicht einen Mehrwert generieren und zum Unternehmenserfolg beitragen.

11.1 Die Personalentwicklungsstrategie

> „Die Personalentwicklungsstrategie dient dazu, die Leitplanken für die Ausgestaltung der PE in der Organisation zu definieren. Hauptfokus ist dabei die organisationsspezifische Ausgestaltung der Ziele der Personalentwicklung und die Darstellung des entsprechenden Beitrages zum Unternehmenserfolg." (Hölzle 2013, 77)

Tun wir das Richtige?

Eine Personalentwicklungsstrategie hilft den Verantwortlichen, die Personalentwicklungsaktivitäten daran auszurichten, was die Organisation wirklich benötigt, und nicht an dem, was immer getan wurde, was andere tun oder was im Trend liegt. Die schwierige Personalsituation veranlasst Sozialorganisationen derzeit, ihre Personalarbeit zu professionalisieren. In diesem Zusammenhang bietet es sich an, nicht nur einzelne Instrumente und Prozesse zu überdenken und weiterzuentwickeln, sondern auch die Aktivitäten insgesamt zu überprüfen – im Sinne von „Tun wir das Richtige?" Aber auch beim Aufbau der Personalentwicklung, die vor allem kleinere Einrichtungen beschäftigt, ist es hilfreich, zunächst Klarheit darüber herzustellen, was die Organisation derzeit und künftig bei der Umsetzung ihrer Ziele benötigt und was zur Organisation passt.

Teilstrategie

Wie in den folgenden Kapiteln deutlich wird, ist eine Personalentwicklungsstrategie im Sinne dieses Buches als Teilstrategie (sog. „Funktionalstrategie") im Rahmen einer übergeordneten Personalstrategie zu sehen. Auch in der Sozialwirtschaft ist für die Erstellung einer Personal(entwicklungs)strategie ein fundiertes Verständnis für Kernprozesse, Kunden, das Geschäftsumfeld und relevante Trends grundlegend. „Es muss klar sein, wie HR den Prozess der Wertschöpfung oder der Auftragserfüllung durch mitarbeiterbezogene Aktivitäten bestmöglich unterstützen kann und welche Herausforderungen in den nächsten Jahren zu erwarten sind." (Bointner 2013, 111) Die Mitarbeiterperspektive geht dabei nicht verloren, sie fließt in beiden Entwicklungsphasen in die strategischen Schwerpunkte selbst bzw. in die konkrete Ausgestaltung mit ein, steht jedoch nicht an oberster Stelle.

Als Teil der übergeordneten Personalstrategie umfasst eine Personalentwicklungsstrategie folgende drei Teile (Hölzle 2013, analog auch Trost 2018, Lebrenz 2017, Meifert 2013b):

People Strategy

- Die **People Strategy** beantwortet die Frage, **was** erreicht werden soll. Ausgangspunkt sind die längerfristigen (drei/fünf/zehn Jahre) Ziele, die eine Organisation in Bezug auf ihre Belegschaft verfolgt. Dabei geht es sowohl um quantitative (Mitarbeiterzahl) als auch um qualitative Ziele (Kompetenzanforderungen). Zusätzlich können auch interne Ziele für die Personalentwicklung festgelegt werden, z. B. hinsichtlich der internen Organisation oder bezogen auf Optimierungspotenziale.

Funktionalstrategie

- Die **Funktionalstrategie** der Personalentwicklung beschreibt, **womit** die Ziele erreicht werden sollen. Sie bestimmt, wie die Personalentwicklungsarbeit organisiert wird, um möglichst effizient die strategischen Ziele zu erreichen: die verfolgten Zielfelder, entsprechende Maßnahmen, Kernprozesse und das Selbstverständnis von Personalentwicklung in der Organisation werden festgelegt.

Businessplan

- Der **Businessplan** Personalentwicklung beschreibt, **wie** die Umsetzung erfolgt. Er plant die Aktivitäten für die einzelnen Kundengruppen, die Aufgabenverteilung und den dafür notwendigen Ressourceneinsatz.

Erarbeitungsphasen

Damit eine Personalentwicklungsstrategie gut im Unternehmen verankert ist, wird sie in Schritten erarbeitet. Becker unterscheidet zwischen Analysephase, Konzeptphase und Umsetzungsphase (Becker 2013, 186 ff.). Hölzle (2013) differenziert zwischen Ist-Analyse, Analyse der übergeordneten Strategien und Strategieentwicklung.

In den folgenden Kapiteln wird die Erarbeitung in zwei Schritten dargestellt: Zunächst wird ein Grobkonzept erarbeitet, das von der Geschäftsleitung freigegeben wird. Auf dieser Basis erfolgt die Ausarbeitung des Feinkonzepts als ‚Fahrplan' für die konkrete Umsetzung.

11.1.1 Der Weg zu einem Grobkonzept

Basierend auf Ist-Analyse

Das Grobkonzept basiert auf einer Analyse der Ausgangslage (Ist-Analyse) in der Organisation und leitet daraus die wesentlichen Handlungsfelder für die Personalarbeit – und damit auch für die Personalentwicklung – ab. Eine Personalentwicklungsstrategie wird als Teil einer umfassenden Personalstrategie begriffen und in Unternehmen mit dieser mitentwickelt. Die ersten Schritte zur Entwicklung des Grobkonzepts beziehen sich daher noch nicht explizit auf Personalentwicklung, sondern analysieren zunächst sehr breit die Rahmenbedingungen und personalbezogenen Anforderungen der Organisation. In vielen Organisationen kann auf keine explizite Personalstrategie zurückgegriffen werden, daher beginnt die Entwicklung einer Personalentwicklungsstrategie mit der nachfolgend beschriebenen Ist-Analyse, um eine gute Passung der Personalentwicklungsaktivitäten mit den Notwendigkeiten der Organisation sicherzustellen.

vertikaler fit

Die folgende Abbildung zeigt, dass zunächst eine Analyse relevanter Einflussfaktoren durchgeführt wird, um die strategischen Herausforderungen für die Organisation zu identifizieren und daraus Notwendigkeiten und relevante Handlungsfelder (sog. Schlüsselthemen) für die Personalentwicklung abzuleiten. Darin besteht die Aufgabe eines Grobkonzepts. Es stellt somit die Abstimmung der Personalentwicklungsstrategie mit der Unternehmensstrategie und den Rahmenbedingungen sicher, was in der Literatur als „vertikaler fit" bezeichnet wird (z. B. Lebrenz 2017).

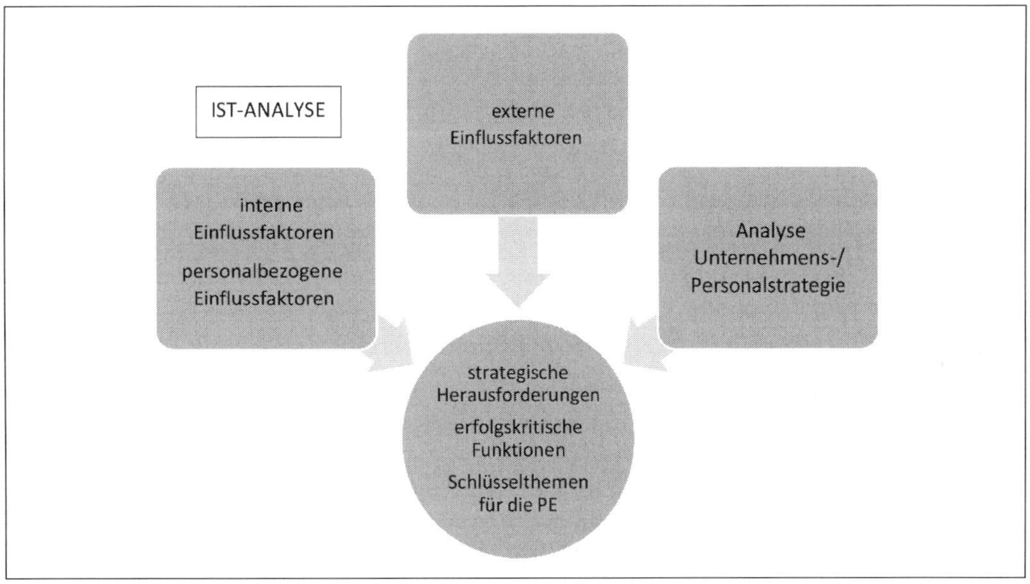

Abb. 19: Einflussfaktoren und Schritte zu einem Grobkonzept der PE-Strategie

11.1.1.1 Ist-Analyse der internen und externen Einflussfaktoren

Rahmenbedingungen

Wie Abb. 19 zeigt, ergeben sich die strategischen Herausforderungen aus externen Einflussfaktoren und Entwicklungen im Unternehmen selbst. Dazu gehören vor allem die strukturellen/kulturellen Rahmenbedingungen sowie die Merkmale des bestehenden Personals. Das bestehende Personal ist eine wichtige interne Rahmenbedingung, denn es handelt sich um die Zielgruppen der Personalentwicklung, auf die die Schwerpunkte zugeschnitten werden.

Handlungsnotwendigkeiten

Einflussfaktoren

Aus der Personalstruktur können spezielle Handlungsnotwendigkeiten entstehen: Wenn z. B. viele Pensionierungen anstehen, muss sich Personalentwicklung mit dem Generationenwechsel, mit dem Wissensübergang und der Integration neuer Mitarbeitender beschäftigen. Daher ist es wichtig, möglichst viele Informationen über die einzelnen Funktionen bzw. Mitarbeitergruppen zu haben (Hölzle 2010, 87). In der folgenden Tabelle sind beispielhaft interne und externe Einflussfaktoren für sozialwirtschaftliche Organisationen dargestellt:

Interne Einflussfaktoren	Personalbezogene Einflussfaktoren	Externe Einflussfaktoren
Größe der Organisation	Altersstruktur, anstehende Pensionierungen	Kundenerwartungen, Kundenmerkmale
Unternehmenskultur/ Lernkultur	Qualifikationsniveau/ Berufsgruppen Zusatzausbildungen	Fachliche Entwicklungen

Interne Einflussfaktoren	Personalbezogene Einflussfaktoren	Externe Einflussfaktoren
Informationsgrundlagen/ Personalinformationssystem	Arbeitseinstellung	Arbeitsmarkt: Absolventenzahlen
Interne Organisation: Aufbau, Prozesse der Organisation insgesamt bzw. der einzelnen Bereiche (z. B. Betreuungsmodelle)	Arbeitszufriedenheit	Ausbildungs- und berufsrechtliche Regelungen
Wirtschaftliche Situation	Betriebszugehörigkeit, Fluktuation	Arbeitsrecht, Kollektivverträge
Kompetenzen und Ressourcen der Personalabteilung/ Personalentwicklung/ bestehende Instrumente, Systeme		Politische Entscheidungen, öffentliche Budgets

Tab. 24: Mögliche interne und externe Einflussfaktoren auf Personalstrategien in der Sozialwirtschaft

Durch die Analyse der internen bzw. externen Rahmenbedingungen und des bestehenden Personals zeichnet sich bereits ein erstes Bild hinsichtlich Anforderungen an die Personalentwicklung ab.

11.1.1.2 Analyse der übergeordneten Strategien

Strategische Analyse

Ein weiterer wesentlicher Einflussfaktor ist die Unternehmensstrategie bzw. eine bereits daraus abgeleitete Personalstrategie. Fehlen diese Inputs (teilweise) – wie dies in der Praxis häufig der Fall ist –, werden die Informationen in Gesprächen mit dem Management generiert (Hölzle 2013, 88 ff.).

Damit eine Personalentwicklungsstrategie gut in der Organisation verankert ist, werden schon bei der Erarbeitung des Grobkonzepts die einzelnen Unternehmensbereiche miteinbezogen. In kleineren Organisationen können die strategischen Ziele und relevanten Rahmenbedingungen in einem Workshop mit den Verantwortlichen der verschiedenen Unternehmensbereiche entwickelt werden. In größeren bietet sich dazu eine Arbeitsgruppe – eventuell auch mit externer Begleitung – unter der Koordination der Personal(entwicklungs)-Verantwortlichen an (Becker 2013, Rohrschneider 2011b).

11.1.2 Ergebnisse der Analyse – Inhalte eines Grobkonzepts

personalrelevante strategische Herausforderungen

Die strategische Analyse sowie die Ist-Analyse der Einflussfaktoren münden in die personalrelevanten strategischen Herausforderungen. Sie beschreiben, was künftig getan werden muss (Trost 2018, Hölzle 2013, Rohrschneider 2011b), wobei noch offenbleibt, ob und inwiefern die Personalentwicklung davon betroffen ist. Die Herausforderungen können sich z. B. bei größeren Organisationen je nach Geschäftsbereich unterscheiden.

Beispiel:

Ein freier Wohlfahrtsträger im Bereich Altenarbeit betreibt sowohl Alten- und Pflegeheime als auch ambulante Dienste. Für die beiden Bereiche wurden sowohl gemeinsame als auch unterschiedliche personalrelevante strategische Herausforderungen identifiziert:

Stationärer Bereich	Ambulanter Bereich
Decken des Personalbedarfs für Fachpersonal	
Gestalten des Generationenübergangs	
Umgang mit Budgetkürzungen	
Sozialraumorientierte Gestaltung der Angebote	Steigende Flexibilitätsanforderungen seitens der Kunden
Erschließen weiterer Geschäftsfelder und Entwickeln neuer Geschäftsmodelle	Vorbereitung auf weitere Digitalisierungsschritte

Feststellen der erfolgskritischen Funktionen

Gleichzeitig werden sog. erfolgskritische Funktionen für die Umsetzung der Strategie erarbeitet. Das sind einerseits **Schlüsselfunktionen**, die bedeutsam für die Bearbeitung der identifizierten Herausforderungen sind, es können andererseits auch **Engpassfunktionen** sein, die in großer Zahl benötigt werden, aber am Arbeitsmarkt schwer verfügbar sind (Trost 2018, 3). Bezogen auf das Beispiel wäre zu spezifizieren, für welches Fachpersonal konkret Bedarf bestehen wird, welche Berufsgruppen bei der Digitalisierung besonders wesentlich sind oder welche Gruppen der Generationenübergang betrifft.

Eine Personalentwicklungsstrategie kann auf diese Ergebnisse aufbauen und bei der Ausgestaltung der Schlüsselthemen der Personalentwicklung ansetzen.

Ausgestaltung der Schlüsselthemen

Meist bestehen für die Lösung der Herausforderungen mehrere Optionen: Der Personalbedarf kann z. B. sowohl durch Rekrutierung, durch Weiterqualifizierung, durch Veränderung der Beschäftigungsverhältnisse, Ausweiten des Einsatzes Freiwilliger oder durch eine Weiterbeschäftigung im Ruhestand gedeckt werden.

Die Schlüsselthemen für die Personalentwicklung sind als unternehmensspezifische Antwort auf die identifizierten Herausforderungen zu verstehen. Sie beschreiben, welche Optionen in der jeweiligen Organisation als besonders geeignet bzw. wirksam für die Problemlösung erachtet werden (Trost 2018, 54 ff.). Eine Sozialeinrichtung könnte z. B. auf die problematische Arbeitsmarktsituation bei Fachkräften auch mit einer Kombination aus Weiterqualifizierung bestehender Mitarbeiter, Freiwilligeneinsatz und Weiterbeschäftigung im Ruhestand antworten. Die Entscheidung hängt von den wahrgenommenen Möglichkeiten und Chancen der einzelnen Organisation ab.

11.1.3 Freigabe des Grobkonzepts

Das Grobkonzept ist Produkt der beschriebenen Entwicklungsschritte und enthält Ziele/Zielgruppen und Nutzen („People Strategy"), wesentliche Handlungsfelder (Schlüsselthemen) für die Personalentwicklung und eine grobe Kostenschätzung (Rohrschneider 2011b, 64 ff.).

Kosten, Budget

Das Budget stellt gerade in der Sozialwirtschaft eine wesentliche Umsetzungsrestriktion dar. Das Grobkonzept liefert für die Geschäftsführung einen Anhaltspunkt zu den Kosten, um den Rahmen des Möglichen zu verhandeln bzw. auch Prioritäten zu setzen. In den weiteren Schritten ist dann zu klären, aus welchen Budgets (Fachbereiche, Personalentwicklung) Maßnahmen finanziert werden bzw. liegt es an den Personalentwicklungsverantwortlichen, kreative Lösungen für die Bearbeitung der Themen zu finden (Rohrschneider 2011b).

Bevor ein Feinkonzept ausgearbeitet und präsentiert wird, ist es wichtig, dass ein Grobkonzept von der Geschäftsleitung freigegeben bzw. der Auftrag zur Weiterarbeit gegeben wird.

11.1.4 Entwicklung des Feinkonzepts

Abstimmung, horizontaler fit

In der Feinplanung werden die einzelnen Schlüsselthemen so ausgestaltet, dass sie mit den Rahmenbedingungen im Unternehmen (z. B. Kultur, bestehende Instrumente, Problembewusstsein der Führungskräfte) sowie auch untereinander gut kompatibel sind. Dabei geht es darum, den sog. „horizontalen fit" herzustellen, also eine Abstimmung der Instrumente untereinander, damit sie sich in ihrer Wirkung unterstützen. Eine solche Abstimmung kann z. B. durch ein Kompetenzmodell (s. Kap. 12.2) unterstützt werden.

Bei der Feinplanung sollte auch die betriebliche Arbeitnehmervertretung miteinbezogen werden, um auch von dieser Seite Rückhalt für das Vorhaben sicherzustellen (Rohrschneider 2011b, Becker 2013).

Inhalte

Im Feinkonzept können folgende Punkte festgelegt werden (Hölzle 2013, Eckel 2013, Rohrschneider 2011a, b):

- **Kernprozesse und Prozesslandkarte:** Beschreiben der Kernprozesse, Teilprozesse und Aktivitäten
- **Leistungs-/Produktportfolio** in Form eines Leistungskatalogs (u. a. auch für die Kommunikation mit den Führungskräften unterstützend)
- **Geschäftsmodell:** Dabei geht es um die Frage, ob Prozesse eher zentral oder dezentral in den Fachabteilungen durchgeführt werden. Dabei sind verschiedene Möglichkeiten denkbar: von einer zentralen Ausführung durch die Personalentwicklung über eine dezentrale Ausführung nach einheitlichen Standards bis zur dezentralen Ausführung ohne Beteiligung der zentralen Personalentwicklung.

- **Businessplan und Umsetzungsplanung:** Darin wird eine Priorisierung von Maßnahmen für einen bestimmten Zeithorizont (zwei bis fünf Jahre) nach Nutzen und Umsetzbarkeit (Aufwand, Budget) vorgenommen. Das Umsetzungsportfolio sollte auch ‚Leuchtturmprojekte' und ‚Quick-Wins' enthalten. Leuchtturmprojekte zeigen relativ zeitnah Erfolge und demonstrieren positive Auswirkungen der gesetzten Maßnahmen. Quick-Wins sind Maßnahmen, die ohne großen Aufwand einen spürbaren Mehrwert erzeugen.

Die Ergebnisse der beiden Arbeitsschritte (Grob- und Feinkonzept) sind üblicherweise Bestandteile eines Personalentwicklungskonzepts. Es beschreibt zusammenfassend die Ziele, Handlungsfelder, Prozesse und Instrumente, die Verantwortung und Ressourcen der Personalentwicklung. Eine eigene Strategieentwicklung und ein darauf aufbauendes Personalentwicklungskonzept sichern die Eigenständigkeit und Unabhängigkeit der Personalentwicklung. Das Konzept antwortet auf die Herausforderungen der Organisation mit eigenen Entscheidungen und Schwerpunktsetzungen (Becker 2013). Die genauen Inhalte werden im folgenden Kapitel beschrieben.

11.2 Unterstützende Faktoren für die Umsetzung strategischer Personalentwicklung

Chancen

Die PE-Strategie bietet durch die enge Orientierung an den Unternehmenszielen folgende Chancen für die Personalentwicklung:

- stärkere Unterstützung und Rückhalt der Personalentwicklung durch die Geschäftsleitung
- bessere Durchsetzungskraft für Maßnahmen und Projekte
- klare Prioritätensetzung der PE-Arbeit und gezielter Ressourceneinsatz
- klare Positionierung der Personalentwicklung in der Organisation
- höhere Wertschätzung, da der Beitrag zur Verbesserung der Unternehmensleistung erkennbar wird

Hürden

In der Praxis trifft die Umsetzung üblicherweise auf zahlreiche Hürden, wenn etwa die Prioritäten im Tagesgeschäft untergehen, ‚laut rufende Kunden' Priorität erhalten, die Mittel oder personellen Ressourcen nicht ausreichen, die Mitarbeitenden bzw. Führungskräfte keine unmittelbaren Auswirkungen spüren, die Umsetzung mit Aufwand für die Führungskräfte verbunden ist oder Ängste bei Mitarbeitenden hervorruft (Hölzle 2013, 101 f., Bointner 2013, 125).

Diese Stolpersteine zeigen, dass auch in der Umsetzung gut begleitet werden muss, z. B. durch intensive Kommunikation oder Qualifizierung der Verantwortlichen.

Unterstützung

Folgende Faktoren unterstützen die Personalentwicklung bei der Umsetzung ihrer strategischen Vorhaben:

- ein schriftlich ausformuliertes Personalentwicklungskonzept
- ein klares Rollenverständnis und eine entsprechende Organisation der Personalentwicklung
- eine aktive Beziehungsgestaltung zur Geschäftsleitung und zu den Fachbereichen
- die interne Vermarktung der Personalentwicklungsaktivitäten
- ein auf die Strategie abgestimmtes Bildungscontrolling

11.2.1 Das Personalentwicklungskonzept als Kommunikations- und Übersetzungswerkzeug

Verschriftlichung als Fundament

Ein Personalentwicklungskonzept enthält allgemeine Aussagen zur Personalentwicklung in einer Organisation, es benennt aber auch die konkreten Dienstleistungsfelder mit entsprechenden Prozessen, Instrumenten und Zuständigkeiten. Häufig werden in einem weiteren Teil auch Aussagen über die Umsetzung, Evaluierung und Weiterentwicklung des Konzepts gemacht (Bointner 2013). Es gibt Orientierung über die Basisausrichtung der Personalentwicklung und beschreibt Rechte bzw. Pflichten der Beteiligten. Es stellt die Grundlage für konkrete Realisierungsschritte und somit auch ein ‚Übersetzungswerkzeug' dar (Becker 2013, 188, Bointner 2013, 113).

> „Das PE-Konzept ist das normative Fundament, die legitimierende Grundlage für Bildung, Förderung und Organisationsentwicklung. Es bestimmt die Verantwortlichkeit, die Inhalte, Methoden, die Adressaten und die Finanzierung der Personalentwicklung, es informiert über Rechte und Pflichten." (Becker 2013, 188)

Ein verschriftlichtes Personalentwicklungskonzept sorgt einerseits dafür, dass die Personalentwicklung selbst im Alltagsgeschäft systematisch und mit engem Bezug zu den strategischen Anforderungen der Organisation agiert. Es gibt andererseits Orientierung in Richtung Geschäftsleitung und Führungskräfte und dient diesen Stakeholdern gegenüber als Kommunikationsinstrument.

Die folgende Tabelle zeigt, was in einem solchen Konzept beschrieben sein kann (Becker 2013, 188; Rohrschneider 2011a, 24 f., Bointner 2013, 116 f.; Hölzle 3013, 90 ff.). In der Praxis enthalten Personalentwicklungskonzepte häufig nicht alle Punkte bzw. werden sie unter anderen Begriffen zusammengefasst, z. B. in Form von Grundsätzen oder Leitlinien zur Personalentwicklung.

Beispielsformulierungen

Grundlegende Aussagen zur Personalentwicklung	Beispiele
Vision: Sie formuliert die Leitidee und stellt in einem kurzen Satz dar, worauf das Handeln der Personalentwicklung ausgerichtet ist.	„Personalentwicklung begleitet alle Mitarbeitenden von ihrem Eintritt bis zum Austritt aus dem Unternehmen."
Mission: Sie beschreibt das Leistungsversprechen, indem der Auftrag, das Oberziel oder der Wertschöpfungsbeitrag benannt werden. Die Mission wird üblicherweise durch Formulierungen wie „Wir liefern ...", „Wir leisten ...", „Unser oberstes Ziel ist ...", „Wir sorgen für ..." o. Ä. eingeleitet. Es ist sinnvoll, die Grundlagen für eine Vision/Mission im Zuge des Grobkonzeptes gemeinsam mit den Führungskräften zu erarbeiten und anschließend auszuformulieren.	„Wir tragen zum Unternehmenserfolg bei, indem wir unsere Mitarbeiterstruktur und die Qualifikationen unserer Mitarbeiter vorausschauend an den strategischen Anforderungen des Unternehmens ausrichten."

Grundlegende Aussagen zur Personalentwicklung	Beispiele
Rollenverständnis: Das Rollenverständnis hängt eng mit Vision/Mission, aber auch mit dem Grundverständnis von Personalentwicklung zusammen. Es gibt den Adressaten eine erste Orientierung, was sie von der Personalentwicklung erwarten können und was nicht (Leistungsversprechen). Folgende Rollen werden in der Literatur beschrieben (Hölzle 2013, 93 f.; Becker 2013, 844 ff.): • Dienstleister • Berater • Moderator • Experte • Spezialist • Change Agent/Veränderungskatalysator • Geschäftspartner • Führungsexperte • Interkultureller Förderer	Rollenbeschreibung mit Blick auf Führungskräfte als „interne Kunden“: „Wir unterstützen die Führungskräfte beim Erreichen ihrer Ziele, indem wir • sie und ihre Mitarbeitenden beim Kompetenzaufbau beraten, • sie bei Veränderungsvorhaben beraten und diese begleiten, • als neutrale Instanz bei Konflikten den Interessensausgleich fördern.“
Grundverständnis von Personalentwicklung	„Wir verstehen unter Personalentwicklung sämtliche Entwicklungsmaßnahmen, die für alle Mitarbeitenden während der gesamten Verweildauer im Unternehmen zum Aufbau, zur Erhaltung und Förderung ihrer Fähigkeiten und zur Entwicklung ihrer Potenziale beitragen.“
Allgemeine Beschreibung von Verantwortung, Rechten und Pflichten	„Personalentwicklung ist eine nicht delegierbare Führungsaufgabe aller Vorgesetzten.“ „Die für die Leistungserstellung notwendige Fort- und Weiterbildung erfolgt während der Arbeitszeit.“
Inhalte/Dienstleistungsfelder, dazu gehörende Prozesse und Instrumente: Das sind jene Aufgabenbereiche, in denen Personalentwicklung aktiv wird (z. B. Lehrlingsausbildung, Onboarding/Einarbeitung, Nachfolgeplanung, Mitarbeiterbeurteilung, Konfliktbearbeitung ...). Zur Übersicht über die Dienstleistungsfelder, Produkte, Prozesse und Instrumente ist die Erstellung einer sog. Prozesslandkarte hilfreich, da sie die einzelnen Handlungsfelder und Instrumente benennt.	Beispiel: Übergangsmanagement Instrumente: • Perspektivengespräch • Orientierungsworkshop • Wissenstandems • Austrittsgespräch

Tab. 25: Mögliche Inhalte eines PE-Konzepts (ohne Umsetzungsplanung)

11.2.2 Rollenklarheit und interne Organisation der Personalentwicklung

Rolle von Personalentwicklern

Rollen entwickeln sich durch Erwartungen von Bezugsgruppen, aber auch durch die eigene Ausbildung/Sozialisation – das gilt auch für die Rolle von Personalentwicklern. Becker beschreibt ihre Rollen als mannigfaltig und spannungsgeladen. Sie sind u. a. mit folgenden Rollenerwartungen konfrontiert: Helfer, Schlichter, Förderer, Methodenspezialist, Therapeut, Visionär, Berater, Planer, Informant, Beschützer, Trainer, Supervisor, Vertrauensperson usw. (Becker 2013, 844 ff.). Strategisch ausgerichtete Personalentwicklung ist immer auch Aufforderung zur bewussten Reflexion und Klärung von Rollen – sowohl der eigenen als Personalentwicklungsverantwortliche wie auch jener der anderen involvierten Akteure.

Businesspartner-Konzept

Das derzeit verbreitetste Modell, das verschiedene Rollen im Personalmanagement allgemein beschreibt, ist das sog. „Businesspartner-Konzept" der Personalarbeit (Ulrich 1997). Es soll eine Verlagerung von mehrheitlich administrativen Tätigkeiten zu mehr wertschöpfenden, strategisch ausgerichteten Personalmanagement-Aktivitäten unterstützen.

Ulrich unterscheidet die Rollen und damit verbundenen Aufgaben des Personalmanagement nach zwei Dimensionen: operative vs. strategische Rollen und prozess- vs. personenbezogene Rollen. Aus einer Kombination der beiden Dimensionen ergeben sich vier Quadranten mit jeweils unterschiedlichen Schwerpunkten, wie folgende Abbildung zeigt.

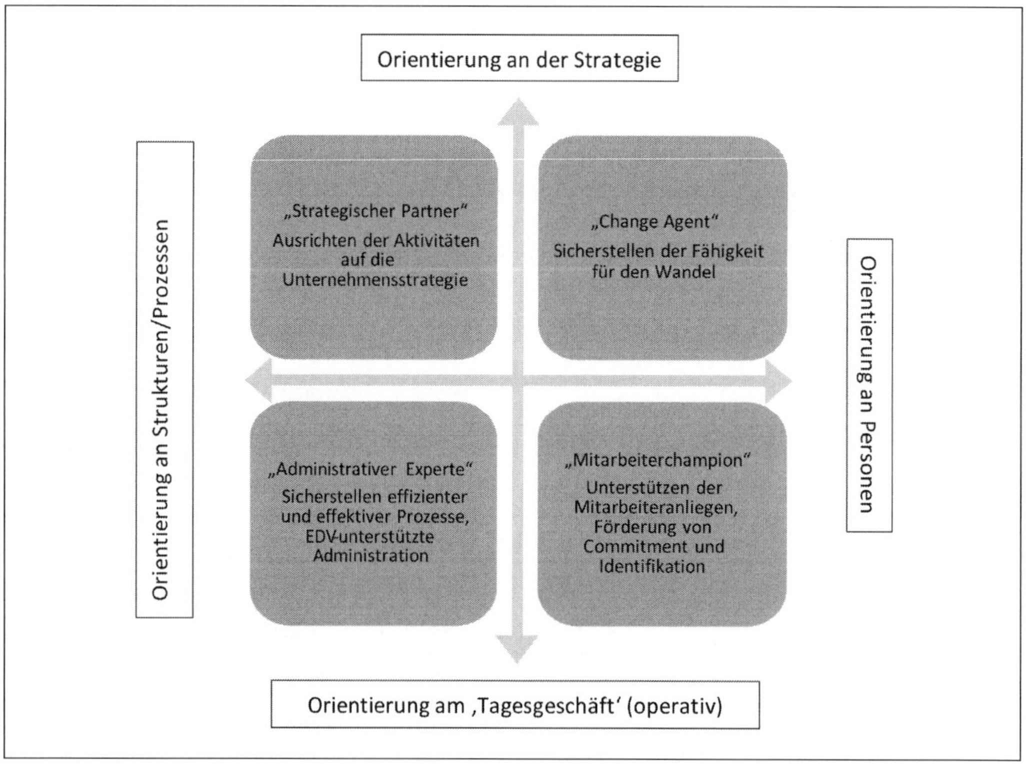

Abb. 20: Vier Rollen im Businesspartner-Konzept, in Anlehnung an Ulrich 1997, 24 f.

PE als Businesspartner

Auf Personalentwicklung als Teilbereich des Personalmanagement bezogen, bedeuten diese Rollen:

- Als **„administrativer Experte"** kommt der Personalentwicklung die Aufgabe zu, (administrative) Prozesse möglichst effizient unter Einsatz von IT-Lösungen zu gestalten (z. B. Fortbildungsanmeldung, Bestätigungen, Genehmigungen, Dokumentation von Qualifizierungsmaßnahmen, Anforderungsprofile etc.).
- Als **„Mitarbeiterchampion"** ist sie Berater für Mitarbeitende, z. B. hinsichtlich Qualifizierungen, Veränderungs- und Entwicklungsmöglichkeiten.
- Als **„Change Agent"** unterstützt die Personalentwicklung die Führungskräfte mit Blick auf die Anforderungen der Fachbereiche sowie ihre Personalentwicklungsaufgaben (z. B. hinsichtlich maßgeschneiderter Qualifizierungsmaßnahmen oder Talentförderung). Sie berät, entwickelt Maßnahmen und Instrumente, begleitet Veränderungsprozesse und gibt Impulse. Er fungiert als sog. „Businesspartner".
- Als **„Strategischer Partner"** ist die Personalentwicklung Gesprächspartner des Managements bei unternehmenspolitischen Entscheidungen. Es geht einerseits darum, die Unternehmensstrategie in Prioritäten der Personalentwicklung zu ‚übersetzen', aber auch eigene Themen einzubringen.

Relevanz strategischer PE

Die Relevanz für die Umsetzung strategischer Personalentwicklung liegt darin, dass das Konzept einen Anhaltspunkt für die Reflexion, den Aufbau und die Bündelung dieser Rollen bietet. Letztlich verfolgt das Modell das Ziel, administrative und Standardangelegenheiten so effizient zu organisieren, dass sich die Personalentwicklungsapezialisten auf ihre Rollen als Business- und Strategische Partner konzentrieren können. Dafür müssen häufig auch die Kompetenzen der verantwortlichen Personen weiterentwickelt werden. Das Konzept gibt allerdings keine unmittelbare Empfehlung für die interne Organisation einer Personalabteilung, sondern es benennt die unterschiedlichen Funktionen/Rollen, die mit einer strategisch orientierten Personalarbeit verbunden sind, wer immer sie wahrnimmt.

Konstellationen in der Sozialwirtschaft

In der Sozialwirtschaft sind die Personalentwicklungsagenden – je nach Größe der Organisation sehr unterschiedlich verteilt. Folgende Konstellationen sind typisch:

- In kleinen Organisationen gibt es keine zuständige Person oder Abteilung für Personalentwicklung: Administrative Aufgaben (z. B. Seminaranmeldungen, Bestätigungen) werden von Sachbearbeitern miterledigt. Geht Personalentwicklung darüber hinaus, sind konzeptionelle Aufgaben meist in der Zuständigkeit der Geschäfts- oder Bereichsleitung, z. B. die Einführung von Mitarbeitergesprächen oder Führungskräfte-Qualifizierung. Die operativen Aufgaben (Integration Neuer, Qualifizierung) werden von den Führungskräften in den Fachbereichen – häufig sehr unterschiedlich – wahrgenommen. Viele Organisationen merken derzeit einen Professionalisierungsdruck in der Personalarbeit und streben organisationsweit einheitliche Rahmenbedingungen an. Häufig übernimmt im Zuge dessen eine Person die koordinierende Funktion i. S. einer Personalentwicklungsverantwortlichen.
- Viele größere Sozialorganisationen sind dabei, die Personalmanagement-Aufgaben im Sinne des Businesspartner-Konzepts neu zu ordnen: Die Einführung von HR-Softwarelösungen ist ein wichtiger Schritt um administrative Aufgaben zu reduzieren. Ansprechpersonen für die Fachbereiche übernehmen speziell in dezentralen Einrichtungen die Businesspartner-Rolle. Die Funktion der strategischen Partner wird sehr unterschiedlich gelebt.

Eng mit der bewussten Rollengestaltung verbunden ist die Frage der ‚Sichtbarkeit' von Personalentwicklung in einer Organisation. Dieser Aspekt wird in der Literatur kaum thematisiert, unterstützt aber ganz wesentlich in der Umsetzung von Personalentwicklungsvorhaben.

11.2.3 Aktive Positionierung der Personalentwicklung in der Organisation

Ziel einer aktiven Positionierung ist, eine positive Haltung gegenüber den Aktivitäten der Personalentwicklung zu erzeugen und die Angebote/Leistungen in der Organisation sichtbar zu machen, aber auch, den Informationsaustausch mit den Fachbereichen zu forcieren. Dafür ist es wichtig, eine aktive Beziehung zur Geschäftsleitung und zu den Führungskräften sowie zur internen Kommunikation aufzubauen und zu pflegen (Bittlingmaier 2013, Eckel 2011, Rohrschneider 2011b). Eckel (2011, 34) stellt fest, dass sich Personalentwickler in der Rolle des ‚Verkäufers' nicht besonders wohlfühlen. Daher scheint es umso wichtiger, diese Aspekte zu thematisieren.

11.2.3.1 Die Gestaltung der Beziehung zur Geschäftsleitung und zu den Führungskräften

Gründe für Kontaktsuche

Es gibt mehrere Gründe, den regelmäßigen Kontakt zu Geschäftsführung bzw. den Fachbereichen zu suchen (Bittlingmaier 2013, Eckel 2011, 39 f.):

- Sichtbare Aktivitäten und Erfolge legitimieren den Ressourceneinsatz für Personalentwicklung bei der Geschäftsleitung.
- Ein guter Kontakt zur Geschäftsleitung und einflussreichen Führungskräften unterstützt den Zugang zu wichtigen Informationen.
- Führungskräfte sind mit ihren Aufgaben beschäftigt und kommen häufig nur über Fort- und Weiterbildungsaktivitäten mit Personalentwicklung in Berührung. Oft ist ihnen nicht bekannt, was die Personalentwicklung beschäftigt bzw. welche Unterstützung sie haben können (Eckel 2011). Das wird durch eine dezentrale Organisation, wie dies häufig in der Sozialwirtschaft der Fall ist, verstärkt (z. B. dezentrale Wohneinrichtungen).
- Die interne Akzeptanz der Personalentwicklungsarbeit bei den Führungskräften hängt stark davon ab, wie hoch deren Ansehen bei der Geschäftsleitung ist. Das ist vor allem bei unpopulären und zeitaufwendigen Themen der Fall. Daher sind formelle und informelle Kontakte zur Geschäftsleitung besonders wichtig.
- Nicht alle Maßnahmen, die die Personalentwicklung setzt, sind bei Führungskräften gleichermaßen willkommen. Die Aktivitäten der Personalentwicklung können einen zusätzlichen Aufwand bedeuten und/oder ziehen Qualifizierungsnotwendigkeiten nach sich (z. B. die Einführung von Mitarbeitergesprächen). Manchmal ist auch der Mehrwert für die Führungskräfte nicht unmittelbar erkennbar und muss erst verdeutlicht werden.
- Maßnahmen können auch den Interessen bestimmter Personengruppen entgegenstehen, wenn sie z. B. Einfluss auf bestehende Strukturen, Rangordnungen nehmen. Sie können zu einer Chance, aber auch zu einer Bedrohung werden.

- Führungskräfte können Türöffner in Gremien oder Besprechungen sein, in denen Personalentwickler ihre Vorhaben präsentieren können.

Kontaktmöglichkeiten

Wenn es um das Vorantreiben von (strategischen) Vorhaben geht, können folgende Kontaktmöglichkeiten genutzt werden:

- Regelmäßige (z. B. halbjährliche) persönliche Aktivitätenberichte an die Geschäftsleitung
- Lenkungsgremien bei wichtigen Projekten sowie Review-Runden nach Projektabschluss, um Verlauf und Ergebnisse gemeinsam mit Führungskräften zu reflektieren
- Einbindung der Geschäftsleitung oder einflussreicher Führungskräfte in Projekte, z. B. in den Programmstart der Führungskräfte-Entwicklung, bei Kamingesprächen, Übernahme von Teilen in Qualifizierungsprogrammen oder durch Mentoring
- Einbindung von Führungskräften oder Mitgliedern der Geschäftsführung als ‚Paten' (Machtpromotoren) bei schwierigen Vorhaben, z. B. Bericht in Mitarbeiterversammlungen, im Intranet, Auftritt bei einer Podiumsdiskussion oder durch einen Beitrag in der Mitarbeiterzeitung
- Kennenlerngespräche mit neuen Führungskräften mit Vorstellung der Personalentwicklungsangebote

In jeder Organisation bieten sich andere Möglichkeiten, den Kontakt zur Geschäftsleitung zu suchen und zu nutzen.

Beispiel:

Eine Personalentwicklerin berichtet, dass sie zu Beginn ihrer Tätigkeit als Protokollantin zu Besprechungen der obersten Führungsebene teilnahm. Diese auf den ersten Blick wenig adäquate Aufgabe erkannte sie rasch als Chance, da sie ihr ‚nebenbei' einen unmittelbaren Zugang zu strategischen Belangen des Unternehmens verschaffte. Sie konnte diese Informationen gut für ihre eigenen Themensetzungen nutzen. Im Lauf der Zeit veränderte sich dadurch ihre Rolle in der Organisation von einer reinen Ansprechperson für Mitarbeiterbelange („Mitarbeiterchampion") zu einer strategischen Partnerin der Geschäftsleitung.

11.2.3.2 Kontaktaufbau mit der Unternehmenskommunikation

Kommunikationsplan für die PE

Die Unternehmenskommunikation ist Spezialist für professionelle Kommunikation zu den Mitarbeitenden und für die Platzierung von Themen. Eine Kooperation bietet die Möglichkeit, gemeinsam einen Kommunikationsplan für die Personalentwicklung zu erstellen (Eckel 2011, 47). Dazu können auf der einen Seite die zur Verfügung stehenden Medien, auf der anderen Seite die Termine von PE-Aktivitäten visualisiert werden, wie folgendes Beispiel zeigt.

	Feste	Mitarbeiterzeitschrift	Newsticker PE
Juli	Stand beim Sommerfest	Projektbericht	
August			Newsticker
September		Ausblick Weiterbildungsprogramm	
Oktober			Newsticker
November			
Dezember	Evtl. Aktion bei der Weihnachtsfeier		Newsticker

Tab. 26: Kommunikationsplan für ein Halbjahr, in Anlehnung an Eckel 2011, 47

Ein letzter unterstützender Faktor für die Umsetzung von Personalentwicklungszielen ist ein ausgebautes Bildungscontrolling.

11.2.4 Steuerung der Personalentwicklung durch Bildungscontrolling

„Bildungscontrolling plant, kontrolliert und steuert Bildungsprozesse in all ihren pädagogischen, sozialen und ökonomischen Aspekten (...)" (Schöni/Tomforde 2012, 2) Es bietet die Chance, Kosten und Leistungen der Personalentwicklung transparent zu machen, Prozesse zu optimieren und den Beitrag der Personalentwicklungsaktivitäten zum Unternehmenserfolg sichtbar zu machen (Osthoff 2011, 192).

Steuerung, Legitimation

Bildungscontrolling hat demnach sowohl eine Steuerungsfunktion für die Personalentwicklung selbst wie auch eine Legitimationsfunktion nach außen (z. B. gegenüber den Führungskräften oder der Geschäftsführung). Girbig/Herzke (2013, 105) begründen die Notwendigkeit für ein Bildungscontrolling damit, dass eine Strategie ohne ein aufsetzendes Steuerungssystem wirkungslos ist und die Gefahr eines ‚Blindfluges' birgt. Für Döring (2013, 388) ist Bildungscontrolling aus folgenden Gründen notwendig:

- Es unterstützt die Verantwortlichen, die Qualität und den Erfolg aller betrieblichen Bildungsprozesse sicherzustellen.
- Es unterstützt die Etablierung eines kostenbewussten Denkens.
- Es dient für die Personalentwicklung als Nachweis der eigenen Leistungsfähigkeit, Professionalität und Legitimität.
- Es schafft Transparenz für das Geschäftsfeld Personalentwicklung.
- Bildungscontrolling kann für ein effektives innerbetriebliches Geschäftsfeldmarketing genutzt werden.

Diese Argumente machen deutlich, dass Bildungscontrolling dazu beitragen kann, den Stellenwert von Personalentwicklung in der Organisation zu erhöhen. Das Verständnis von Bildungscontrolling ist allerdings sowohl in der Literatur als auch in der Praxis unterschiedlich.

11.2.4.1 Ansätze und Ebenen des Bildungscontrolling

Erste Überlegungen zu einem Bildungscontrolling entstanden bereits Ende der 1950er-Jahre mit Kirkpatricks „Vier-Ebenen-Ansatz" (s. Kap. 7.2), der neben der Zufriedenheit der Teilnehmenden auch den Lernerfolg, die Verhaltenswirkungen im Arbeitsfeld und den wirtschaftlichen Nutzen von Weiterbildung für eine Organisation erfasst (Schöni 2010). Erst ab den 1980er-Jahren entstanden im deutschsprachigen Raum Ansätze zu einem umfassenderen Bildungscontrolling, die zu Beginn eher operativ ausgerichtet waren und in denen die Berichtsfunktion im Vordergrund stand.

Neuere Ansätze stellen den Steuerungsgedanken in den Mittelpunkt. Sie kommen aus zwei unterschiedlichen Disziplinen: **Managementorientierte Zugänge** sind an das Unternehmenscontrolling angelehnt (ökonomisches Bildungscontrolling), während sich **bildungsprozessorientierte Zugänge** an den Standards professioneller Bildungsprozesse orientieren (pädagogisches Bildungscontrolling) (Schöni 2010, 430 f.; Lindner-Lohmann et al. 2016).

Mehr-Ebenen-Controlling

Umfassende Modelle kombinieren beide Perspektiven – Personalcontrolling wird als Mehr-Ebenen-Controlling verstanden. Ein umfassendes strategisch ausgerichtetes Bildungscontrolling umfasst folgende Ebenen (Döring 2013, Girbig/Herzke 2013):

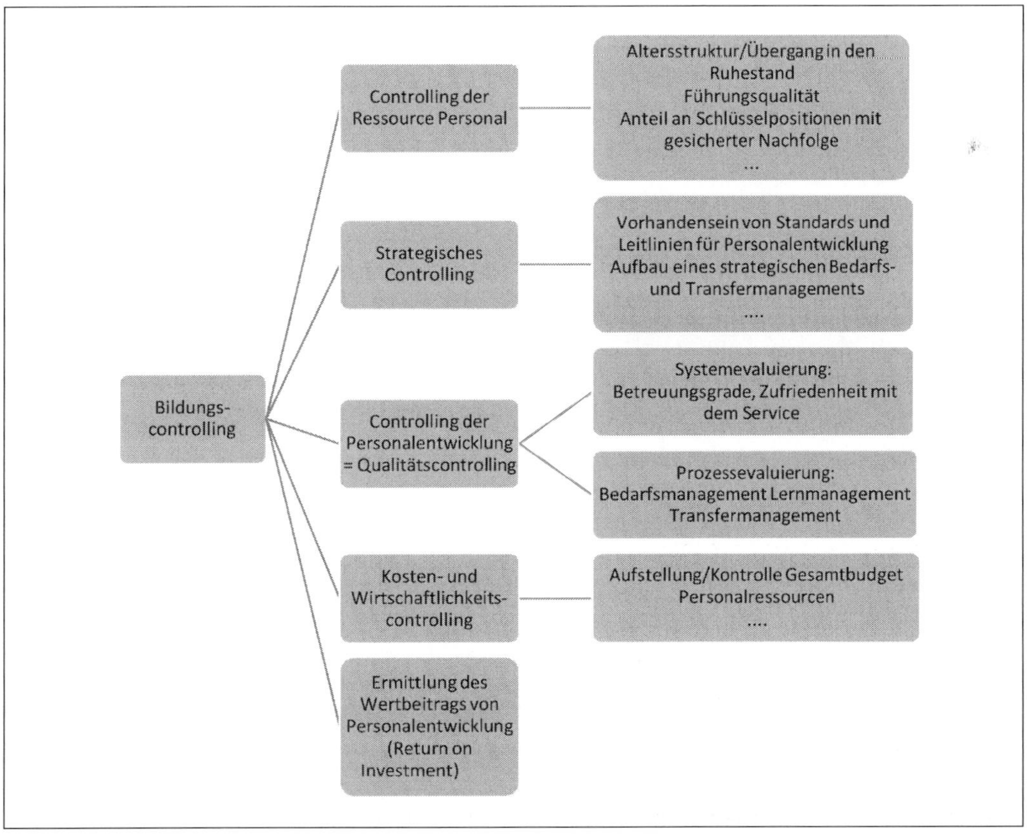

Abb. 21: Ebenen eines umfassenden Bildungscontrolling mit Beispielen

- Das **Controlling der Ressource Personal** bezieht sich auf den Faktor Personal selbst. Hier werden Kennzahlen bzw. Indikatoren erfasst, die in Bezug auf die strategischen Ziele relevant sind. Zu ihrer Erfassung sind sowohl quantitative (Kennzahlen wie Altersstruktur, Teilzeitanteil) wie auch qualitative Instrumente (Befragungen) möglich.
- Das **strategische Controlling** hinterfragt die strategische Ausrichtung der Personalentwicklung selbst und die Einbettung in die Kultur der Organisation.
- Das **Controlling der Personalentwicklung** wird in der Literatur auch als Qualitätscontrolling oder Evaluierung bezeichnet.
  - Als systembezogenes Controlling nimmt es die Personalentwicklungs-/Bildungsabteilung selbst in den Blick: den Aufbau, die Prozesse, die Vernetzung mit den Fachabteilungen, das Bildungsverwaltungssystem.
  - Als prozessbezogenes Controlling bezieht es sich auf die Phasen des Funktionszyklus (systematische Abklärung des Bildungsbedarfs bis zum Transfermanagement) sowie auf die Aktivitäten selbst und die Ergebnisse (Zufriedenheit, Lernerfolg ...). Die in Kap. 7.2 beschriebene Evaluierung von Qualifizierungsmaßnahmen ist dieser Ebene zuzurechnen.
- Das **Kosten- und Wirtschaftlichkeitscontrolling** bezieht sich auf die Personalentwicklung selbst (Ressourceneinsatz, Kosten), wertet aber auch Maßnahmen bezogen auf die einzelnen Organisationseinheiten aus (Teilnehmerzahlen, Alter/Qualifikation der Teilnehmer, Tage, Kosten ...) und entwickelt interne Leistungsverrechnungssysteme.
- Zur **Ermittlung des Wertbeitrags** wird in der Literatur der Return-on-Investment herangezogen, der ausdrückt, wie viel die Organisation für einen investierten Euro in die Personalentwicklung zurückerhält (Lindner-Lohmann et al. 2016, 211). In der Praxis werden solche Berechnungen kaum angestellt.

Ein umfassendes Bildungscontrolling in diesem Sinne ist in der Praxis kaum vorzufinden. Häufig wird Controlling als Controlling von Kosten und Leistungen (z. B. Anzahl der angebotenen Seminare) betrieben.

Schlüsselfragen

Bei einer Weiterentwicklung des Bildungscontrolling kann die Auswahl der Schwerpunkte und benötigten Controlling-Informationen durch folgende Fragen (in Anlehnung an Osthoff 2011) geleitet sein:

1. **Welche Informationen helfen der Personalentwicklung, die Planungs- und Steuerungsfunktion wahrzunehmen?** Hier geht es um die Frage der Wirksamkeit von Prozessen mit Blick auf die strategischen Ziele. Controlling überprüft dabei, ob die Prozesse und Instrumente mit Bezug zu den Zielen gestaltet sind. Bezogen auf die Mitarbeiterqualifizierung wird z. B. hinterfragt, ob im Funktionskreislauf in allen Phasen geeignete Instrumente zur Verfügung stehen.
2. **In welchen Bereichen ist die Überprüfung der Zielerreichung besonders wichtig? Welche Ergebnisse sind relevant, um als Personalentwicklung den Erfolg von Maßnahmen zu überprüfen, und welche Ergebnisse sind hilfreich, um die Aktivitäten gegenüber anderen zu legitimieren?**

Durch Bildungscontrolling werden die Ergebnisse (Outcome) von Personalentwicklungsmaßnahmen festgestellt. Das Ergebnis eines Förderprogramms kann durch die Kennzahl „interne Besetzungsquote" gemessen, der Erfolg eines Lehrlingsförderprogrammes kann durch den Prüfungserfolg abgebildet werden. Dazu braucht es eine überschaubare Zahl passender Kennzahlen. Nicht alle Ergebnisse lassen sich quantifizieren, daher können auch qualitative Methoden wie Befragungen, schriftliche Feedbacks usw. eingesetzt werden.

3. **Welche Informationen sind für die Berichterstattung an die Stakeholder (Geschäftsleitung, Führungskräfte, Arbeitnehmervertreter) besonders wichtig?**
   In vielen größeren Organisationen ist ein Jahresbericht, der Aktivitäten, Leistungen, Kosten anführt, üblich. Darüber hinaus sind allerdings auch Abschlussberichte über besonders wichtige Aktivitäten und Lenkungsgremien bzw. Review-Runden mit dem Management bei der Durchführung wichtiger Maßnahmen sinnvoll.

Zum Weiterlesen

Vertiefende Literatur zu strategischer Personalentwicklung

Rohrschneider, Uta/Lorenz, Michael (Hrsg.) (2011): Der Personalentwickler. Instrumente, Methoden, Strategien. Wiesbaden: Gabler Springer.

Trost, Armin (2018): Neue Personalstrategien zwischen Stabilität und Agilität. Berlin: Springer Gabler.

Becker, Manfred (2013): Personalentwicklung. Bildung, Förderung und Organisationsentwicklung in Theorie und Praxis. 6. Auflage. Stuttgart: Schäffer Poeschel, Kap. 3 und 8.

Meifert, Matthias (Hrsg.) (2013): Strategische Personalentwicklung. Ein Programm in acht Etappen. 3., korrigierte Auflage. Wiesbaden: Springer Gabler.

Lebrenz, Christian (2017): Strategie und Personalmanagement. Wiesbaden: Springer.

Schönenberg, Ulrich (2010): Prozessexzellenz im HR-Management. Professionelle Prozesse mit dem HR-Management Maturity Model. Berlin Heidelberg: Springer-Verlag.

12. Trends und Perspektiven für die Personalentwicklung

In der Personalentwicklungsliteratur zeichnet sich in den letzten Jahren eine Neuausrichtung der Personalentwicklung ab. Sie wurde bisher in verschiedenen Kapiteln angedeutet – hier werden die wichtigsten Entwicklungen nun umfassender beschrieben. Folgende drei zusammenhängende Entwicklungstrends prägen derzeit die Fachdiskussion in der Personalentwicklung, beginnen aber auch in der Personalentwicklungspraxis Fuß zu fassen.

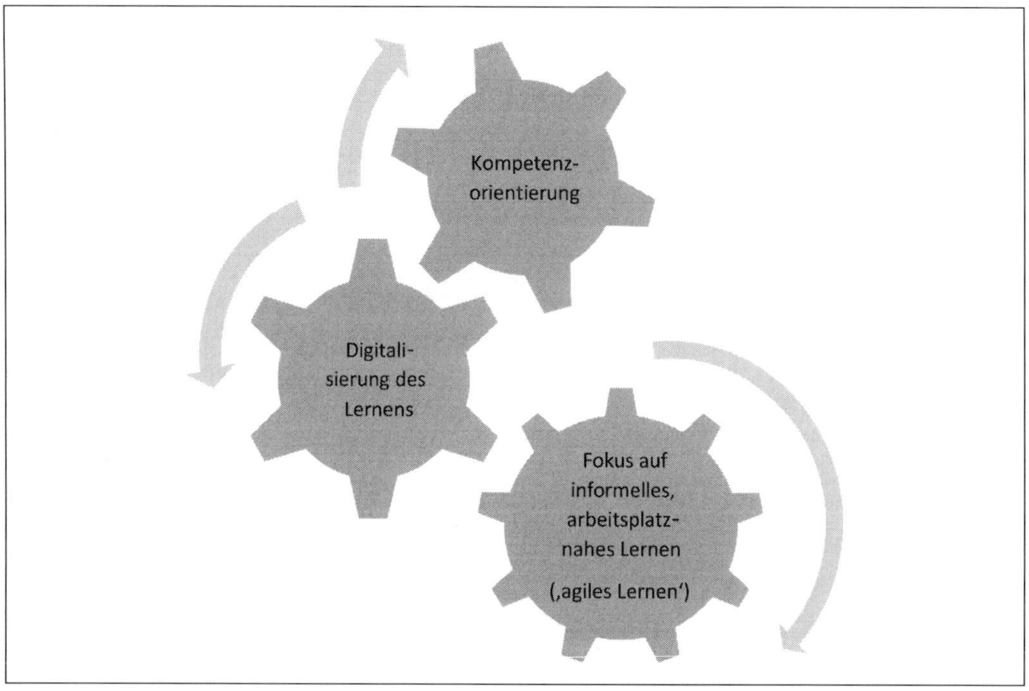

Abb. 22: Aktuelle Themen in der Personalentwicklung

Kompetenzorientierung

Kompetenzorientierung bedeutet in diesem Zusammenhang, dass Lernen am Erwerb von Handlungskompetenz bzw. an der Umsetzung des Gelernten (Performanz) gemessen wird. Studien belegen, dass Lernen in diesem Sinn zum größten Teil informell erfolgt, nämlich durch das Tun im realen Arbeitsprozess, durch Reflexion und sozialen Austausch darüber. Nur zu einem geringen Anteil werden Kompetenzen in klassischen formalen Lernsettings (z. B. Seminare, Trainings) erworben (Sammet/Wolf 2019, 4 ff., Kauffeld 2016, 164 ff.) Dazu wird vor allem auf Studien des Center of Creative Leadership verwiesen, nach denen effektives Lernen zu 70 % durch aktives Tun erfolgt, zu 20 % durch Reflexion/Austausch mit anderen und nur 10 % durch formale Curricula gelernt wird (Graf 2014, 2017; Trost 2018).

informelle, soziale Lernformen

Kompetenzorientierung geht also stark mit informellen bzw. sozialen Lernformen einher. Schon seit den 1990er-Jahren wird einer Variante des informellem Lernens – der arbeitsplatznahen Qualifizierung (PE on-the-job) – zunehmende Bedeutung beigemessen.

Digitalisierung

Die Digitalisierung bietet in den letzten Jahren eine Fülle von Möglichkeiten für eine „Informalisierung" des Lernens (Kauffeld 2016, 164 ff., Rohs 2016, 29 f., Trost/Jenewein 2011, Graf et al. 2017).

„Das betriebliche Lernen verlagert sich tendenziell immer mehr an den Arbeitsplatz und ins Netz. Die Mitarbeiter in den Unternehmen lernen, wenn sie arbeiten und im Rahmen ihrer Arbeit lernen sie. Lernen und Arbeiten wachsen zusammen." (Sauter/Scholz, 2015, 9)

12.1 Formales und informelles Lernen – Varianten und Formate

Die folgende Darstellung grenzt formales und informelles Lernen im Unternehmen über folgende Merkmale voneinander ab:

Merkmale formalen Lernens	Merkmale informellen Lernens
Lernen findet in einem vom Unternehmen organisierten, institutionellen Rahmen statt.	Lernen ist von den Lernenden selbst organisiert und erfolgt daher außerhalb des Wirkungsbereichs einer formalen Personalentwicklung.
Lernen orientiert sich an didaktisch-methodischen Kriterien.	Lernen entsteht aus Arbeits- und Handlungserfordernissen der Mitarbeitenden im realen Arbeitsprozess.
Lernziele und Lerninhalte sind definiert und die Lernergebnisse können überprüft werden.	Lernergebnisse gehen aus der Bewältigung von Arbeitssituationen und Problemen hervor.
Die Lernsituation wird von professionell vorgebildeten Personen begleitet. Es besteht eine pädagogische Interaktion mit den Lernenden.	Lernen wird üblicherweise nicht professionell pädagogisch begleitet.

Tab. 27: Formales und informelles Lernen, in Anlehnung an Dehnbostel 2016, 350; Trost 2011, 12

Selbstverantwortung

Die Unterscheidung kann zusammenfassend an der Frage der Verantwortung für Lernziele und -inhalte festgemacht werden (Sammet/Wolf 2019, 9; Wegerich 2015, 260):

Informelle Lernprozesse werden von den Mitarbeitenden selbst ausgelöst und mit Blick auf ihre Lernnotwendigkeiten gesteuert, während formale Lernprozesse von Experten initiiert, gestaltet und gesteuert werden. Damit ist auch informelles Lernen intentionales Lernen, nicht bloß ein zufälliges Nebenprodukt anderer Aktivitäten (Werquin 2016).

Selbstgesteuert

Eine zusätzliche, davon unabhängige Unterscheidung ergibt sich aus der Frage, wie die Lernaktivität selbst hinsichtlich Ort, Zeit, Tempo, Reihenfolge etc. strukturiert ist (selbstgesteuert vs. geleitet). Bei selbstgesteuertem Lernen können die Lernenden Ort, Lernzeit und Dauer, Schwerpunkte usw. selbst wählen, während dies bei geleiteten Lernaktivitäten von anderen Personen (Trainer, Moderator, Lernbegleiter) vorgegeben ist. Diese beiden Dimensionen können als Basis für eine Systematik unterschiedlicher Lernformate genutzt werden.

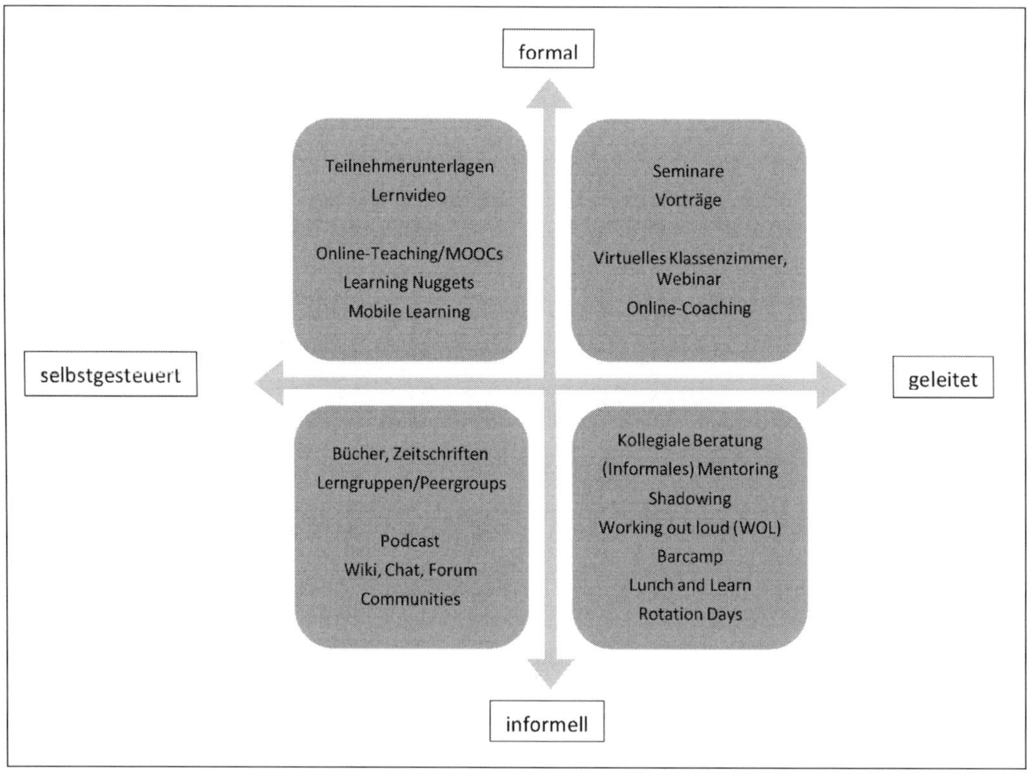

Abb. 23: Beispiele für unterschiedliche Lernformate, in Anlehnung an Sammet/Wolf 2019, 14; Lindner-Lohmann et al. 2016, 190 ff.

Die Grafik zeigt, dass auch informelle Lernaktivitäten geleitet sein können und dass in allen Quadranten sowohl bekannte (‚face to face‘) wie auch neue, digitale Lernformate zu finden sind. Digitale Formate bieten zusätzliche Gestaltungsmöglichkeiten – sowohl für formales als auch für informelles Lernen. In den folgenden Kapiteln werden die wichtigsten neuen Formate beschrieben, sofern sie für Organisationen in der Sozialwirtschaft von Relevanz sind.

12.1.1 Formale geleitete Lernformate

Dezentrales Lernen

Dazu gehören Lerngelegenheiten, bei denen die Teilnehmenden in Echtzeit an Lernsequenzen teilnehmen, die von einem Trainer/Seminarleiter/Dozenten/Coach gestaltet werden. Neben den bekannten Formen wie Schulungen, Workshops usw. erlauben digitale Formate ein dezentrales Lernen.

Digitale Formate

Beim **virtuellen Klassenzimmer** befinden sich die Teilnehmer an ihren Wohn- oder Arbeitsorten und nehmen zu fixen Zeiten über Internet und Videokamera an einem Fernunterricht teil. Die Inhalte werden vorgetragen und die Lernenden haben die Möglichkeit, z. B. per Chat-Funktion Fragen zu stellen, die sofort für alle Teilnehmenden nachvollziehbar beantwortet werden. Handelt es sich um kürzere Sequenzen, wird von sog. **Webinaren** (web-basierte Seminare) gesprochen. Auch die Digitalisierung ändert nichts daran, dass Zeit und Inhalte für die Teilnehmenden vorgegeben sind. Die vorgegebene Zeitstruktur ist in Sozialorganisationen unter Umständen schwer mit der Dienstplanung zu vereinbaren.

12.1.2 Formale selbstgesteuerte Lernformate

Orts-, zeitunabhängiges Lernen

Die Gemeinsamkeit formaler selbstgesteuerter Lernformen liegt darin, dass von Experten (z. B. Trainer, Dozent) zur Verfügung gestelltes Material orts- und zeitunabhängig bearbeitet werden kann.

Beim **Online-Teaching** handelt es sich um Fachvorträge per Video, die von den Lernenden zeitunabhängig aufgerufen werden können; allerdings ist meist keine Kommunikation mit der vortragenden Person möglich. **Lernvideos** stellen zu vermittelnde Inhalte anhand von realen Darstellungen (z. B. bestimmte Abläufe, Techniken), Interviews, Animationen usw. dar. Große Organisationen in der Sozialwirtschaft setzen bereits Online-Teaching oder Lernvideos ein, wenn es um die Vermittlung standardisierter Inhalte an viele Mitarbeitende geht, z. B. gesetzlich verpflichtende Schulungen (Brandschutz, Datenschutz) oder im Rahmen der Einarbeitung.

Learning Nuggets sind sehr kurze Lernsequenzen, in denen Inhalte kompakt zur Verfügung gestellt werden. Es entspricht dem Trend zum sog. „Microlearning", dem Lernen in kurzen Sequenzen, das vor allem die jüngeren Generationen ansprechen soll. **Mobile Learning** bedeutet, dass Lerninhalte (z. B. Videos, Learning Nuggets ...) über mobile Endgeräte abgerufen werden können. Diese Formate sind z. B. im Gesundheitsbereich im Einsatz, um Mitarbeitende mit kurzen Videos über Neuerungen zu informieren. Sie können in Wartezeiten ‚konsumiert' werden

Der Vorteil der neuen formalen Formate entsteht vor allem durch die räumliche und/ oder zeitliche Unabhängigkeit der Lernenden.

12.1.3 Informelle selbstgesteuerte Lernformate

Learning on Demand

Informelle Lernformate erlauben den Lernenden, das Lernen an ihre Lernbedürfnisse und -ziele anzupassen. Bei selbstgesteuerten Lernformen entscheiden die Lernenden nicht nur selbst, was sie lernen wollen (Inhalte und Lernziel), sondern auch über Lernzeit und -rhythmus (‚Learning on Demand').

Sozialer Austausch

Sie entsprechen auch einem weiteren Lerntrend, der auf das Lernen durch sozialen Austausch zwischen den Lernenden setzt (Graf 2014, 193 ff., Trost 2018).

Podcasts sind Audio- oder Videobeiträge, die mittels bestimmter Programme abonniert werden können. Sie werden z. B. von Radio- und Fernsehsendern oder Webseitenbetreibern angeboten. Zwischenzeitlich gibt es auch viele Podcasts, die sich mit dem Thema Soziale Arbeit, Pflege, Sozial- und Gesundheitswirtschaft befassen (s. Beispiele am Kapitelende).

Unter **Wikis** werden Content-Management-Systeme für Webseiten verstanden. Benutzer können die Inhalte lesen und online direkt bearbeiten. Damit kann für die Nutzer relevantes Wissen gemeinsam generiert, gespeichert und verteilt werden. **MOOCs** (Massive open online course) sind für das Selbststudium verfügbare Webvideos mit Onlineforen zur zusätzlichen Unterstützung und teilweise auch mit Zusatzmaterial.

Online-Communities sind virtuelle Gruppen mit gleichen Interessensgebieten, die Erfahrungen, Wissen und Meinungen zu bestimmten Themen über Chats, Diskussionsforen, Blogs etc. teilen (s. auch Beispiele am Kapitelende).

12.1.4 Informelle geleitete Lernformate

Lernformen mit Strukturierung

Beim geleiteten informellen Lernen ist Lernen ebenfalls daran ausgerichtet, was den Lernenden in ihrem Arbeitsfeld hilft, allerdings wird der Prozess für die Lerner strukturiert. Unter den Methoden befinden sich sowohl bekannte Formate wie z. B. Mentoring oder kollegiale Beratung als auch Formen, die sich im Zuge der Diskussion um das sog. ‚agile Lernen' entwickelt haben. Die folgenden Methoden sind gut für Sozialorganisationen geeignet und werden in manchen Organisationen bereits eingesetzt:

Bei einem **Barcamp** handelt es sich um eine Präsenzveranstaltung zu einem bestimmten Thema. Die Teilnehmenden können dazu ihre Anliegen einbringen – sei es in Form von Fragen, Erfahrungen oder Arbeitsergebnissen. Ein Moderator (Lernbegleiter) hat die Aufgabe, geeignete Mitarbeitende einzuladen, einen Session-Plan zu erstellen und zu moderieren. Die Teilnehmenden können sowohl als Session-Geber als auch als Session-Teilnehmer auftreten (Sammet/Wolf 2019, 106). Als Beispiel seien die in Deutschland stattfinden Barcamps „Soziale Arbeit" (veranstaltet von diversen Diözesan-Caritasverbänden) oder „Soziale Innovation" (veranstaltet von der Evangelischen Hochschule Nürnberg) genannt.

Shadowing ist eine Methode, bei der Mitarbeitende neue Impulse zu Verhaltens- und Herangehensweisen erhalten. Sie werden dazu von einem Lernbegleiter oder Kollegen aus einem anderen Tätigkeitsbereich eine Zeitlang begleitet und erhalten Tipps und Anregungen (Sammet/Wolf 2019, 106).

Eine **Lunch and Learn bzw. Brownbag-Session** findet während der Mittagspause statt; die Teilnahme ist freiwillig. Ein Mitarbeiter des Unternehmens berichtet über seine Arbeit bzw. hält einen Lehrvortrag zu einem Thema, anschließend wird darüber diskutiert. Während bei Lunch and Learn das Essen bereitgestellt wird, bringen die Teilnehmenden einer Brownbag-Session ihr Essen selbst mit (Graf et al. 2017, 86; Sammet/Wolf 2019, 106).

‚Working out loud' (WOL) ist ein selbstorganisierter Lernansatz, bei dem sich vier bis fünf Personen 12 Wochen lang jeweils eine Stunde in einem sog. „WOL-Circle" treffen. Jede Person wählt ein individuelles Ziel und baut Beziehungen auf, die beim Erreichen des Ziels helfen können. Ein Leitfaden bzw. eine Moderation strukturiert, was in den einzelnen Wochen zu tun ist. Ein Circle kann sich persönlich oder per Video, Chat oder Skype treffen. Die Methode geht auf John Stepper zurück und verfolgt das Ziel, eine gemeinschaftliche innovative Kultur aufzubauen. Die Methode soll auch helfen, die im heutigen Arbeitsleben benötigte Vernetzungskompetenz zu erwerben und nutzbar zu machen (Stepper 2015).

Rotation Days bieten Teammitgliedern die Möglichkeit, einen Tag im Monat in einem anderen Team mitzuarbeiten. Dazu kooperieren fünf Teams aus unterschiedlichen Fachrichtungen mit je drei bis fünf Mitgliedern. Sie nehmen einen Tag pro Monat ein Mitglied eines anderen Teams auf. Der Einsatz muss gut vorbereitet sein, denn der Gast arbeitet voll im Team mit (Graf 2014, Graf et al. 2017).

Ein **Lernespresso** ist ein kurzer Lernimpuls (max. 15 min), z. B. im Anschluss an einen Kantinenbesuch oder auch als Online-Veranstaltung (Sammet/Wolf 2019, 106).

Die vorgestellten Lernformate schließen einander nicht aus, auch wenn der Trend derzeit zu informellen Lernsettings geht. Die Herausforderung besteht darin, sie jeweils dem verfolgten Ziel entsprechend einzusetzen bzw. zu kombinieren. Trotz des Trends zum informellen, arbeitsplatznahen Lernen wird davon ausgegangen, dass diese die klassischen Lernformate nicht völlig ersetzen werden. Informelles Lernen eignet sich vor allem bei Problemen oder Fragen, die unmittelbar den Arbeitsalltag betreffen. Möglicherweise dauert es zu lange, bis ein formaler Lernprozess organisiert werden kann, oder Ziel und Inhalt sind so unbestimmt, dass dies nicht möglich ist (Sammet/Wolf 2019, 107 ff.).

12.1.5 Konsequenzen der Entwicklung zu neuen Lernformen

Die beschriebenen Entwicklungen (stärkere Selbststeuerung des Lernens, digital unterstützte und soziale Lernformate, Anknüpfen an den unmittelbaren Fragen/Problemen des Arbeitsalltags) haben gravierende Auswirkungen auf die Beteiligten.

- Die **Mitarbeitenden** müssen mehr Verantwortung für ihr eigenes Lernen übernehmen, sie gewinnen dafür aber Einfluss auf die Gestaltung der Lernprozesse. Dafür benötigen sie ein Bewusstsein, Unterstützung und Ermöglichungsräume (Wegerich 2015, 259 f., Sammet/Wolf 2019, 123).
- In klassischen Lernsettings fungieren **Führungskräfte** oft nur als ‚Bewilliger' von Fort- und Weiterbildungen, indem sie ein Budget dafür freigeben. Es bedarf eines stärkeren Bewusstseins für arbeitsplatznahe Lernformen seitens der Führungskräfte um auch den Mitarbeitenden neue Lernformen näherzubringen, Lernpotenziale im Arbeitsalltag zu erkennen bzw. die nötigen Rahmenbedingungen zu schaffen. Führungskräfte fungieren in diesem Verständnis als „Lerncoaches", die die Mitarbeitenden unterstützen, ihr Lernen selbst zu organisieren (Trost 2018).
- Die Rollen und Aufgaben der **Personalentwicklung** bestehen darin, eine Kultur zielgerichteten und kontinuierlichen Lernens sicherzustellen, die Lernen stärker an Notwendigkeiten des Arbeitsalltags ausrichtet und in den Arbeitsprozess integriert. Es geht auch darum, passende Instrumente und Rahmenbedingungen dafür zu bieten (z. B. selbstorganisierte zeitliche Freiräume für Lernen, passende Lernformate), die technischen Kommunikationsmöglichkeiten zum Erfahrungsaustausch zur Verfügung zu stellen und die Führungskräfte für ihre Rolle als Lerncoach zu sensibilisieren und zu befähigen (Sammet/Wolf 2019, Wegerich 2015, Sauter/Scholz 2015, Graf et al. 2017).
- Für **Trainer/Dozenten** bedeuten diese Veränderungen einen Rollenwechsel, da trainerzentrierte Lernformate an Bedeutung verlieren. Während sie in den seminaristischen Veranstaltungen „das Steuer in der Hand hatten" (Sauter/Scholz 2015, 21) entscheiden die Lernenden in den neuen Formaten stärker selbst, welche Ziele sie erreichen möchten und was sie mit welchen Methoden lernen. Der Trainer wird von einem Wissensvermittler zu einem Lernbegleiter. Zu seinen Aufgaben gehört es, ein förderliches Umfeld für individuelle selbstorganisierte Lernprozesse zu schaffen, die Lernenden zur Reflexion über ihre Ziele anzuregen und sie in der Gestaltung ihrer Lernprozesse zu unterstützen. Eine Anforderung an Trainer/Dozenten ist in diesem Zusammenhang, ihre eigenen digitalen Kompetenzen zu stärken, um das Potenzial digitalen Lernens ausschöpfen zu können (Sammet/Wolf 2019, 17 f., Sauter/Scholz 2015).

In der Sozialwirtschaft werden derzeit erste Schritte in Richtung digitale Lernformen gemacht, in erster Linie in Form von Online-Teaching. In vielen kleineren Organisationen fehlen derzeit noch die technischen Voraussetzungen bzw. das Know-how der Mitarbeitenden. Informelles arbeitsplatznahes Lernen existiert teilweise, wird aber häufig nicht als Lernen wahrgenommen bzw. bewusst genutzt (z. B. Diskussion fachlicher Themen in Teambesprechungen, WhatsApp-Gruppen in ambulanten Diensten zum Einholen von Tipps zum Umgang mit Klienten – teilweise bremsen hier auch datenschutzrechtliche Vorgaben).

12.2 Kompetenzmanagement

Kompetenzorientierung ist seit etwa 20 Jahren in der Personalentwicklungsliteratur ein prominentes Thema. Meist wird es als Notwendigkeit für professionelles Personalmanagement betrachtet, allerdings gibt es auch kritische Stimmen (z. B. Trost 2018). In diesem Kapitel wird versucht, wertfrei zu beschreiben, was Kompetenzorientierung für die Personalentwicklung bedeutet.

12.2.1 Der Kompetenzbegriff

„Kompetenzen charakterisieren die Fähigkeiten von Menschen, sich in neuen, offenen und unüberschaubaren, in komplexen und dynamischen Situationen selbstorganisiert (aus sich heraus) zurechtzufinden und aktiv zu handeln." (Heyse 2010, 55)

Kompetenzen umfassen neben dem notwendigen Wissen und Können, bestimmten Fähigkeiten und Fertigkeiten auch die Fähigkeit zu ihrer situationsadäquaten Anwendung (Kauffeld/Grote 2019, 170 f.).

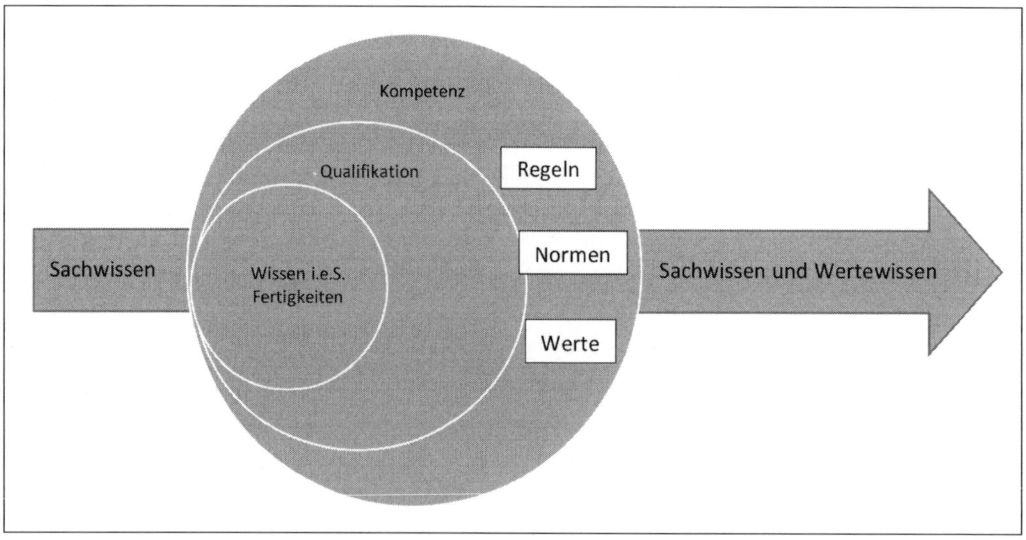

Abb. 24: Wissen, Qualifikationen und Kompetenzen, in Anlehnung an Erpenbeck/Sauter 2015, 1; Heyse 2010, 71

Berufliche Handlungskompetenz

Berufliche Handlungskompetenz integriert Qualifikationen und internalisierte berufsrelevante Regeln, Normen und Werte. Qualifikationen bestehen wiederum aus Wissen und notwendigen Fertigkeiten für konkrete berufliche Anforderungen, die überprüft und zertifiziert werden können. Erworbene Qualifikation sagen noch nichts über die Fähigkeit aus, in offenen problemhaltigen Situationen adäquat zu handeln. Dazu braucht es die Fähigkeit, in Kenntnis von Regeln, Normen und Werten situationsadäquat zu handeln. Kompetenzen werden daher erst in Handlungszusammenhängen und sozialen Kontexten sichtbar – sie integrieren Sachwissen und Wertewissen und sind keine Persönlichkeitseigenschaften. Das Sachwissen ist eine notwendige, aber keine hinreichende Voraussetzung für Kompetenz. Umgekehrt setzen berufliche Handlungskompetenzen immer auch Qualifikationen voraus.

Kompetenzbereiche

Berufliche Handlungskompetenz wird in der Literatur in vier Kompetenzbereiche gegliedert (z. B. Kauffeld/Grote 2019, 171; Mentzel 2018, 174; Grote et al. 2006):

- **Fachkompetenz** bezeichnet organisations-, prozess-, aufgaben- und arbeitsplatzspezifische berufliche Fertigkeiten und Kenntnisse **und** die Fähigkeit, organisationsbezogenes Wissen zur Lösung von Problemen adäquat anzuwenden.
- **Methodenkompetenz** bezeichnet Fähigkeiten zur selbstständigen und ergebnisorientierten Bearbeitung von Problemen, allein und in Gruppen (z. B. Erkennen von Zusammenhängen, Umgang und Lern- und Arbeitstechniken, Strukturieren von Problemen).
- **Sozialkompetenz** ist die Fähigkeit, sich in sozialen Interaktionen situationsspezifisch angemessen zu verhalten, z. B. einfühlsam, durchsetzungsfähig, zielorientiert zu agieren.
- **Selbstkompetenz** (personale Kompetenz) bezieht sich darauf, wie Individuen mit sich selbst bei der Arbeit umgehen. Dazu gehören z. B. innere Einstellungen wie Offenheit für Veränderungen, Eigeninitiative, Leistungsbereitschaft oder persönliche Arbeitstechniken.

situativ, handlungsorientiert

Kompetenzen orientieren sich also an situativen Anforderungen und sind handlungsorientiert. Ein Kompetenzmodell bildet die im Unternehmen benötigten Mitarbeiterkompetenzen systematisch ab. Zu diesem Zweck werden aus den strategischen Geschäftsprozessen, den eingesetzten Technologien, dem Dienstleistungsprogramm etc. die zentralen Kompetenzen (Kernkompetenzen) abgeleitet und in einer vorab definierten Systematik (Kompetenzbereiche) abgebildet.

Für die Personalentwicklung heißt Kompetenzorientierung, dass formale, organisierte Lernsituationen den Anforderungen beruflicher Handlungskompetenz nicht gerecht werden, wenn sie nur auf Wissen oder Fertigkeiten ausgerichtet sind. Die Personalentwicklung hat im Kompetenzmanagement also u. a. die Aufgabe, die nötigen Kompetenzen zu identifizieren, zu systematisieren und Maßnahmen bereitzustellen, die die Entwicklung von Handlungskompetenz sicherstellen.

12.2.2 Kompetenzmanagement

Orientierung an der Unternehmensstrategie

Kompetenzmanagement richtet die personalwirtschaftlichen Aktivitäten auf die Entwicklung und Nutzung jener Kompetenzen aus, die für die Umsetzung der Unternehmensstrategie erforderlich sind. Es tangiert die gesamte Personalarbeit, vor allem aber die Personalentwicklung und die Rekrutierung.

„Kompetenzmanagement ist eine Managementdisziplin mit der Aufgabe, Kompetenzen zu beschreiben, transparent zu machen sowie den Transfer, die Nutzung und Entwicklung der Kompetenzen, orientiert an den persönlichen Zielen des Mitarbeiters sowie den Zielen der Unternehmung, sicherzustellen." (North et al. 2018, 16)

Ziel eines Kompetenzmanagements ist also, die für ein Unternehmen besonders erfolgsrelevanten Kompetenzen zu identifizieren, zu operationalisieren und im Unternehmen zur Verfügung zu stellen.

Kompetenzmanagement-System

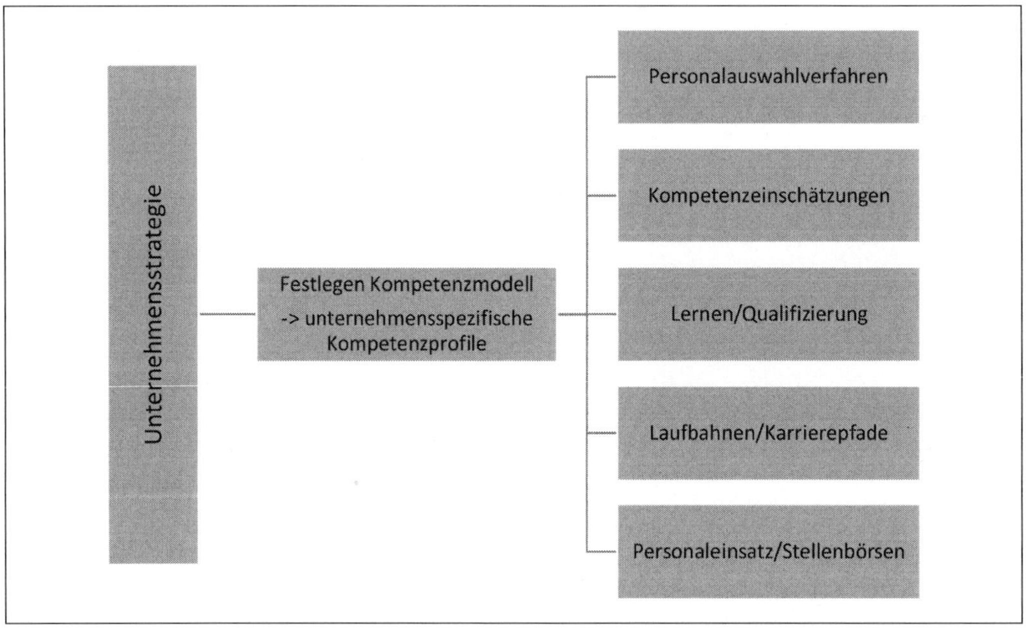

Abb. 25: Bestandteile eines Kompetenzmanagement-Systems

Kompetenzmodell

Ein Kompetenzmodell bildet den Kern eines Kompetenzmanagement-Systems. Darunter wird eine systematische Darstellung der im Unternehmen benötigten Mitarbeiterkompetenzen verstanden. Es stellt unternehmensweit einen einheitlichen Sprachgebrauch zu Kompetenzen sicher. Auf diesem Kompetenzmodell bauen die Personalsuche, der Personaleinsatz, die Personalentwicklung und die Laufbahnplanung mit entsprechenden Instrumenten auf (Kauffeld/Grote 2014, 123 ff.; Lindner-Lohmann et al. 2016, 170 f.).

Dabei kann entweder auf allgemein gültige und erprobte Modelle (sog. generische Modelle wie „Great Eight") zurückgegriffen oder ein Modell spezifisch für die eigene Organisation entwickelt bzw. adaptiert werden (Lindner-Lohmann et al. 2016, 171, Ebert/Tanzer 2014, 16).

Ein häufig verwendetes Modell ist KODE®. Es ordnet im sog. „Kompetenzatlas" Fach-, Methoden-, soziale und personale Kompetenzen mit insgesamt 64 Teilkompetenzen systematisch an.

Kompetenzatlas

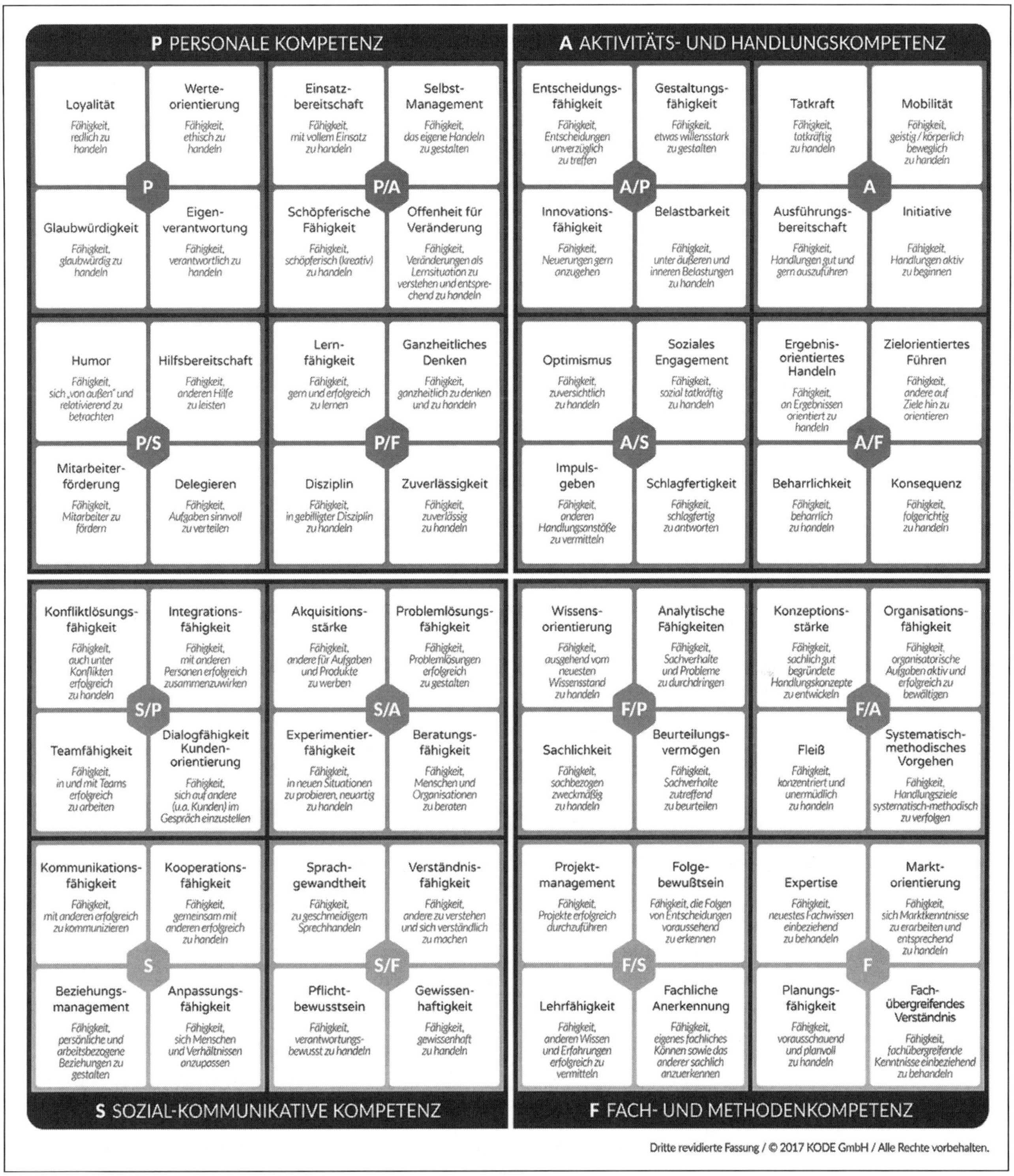

Abb. 26: Der KODE®-Kompetenzatlas als Beispiel für ein Kompetenzmodell, Copyright: KODE GmbH (www.kodekonzept.com)

Soll-Kompetenzprofile

Auf Basis des allgemeinen Kompetenzmodells werden Soll-Kompetenzprofile für einzelne Job-Familien (z. B. Führungskräfte, Sozialpädagogen) entwickelt. Dazu werden beispielsweise zehn relevante Kompetenzen ausgewählt und darauf aufbauend Soll-Kompetenzprofile mit idealen Ausprägungen erarbeitet. Um ein gemeinsames Verständnis darüber sicherzustellen, was unter einer bestimmten Kompetenz verstanden wird, werden die einzelnen Kompetenzen für die verschiedenen Jobfamilien konkretisiert. Das sichert z. B. für Auswahlverfahren oder Mitarbeiterbeurteilungen ein durchgängiges Verständnis, was die einzelnen Kompetenzen bedeuten.

Kompetenzfeld	Persönliche Kompetenz		
Kompetenz	Engagement/Initiative		
Komponenten	Aus eigenem Antrieb handeln	Probleme aktiv aufgreifen und selbstständig Lösungen entwickeln	Verantwortung für das eigene Handeln übernehmen
Verhaltensnahe Operationalisierung	Handelt aus sich heraus, ohne Anstöße von außen. Ergreift bei Problemen selbstständig die Initiative. Argumentiert lösungsorientiert, verfolgt Aufgaben und Ziele kontinuierlich. Strebt nach kontinuierlicher Verbesserung. Engagiert sich für die Themen des eigenen Verantwortungsbereichs. Übernimmt Verantwortung auch in schwierigen Situationen.		

Tab. 28: Beispiel für die Konkretisierung von Kompetenzen, in Anlehnung an Ebert/Tanzer 2014, 22

Als Ergebnis liegen Mitarbeiter-, Team- bzw. bereichsbezogene Kompetenzprofile vor. Die Personalinstrumente – von der Personalauswahl über die Mitarbeiterbeurteilung und -qualifizierung bis zum Laufbahnmanagement – sind in einem Kompetenzmanagement-System auf diese Soll-Profile ausgerichtet (North et al. 2018, Kauffeld/Grote 2014). Auch Personalentwicklungsmaßnahmen können auf dieser Basis geplant werden, z. B. bereichsbezogene Trainingsprogramme oder individuelle Entwicklungsmaßnahmen. Kompetenzprofile können aber auch für die Zusammensetzung von Projektgruppen, das Übertragen von Spezialaufgaben, für interne Stellenbesetzungen oder die Aufnahme in ein Talent-Management (s. Kap. 8) herangezogen werden.

Wesentlich ist, dass die Kompetenzprofile die strategischen Anforderungen des Unternehmens abbilden und so die Mitarbeiter-Entwicklung mit den strategischen Zielen der Organisation verknüpfen. Das Kompetenzmanagement wird digital unterstützt, z. B. indem Kompetenzprofile sowie Kompetenzeinschätzungen, bezogen auf einzelne Mitarbeitende, in einer HR-Software abgebildet sind.

Der Vorteil liegt nicht nur in einer einheitlichen Sprache, bezogen auf Kompetenzen, sondern ein Kompetenzmodell fördert auch die Abstimmung der Personalinstrumente untereinander. Anforderungsprofile, Stellenbeschreibungen, Einarbeitungspläne, Stellenangebote orientieren sich an den gleichen Anforderungen und verwenden einheitliche Formulierungen. Die entsprechenden Instrumente (z. B. Personalplanung, Qualifizierung, Personalauswahl) werden an den gleichen Zielen und letztlich an strategischen Anforderungen der Organisation ausgerichtet.

Allerdings ist ein Kompetenzmanagement-System in diesem umfassenden, strategischen Sinn sehr aufwendig (Ebert/Tanzer 2014). In der Sozialwirtschaft werden meist Teilaspekte verwendet, z. B. Kompetenzprofile zur Personalauswahl oder als Basis für Feedback in Mitarbeitergesprächen.

Zum Weiterlesen in Buchform

Vertiefende Literatur zu Zukunftsperspektiven in der Personalentwicklung

Graf, Nele/Gramß, Denise/Edelkraut, Frank (2017): Agiles Lernen: neue Rollen, Kompetenzen und Methoden im Unternehmenskontext. Freiburg: Haufe.

Kauffeld, Simone/Paulsen, Hilko (2018): Kompetenzmanagement in Unternehmen. Kompetenzen beschreiben, messen, entwickeln und nutzen. Stuttgart: Kohlhammer.

North, Klaus/Reinhardt, Kai/Sieber-Suter, Barbara (2018): Kompetenzmanagement in der Praxis. Mitarbeiterkompetenzen systematisch identifizieren, nutzen und entwickeln. 3. Auflage. Wiesbaden: Springer Gabler.

Sammet, Jürgen/Wolf, Jaqueline (2019): Vom Trainer zum agilen Lernbegleiter. So funktioniert Lehren und Lernen in digitalen Zeiten. Berlin.

Sauter, Werner/Scholz, Christina (2015): Von der Personalentwicklung zur Lernbegleitung. Veränderungsprozess zur selbstorganisierten Kompetenzentwicklung. Wiesbaden: Springer Gabler.

Trost, Armin (2018): Neue Personalstrategien zwischen Stabilität und Agilität. Berlin: Springer Gabler.

Blogs – Zum Weiterlesen im Netz

Beispielhafte Blogs

Blog der DRK Wohlfahrt
Die Beiträge behandeln Themen aus dem Bereich Soziale Innovation:
https://drk-wohlfahrt.de/blog/soziale-innovation/

Caritas digital
Hier berichten Mitarbeitende über Entwicklungen in Sachen Digitalisierung der Caritas:
www.caritas-digital.de/

IdeeQuadrat – Der Blog für Soziale Organisationen mit Zukunft
Auf IdeeQuadrat bloggt Henrik Epe darüber, wie sich soziale Organisationen entwickeln müssen, um die Herausforderungen der Zukunft bewältigen zu können: www.ideequadrat.org

Recruiting to go
Personalgewinnung im Sozial- und Gesundheitswesen ist das Thema von Maja Roedenbeck Schäfer: https://recruiting2go.de/

Zum Hören

Beispielhafte Podcasts

Sozialgespräch
Christian Müller begleitet soziale Unternehmen und Organisationen bei Öffentlichkeitsarbeit und digitaler Kommunikation. Auch Sozialunternehmer benötigen schließlich Marketing und PR. Im Podcast spricht Christian Müller zum Beispiel über Digitalisierung, Innovationen, Social Media und Networking.

On the way to NEW WORK
Zwei Unternehmer aus Hamburg auf der Suche nach dem Sinn in der Arbeit: Für Michael Trautmann und Christoph Magnussen steht trotz aller Begeisterung für Digitalisierung, Big Data und Künstlicher Intelligenz der Mensch im Vordergrund. Wie kann das klappen? Ideen, Konzepte und praktische Tipps.

SoziFon – Aus dem Leben eines digitalen Sozialunternehmers
Wie viel digital braucht sozial? Was kann soziale Arbeit von Gamedesignern lernen? Marc Hasselbach gibt persönliche Einblicke.

TEAMTALENT Führung | Projektmanagement | New Work
Fachkräfte zu finden, fällt Sozialunternehmen bekanntlich schwer. Ist es einmal gelungen, Mitarbeiterinnen und Mitarbeiter zu werben, gilt es, sie langfristig zu binden. Darum sollten Führungskräfte auf moderne Personalentwicklung setzen. Marina Schmidt führt in ihrem Podcast durch den Recruiting-Dschungel und gibt Tipps zur Mitarbeiterbindung.

Die Podcasts können beispielsweise über Spotify gehört werden.

Literaturverzeichnis

Andreaus, Felix/Eichinger, Claudia (2017): Rechtsgrundlagen für Gesundheitsberufe. Wien: Facultas.

Ballhausen, Heike: Anwendung der Management-Diagnostik für die Nachfolgeplanung. In: Weinert, Stefan/Stulle, Klaus B. (Hrsg.): Executive Assessment. Instrumente, Trends, Herausforderungen. Berlin Heidelberg: Springer, 93–101.

Bannik, Frederike (2017): Positive Supervision. Göttingen: Hogrefe.

Bartonitz, Martin (2018): Agile Pflege bei Buurtzorg. In: Bartonitz Martin et al. (Hrsg.): Agile Verwaltung. Berlin, Heidelberg: Springer Gabler, 235–241.

Beck, Reinhilde/Schwarz, Gotthart (2015): Personalentwicklung. Führen – Fördern – Fordern. 2., überarbeitet und erweiterte Auflage. Augsburg: ZIEL-Verlag.

Becker, Manfred (2005): Systematische Personalentwicklung. Planung, Steuerung und Kontrolle im Funktionszyklus. Stuttgart: Schäffer-Poeschel.

Becker, Manfred (2009): Personalentwicklung. Bildung, Förderung und Organisationsentwicklung in Theorie und Praxis. 5. Auflage. Stuttgart: Schäffer Poeschel.

Becker, Manfred/Beck, Anja/Herz, Andrea (2009): Wandel aktiv bewältigen! Empirische Befunde und Gestaltungshinweise zur reifegradorientierten Unternehmensführung und Personalentwicklung. München/Mering: Hampp.

Becker, Manfred (2013): Personalentwicklung. Bildung, Förderung und Organisationsentwicklung in Theorie und Praxis. 6. Auflage. Stuttgart: Schäffer Poeschel.

Belardi, Nando (2015): Supervision für helfende Berufe. 3. Auflage. Freiburg/Br.: Lambertus.

Bergen, Katja von (2016): Agilität: Neues suchen in unsicheren Zeiten. Sozialwirtschaft Heft 5/2016, 19–23.

Berthel, Jürgen/Becker, Fred G. (2017): Personal-Management: Grundzüge für Konzeptionen betrieblicher Personalarbeit. Stuttgart: Schäffer-Poeschel.

Biemann, Torsten/Weckmüller, Heiko (2014): Onboarding – Mitarbeiter richtig integrieren. Personalquarterly 1/2014, 46–49.

Biemann, Torsten/Weckmüller, Heiko (2013): Generation Y: Viel Lärm um fast nichts. Personal quarterly, 01/2013, 46–49.

Birgmeier, Bernd E. (2016): Coaching im Kontext der sozialen Arbeit. In: Wegener, Robert/Loebbert, Michael/Fritze, Agnès (Hrsg.):. Coaching-Praxisfelder. Forschung und Praxis im Dialog. 2. Auflage. Wiesbaden: Springer, 95–116.

Bittlingmaier, Torsten (2013): Wie überzeugen? Zum Umgang mit Auftraggebern von PE-Projekten. In: Meifert, Matthias (Hrsg.): Strategische Personalentwicklung. Ein Programm in acht Etappen. 3., korrigierte Auflage. Wiesbaden: Springer Gabler, 333–343.

Blickle 2014a: Personalentwicklung. In: Nerdinger, Friedemann W./Blickle, Gerhard/Schaper, Niclas (Hrsg.): Arbeits- und Organisationspsychologie. 3., vollständig überarbeitete Auflage. Berlin Heidelberg: Springer, 291–320.

Bointner, Katrin (2013): Strategische Personalentwicklung in Einrichtungen der Altenbetreuung und -pflege als Erfolgsfaktor. In: Nöbauer, Brigitta (Hrsg.): Personalmanagement in der Altenbetreuung. MitarbeiterInnen gewinnen und entwickeln. Linz: Wagner Verlag, 105–126.

Brenner, Doris (2014): Onboarding: Als Führungskraft neue Mitarbeiter erfolgreich einarbeiten und integrieren. Wiesbaden: Springer essentials.

Buckmann, Jörg (2017): Einstellungssache: Personalgewinnung mit Frechmut und Können: Frische Ideen für Personalmarketing und Employer Branding. 2., aktualisierte und erweiterte Auflage. Wiesbaden: Springer Gabler.

Büsch, Viktoria/Zohr, Katrin/Brusch, Michael/Deller, Jürgen/Schermuly, Carsten C./Stamov-Roßnagel, Christian/Wöhrmann, Anne M. (2015): Wer möchte im Ruhestand weiterarbeiten? Muster von Weiterbeschäftigungsneigungen bei 55- bis 70-Jährigen. In: Schneider, Norbert F./Mergenthaler, Andreas/Staudinger, Ursula M./Sackreuther, Ines (Hrsg.): Mittendrin? Lebenspläne und Potenziale älterer Menschen beim Übergang in den Ruhestand. Opaden/Toronto: Verlag Barbara Budrich, 181–193.

Bundesarbeitsgemeinschaft der Freien Wohlfahrtspflege e. V. (Hrsg.) (2018): Gesamtstatistik 2016. Einrichtungen und Dienste der Freien Wohlfahrtspflege. Berlin.

Büser, Tobias (2007): Entwicklung der Kompetenzen von Führungskräften. Kissing: Symposion Verlag.

CONECTA (o. J.): Gelebte Ausstiegskultur. http://www.leaders-circle.at/bibliothek/artikel/pensionierung/ausstiegskultur-conecta.html (Letzter Zugriff: 23.07.2019)

Daxner, Freimuth/Schustereder, Herbert (2007): Ziele im Team formulieren. Personalwirtschaft 6/2007, 48–50.

Dehnbostel, Peter (2016): Informelles Lernen in der betrieblichen Bildungsarbeit. In: Rohs, Matthias (Hrsg.): Handbuch informelles Lernen, Wiesbaden: Springer, 343–364.

Dick, Michael/Weisenburger, Natalie (2019): Professionalisierung im Berufsfeld. Vom Lernenden zum Handelnden. In: Kauffeld, Simone/Spurk, Daniel (Hrsg.): Handbuch Karriere und Laufbahnmanagement. Wiesbaden: Springer, 847–867.

Döring, Klaus (2013): Wie messen? Umrisse eines zeitgemäßen Bildungscontrollings. In: Meifert, Matthias (Hrsg.): Strategische Personalentwicklung. Ein Programm in acht Etappen. 3., korrigierte Auflage. Wiesbaden: Springer Gabler, 385–399.

Domenig, Dagmar (2005): Fach- und Projektkarriere in Nonprofit-Organisationen. In: Verbandsmanagement, 2/2005, 6–19.

Domsch, Michel E./Ladwig, Desirée C./Weber, Florian C. (2017): Cross Mentoring im Spannungsfeld von Personalentwicklung und Organisationsentwicklung. In: Dies. (Hrsg.): Cross Mentoring. Ein erfolgreiches Instrument organisationsübergreifender Personalentwicklung. Deutschland: Springer Gabler, 3–24.

Domsch, Michel E./Ladwig, Desiree, H. (2013): Mitarbeiterbefragungen – Stand und Entwicklung. In: Dies. (Hrsg.): Handbuch Mitarbeiterbefragung. 3. Auflage. Berlin Heidelberg: Springer, 11–57.

Ebert, Petra Stella/Tanzer, Cornelia (2014): Kompetenzmodelle kompetent managen: Ein Leitfaden zur Erstellung und Integration von Kompetenzmodellen in Personaldiagnostik und Personalentwicklung. Wirtschaftspsychologie 1/2014, 15–24.

Eckel, Susanne (2011): Die erfolgreiche Positionierung der Personalentwicklung im Unternehmen. In: Rohrschneider, Ute/Lorenz (Hrsg.): Der Personalentwickler. Instrumente, Methoden, Strategien. Wiesbaden: Springer Gabler, 31–48.

Erpenbeck, John/Rosenstiel, Lutz von (2003): Handbuch Kompetenzmanagement. Stuttgart: Schäffer-Poeschel.

Fasbender, Ulrike/Deller, Jürgen/Zohr, Katrin/Büsch, Viktoria/Schermuly Carsten C./Mergenthaler, Andreas (2015) Absicht zur Erwerbstätigkeit im (zukünftigen) Ruhestand. In: Schneider, Norbert F./Mergenthaler, Andreas/Staudinger, Ursula M./Sackreuther, Ines (Hrsg.): Mittendrin? Lebenspläne und Potenziale älterer Menschen beim Übergang in den Ruhestand. Opaden/Toronto: Verlag Barbara Budrich, 212–137.

Felfe, Jörg/Six, Bernd (2006): Die Relation von Arbeitszufriedenheit und Commitment. In: Fischer, Lorenz (Hrsg.): Arbeitszufriedenheit. Konzepte und empirische Befunde. 2., vollständig überarbeitete und erweiterte Auflage. Göttingen: Hogrefe, 37–60.

Felfe, Jörg/Franke, Franziska (2014). Führungskräftetrainings. Göttingen et al.: Hogrefe.

Frerichs, Frerich (2019): Altern in der Erwerbsarbeit: Laufbahngestaltung bei begrenzter Tätigkeitsdauer. In: Kauffeld, Simone/Spurk, D. (Hrsg.): Handbuch Karriere und Laufbahnmanagement. Deutschland: Springer, 894–911.

Friedrichs, Sarah (2017): Instrumente der Potenzial- und Persönlichkeitsidagnostik. Einsatz und Nutzen in der Personalentwicklung. In: Rohrschneider, Uta/Lorenz, Michael (Hrsg.): Der Personalentwickler. Instrumente, Methoden, Strategien. Wiesbaden: Gabler Verlag, 101–134.

Föhls-Königslehner, Nina/Müller-Camen, Michael (2015): Personalentwicklung. In: Mayrhofer, Wolfgang/Furtmüller, Gerhard/Kasper, Helmut S.: Personalmanagement – Führung – Organisation. Wien: Linde Verlag, 321–356.

Geißler, Harald (2016): Traditionelle und moderne Medien im Coaching. In: Wegener, Robert/ Loebbert, Michael/Fritze, Agnès (Hrsg.): Coaching-Praxisfelder. Forschung und Praxis im Dialog. 2. Auflage. Wiesbaden: Springer, 137–160

Gießler, Wolfram/Scharfenroth, Karin/Winschuh, Thomas (2013): Aktive Personalentwicklung im Krankenhaus. Grundlagen und Praxis der aufgabenbezogenen Qualifizierungsbedarfsanalyse. Stuttgart: Kohlhammer.

Girbig, Robert/Härzke, Peter (2013): Etappe 2: Steuerung der Personalentwicklung. In: Meifert, Matthias (2013): Strategische Personalentwicklung. Ein Programm in acht Etappen. 3., korrigierte Auflage. Wiesbaden: Springer Gabler, 125–142.

Graf, Anita (2002): Lebenszyklusorientierte Personalentwicklung: ein Ansatz für die Erhaltung und Förderung von Leistungsfähigkeit und -bereitschaft während des gesamten betrieblichen Lebenszyklus. Bern et al: Haupt.

Graf, Anita (2008): Lebenszyklusorientierte Personalentwicklung. In: Thom, Norbert/Zaugg, Robert J. (Hrsg.): Moderne Personalentwicklung. Mitarbeiterpotenziale erkennen, entwickeln und fördern. 3. Auflage. Wiesbaden: Gabler, 263–280.

Gmür, Markus (2019): Strategisches Personalmanagement in Nonprofit-Organisationen. PERSONAL Quarterly 1/2019, 20–26.

Graf, Nele (2014): Einleitung Personalentwicklung. In: Graf, Nele (Hrsg.): Innovationen im Personalmanagement. Die spannendsten Entwicklungen aus der HR-Szene und ihr Nutzen für Unternehmen. Wiesbaden: Springer Gabler, 189–196.

Graf, Nele/Gramß, Denise/Edelkraut, Frank (2017): Agiles Lernen: neue Rollen, Kompetenzen und Methoden im Unternehmenskontext. Freiburg: Haufe.

Grote, Sven/Kauffeld, Simone/Denison, Katrin/Frieling, Ekkehard: Kompetenzen und deren Management: ein Überblick. In: Grote, Sven/Kauffeld, Simone/Frieling, Ekkehard (Hrsg.) (2006): Kompetenzmanagement. Grundlagen und Praxisbeispiele. Stuttgart: Schäffer-Poeschel, 15–32.

Grote, Sven/Kauffeld, Simone/Billich, Melanie/Frieling, Ekkehard: Implementierung eines Kompetenzmanagementsystems: Phasen, Vorgehen und Stolpersteine. In: Grote, Sven/Kauffeld, Simone/ Frieling, Ekkehard (Hrsg.) (2006): Kompetenzmanagement. Grundlagen und Praxisbeispiele. Stuttgart: Schäffer-Poeschel, 33–58.

Gubler, Martin (2019): Neue Laufbahnmodelle in Theorie und Praxis: Eine kritische Würdigung. In: Kauffeld, Simone/Spurk, Daniel (Hrsg.): Handbuch Karriere und Laufbahnmanagement. Wiesbaden: Springer, 938–962.

Hacker, Winfried/Sachse, Pierre (2013): Allgemeine Arbeitspsychologie. Psychische Regulation von Tätigkeiten. 3., aktualisierte Auflage. Göttingen: Hogrefe.

Heider-Winter, Cornelia (2014): Employer Branding in der Sozialwirtschaft. Wiesbaden: Springer.

Heinecke, Andreas/Müller, Susan (2015): Nach der Karriere ist vor der Karriere – Zur Entwicklung eines Arbeitsmarktes für Senioren. In: Hartmann, Michaela (Hrsg.): Rekrutierung in einer zukunftsorientierten Arbeitswelt. HR-Aufgaben optimal vernetzen. Wiesbaden: Springer, 119–131.

Hentschel, Tanja/Braun, Susanne/Peus, Claudia (2019): Warum wird sie nicht Führungskraft? Geschlecht und Karriereentwicklung. In: Kauffeld, Simone/Spurk, Daniel (Hrsg.): Handbuch Karriere und Laufbahnmanagement. Wiesbaden: Springer, 993–1023.

Herzberg, Klaus/Schneider, Jochen (2013): Talente entdecken – Potenziale fördern. In: Deutscher Caritasverband e. V. (Hrsg.): Talentmanagement. Strategien und Konzepte in der Caritas. Personalmarketing 1/2013, 9–12.

Heyse, Volker (2010): Verfahren zur Kompetenzermittlung und Kompetenzentwicklung. KODE im Praxistest. In: Heyse, Volker/Erpenbeck, John/Ortmann, Stefan (Hrsg.): Grundstrukturen menschlicher Kompetenzen. Praxiserprobte Konzepte und Instrumente. Münster et al.: Waxmann, 55–175.

Himmen, Esther (2019): Topsharing. Eine Studie zum Interesse an Jobsharing auf Führungsebene. Wiesbaden: Springer Gabler.

Hirschi, Andreas (2019): Karriere- und Talentmanagement in Unternehmen. In: Kauffeld, Simone/ Spurk, D. (Hrsg.): Handbuch Karriere und Laufbahnmanagement. Wiesbaden: Springer, 543–560.

Hölzle, Christina (2017): Personalmanagement in Einrichtungen der sozialen Arbeit. Grundlagen und Instrumente. 2. Auflage. Weinheim Basel: Beltz Juventa.

Hölzle, Philipp (2013): Etappe 1: Strategien der Personalentwicklung. In: Meifert, Matthias (Hrsg.): Strategische Personalentwicklung. Ein Programm in acht Etappen. 3., korrigierte Auflage. Wiesbaden: Springer Gabler, 77–103.

Jetter, Wolfgang (2008): Effiziente Personalauswahl. Durch strukturierte Einstellungsgespräche die richtigen Mitarbeiter finden. Stuttgart: Schäffer-Poeschel.

Kauffeld, Simone (2016): Nachhaltige Personalentwicklung und Weiterbildung. Betriebliche Seminare und Trainings entwickeln, Erfolge messen, Transfer sichern. 2., überarbeitete Auflage. Berlin/Heidelberg: Springer.

Kauffeld, Simone (2006): Kompetenzen messen, bewerten, entwickeln. Ein prozessanalytischer Ansatz für Gruppen. Stuttgart: Schäffer-Poeschel.

Kauffeld, Simone/Paulsen, Hilko (2018): Kompetenzmanagement in Unternehmen. Kompetenzen beschreiben, messen, entwickeln und nutzen. Stuttgart: Kohlhammer.

Kauffeld, Simone/Grote, Sven (2019): Personalentwicklung. In: Kauffeld, Simone (Hrsg.): Arbeits-, Organisations- und Personalpsychologie für Bachelor. 3. Auflage. Berlin: Springer, 168–210.

Kauffeld, Simone/Spurk, Daniel (Hrsg.) (2019): Handbuch Karriere und Laufbahnmanagement. Wiesbaden: Springer.

Kieser, Alfred/Nagel, Rüdiger/Krüger, Karl-Heinz (1990): Die Einführung neuer Mitarbeiter in das Unternehmen. Neuwied: Kommentator-Verlag.

Kirchler, Erich/Walenta, Christa (2011): Kapitel 3: Motivation. In: Kirchler, Erich (Hrsg.): Arbeits- und Organisationspsychologie. 3. Auflage. Wien: Facultas, 319–412.

Kirkpatrick, Donald L. (1998). Evaluating Training Programs. San Francisco: Berrett Koehler.

Kissel, Klaus (2018): Organisationsentwicklung: Wie Organisationen beweglich werden. Sozialwirtschaft 1/2018, 32–33.

Klaffke, Martin (Hrsg.) (2014): Generationenmanagement. Konzepte, Instrumente, Good-Practice-Ansätze. Wiesbaden: Springer Gabler.

Klug, Andreas von (2011): Analyse des Personalentwicklungsbedarfs. In: Ryschka, Jurij/Solga, Marc/Mattenklott, Axel (Hrsg.): Praxishandbuch Personalentwicklung: Instrumente, Konzepte, Beispiele. 3., vollständig überarbeitete und erweiterte Auflage. Wiesbaden: Gabler, 35–91.

Knoch, Cornelia (2016): Professionalisierung von Personalentwicklung. Theorie und Praxis für Schulen und Non-Profit-Organisationen. Wiesbaden: Springer Gabler

Kobayashi, Elisabeth/Drichelt, Alexa-Andrea (2017): Cross Mentoring für qualifizierte Zuwanderer und Key-Player Hamburger Unternehmen – Ein Praxisbeispiel zur Entwicklung einer nachhaltigen Integrationskultur. In: Domsch, Michel E./Ladwig, Desirée C./Weber, Florian C. (Hrsg.): Cross Mentoring. Ein erfolgreiches Instrument organisationsübergreifender Personalentwicklung. Deutschland: Springer Gabler, 619–630.

Krathwol, David R./Bloom, Benjamin S./Masia Bertram B. (1978): Taxonomie von Lernzielen im affektiven Bereich. Weinheim: Beltz.

Krause, Diana E. (2017): Assessment-Center. In: Krause, Diana (Hrsg.): Personalauswahl. Wiesbaden: Springer Gabler, 197–213.

Kunze, Florian/Reinwald, Max (2017): Age-Diversity-Management in Teams und Organisationen. In: Jochmann, Walter et al. (Hrsg.): HR-Exzellenz. Innovative Ansätze in Leadership und Transformation. Wiesbaden: Springer Gabler, 238–252.

Langer, Andreas (2018): Soziale Dienstleistungen in sozialwirtschaftlichen Strukturen. In: Grunwald, Klaus/Langer, Andreas (Hrsg.): Sozialwirtschaft. Handbuch für Wissenschaft und Praxis. Baden-Baden: Nomos Verlagsgesellschaft, 79–100.

Latzke, Markus/Schneidhofer, Thomas, M./Mayrhofer, Wolfgang/Pernkopf, Katharina (2019): Karriereforschung: Konzeptioneller Rahmen, zentrale Diskurse und neue Forschungsfelder. In: Kauffeld, Simone/Spurk, Daniel (Hrsg.): Handbuch Karriere und Laufbahnmanagement. Wiesbaden: Springer, 3–35.

Lebrenz, Christian (2017): Strategie und Personalmanagement. Wiesbaden: Springer.

Lindner-Lohmann, Doris/Lohmann, Florian/Schirmer, Uwe (2016): Personalmanagement. 3., aktualisierte Auflage. Berlin/Wiesbaden: Springer Gabler.

Loebbert, Michael (2016): Wie Supervision gelingt. Supervision als Coaching für helfende Berufe. Wiesbaden: Springer.

Loebbert, Michael (2019): Coaching in der Personal- und Organisationsentwicklung. Für selbstbestimmtere Mitarbeitende. Wiesbaden: Springer.

Loffing, Christian/Geise, Stefanie (2005): Personalentwicklung in der Pflege. Bern: Huber.

Lohaus Daniela/Habermann, Wolfgang (2016): Integrationsmanagement – Onboarding neuer Mitarbeiter. Göttingen: Vandenhoeck&Ruprecht.

Meier, Harald (2018): Interkulturelles Onboarding. Betriebliche Integration Flüchtlinge und Migranten, Mitarbeiter mit Migrationshintergrund, International Global Workforce. Herne: NWB Verlag.

Mentzel, Wolfgang (2018): Personalentwicklung. Erfolgreich motivieren, fördern und weiterbilden. 3. Auflage. München: dtv Verlagsgesellschaft.

Mentzel, Wolfgang/Grotzfeld, Svenja/Haub, Christine (2008): Mitarbeitergespräche. Mitarbeiter motivieren, richtig beurteilen und effektiv einsetzen. 7. Auflage. München: Verlag Wirtschaft, Recht und Steuern.

Meifert, Matthias (2013a): Was ist strategisch an der strategischen Personalentwicklung. In: Meifert, Matthias (Hrsg.): Strategische Personalentwicklung. Ein Programm in acht Etappen. 3., korrigierte Auflage. Wiesbaden: Springer Gabler, 3–28.

Meifert, Matthias (2013b): Prolog – Das Etappenkonzept im Überblick. In: Meifert, Matthias (Hrsg.): Strategische Personalentwicklung. Ein Programm in acht Etappen. 3., korrigierte Auflage. Wiesbaden: Springer Gabler, 83–96.

Moser, Klaus/Soucek, Roman/Galais, Nathalie/Roth, Colin (2018): Onboarding – Neue Mitarbeiter integrieren. Göttingen: Hogrefe.

Müller-Vorbrüggen, Michael/Radel, Jürgen (Hrsg.) (2016): Handbuch Personalentwicklung: Die Praxis der Personalbildung, Personalförderung und Arbeitsstrukturierung. 4. Auflage. Stuttgart: Schäffer Poeschel.

Naegele, Laura/Frerichs, Frerich (2018): Laufbahngestaltung als Maßnahme der Kompetenznutzung und -entwicklung – ein Beispiel aus dem Handwerk. In: Kauffeld, Simone/Frerichs, Frerich (Hrsg.): Kompetenzmanagement in kleinen und mittelständischen Unternehmen. Wiesbaden: Springer, 209–223.

Naegele, Laura/Brümmer, Gabriele/Frerichs, Frerich (2018): Betriebskultur und Wissenstransfer: Arbeitsintegrierte Kompetenzentwicklung durch „Kompetenz-Tandems" bei der ebm GmbH & Co. KG. In: Kauffeld, Simone/Frerichs, Frerich (Hrsg.): Kompetenzmanagement in kleinen und mittelständischen Unternehmen. Wiesbaden: Springer, 145–166.

Nagy, Noémi/Hirschi, Andreas (2019): Laufbahnentwicklung und -förderung von älteren Arbeitnehmern. In: Kauffeld, Simone/Spurk, Daniel (Hrsg.): Handbuch Karriere und Laufbahnmanagement. Wiesbaden: Springer, 871–891.

Nerdinger, Friedemann W. (2014): Dienstleistungstätigkeiten. In: Nerdinger, Friedemann W. et al. (Hrsg.): Arbeits- und Organisationspsychologie. Berlin Heidelberg: Springer, 563–578.

Neuberger, Oswald (1994): Personalentwicklung. 2., durchgesehene Auflage. Stuttgart: Enke.

North, Klaus/Reinhardt, Kai/Sieber-Suter, Barbara (2018): Kompetenzmanagement in der Praxis. Mitarbeiterkompetenzen systematisch identifizieren, nutzen und entwickeln. 3. Auflage. Wiesbaden: Springer Gabler.

Oertig, Marcel (2007): HR-Transformation zu Business Partnership und operativer Exzellenz. In: Ders. (Hrsg.): Neue Geschäftsmodelle für das Personalmanagement: von der Kostenoptimierung zur nachhaltigen Wertsteigerung. 2., aktualisierte und erweiterte Auflage. Köln: Luchterhand, 17–46.

Osthoff, Andrea (2011): Erfolgscontrolling – Was haben wir erreicht? In: Rohrschneider, Uta/ Lorenz, Michael (Hrsg.): Der Personalentwickler. Instrumente, Methoden, Strategien. Wiesbaden: Gabler Springer, 195–221.

Pennerstorfer, Astrid/Schneider, Ulrike/Reitzinger, Stefanie (2015): Nonprofit-Organisationen in Österreich 2014. Forschungsbericht des Instituts für Sozialpolitik 1/2015. Wien.

Peukert, Rüdiger (2006): Rolle, soziale. In: Schäfers, Bernhard/Kopp, Johannes (Hrsg.): Grundbegriffe der Soziologie. 9., grundlegend überarbeitete und aktualisierte Auflage. Wiesbaden: VS Verlag, 242–245.

Piorr, Rüdiger (2017): Anhang III: Der Nutzen von Übergangsfortbildungen für Arbeitgeber und Arbeitnehmer/innen. In: Bundesministerium für Familie, Senioren, Frauen und Jugend (Hrsg.) (2017): Runder Tisch „Aktives Altern – Übergänge gestalten". Arbeitsgruppe „Bildung im und für das Alter". Dokumentation zum Workshop „Fortbildungen zur Gestaltung des Übergangs in den Ruhestand". Frankfurt: o. V., 18–36.

Richter, Falk/Pohlandt, Andreas (2011): Arbeitsintegrierte Ansätze der Personalentwicklung. In: Ryschka, Jurij/Solga, Marc/Mattenklott, Axel (Hrsg): Praxishandbuch Personalentwicklung. Instrumente, Konzepte, Beispiele. 3., vollständig überarbeitete und erweiterte Auflage. Wiesbaden: Gabler, 137–176.

Ritz, Adrian/Thom, Norbert (2011): Talent Management auf dem Prüfstand – was Sie für Ihren Führungsalltag wissen müssen. In: Dies. (Hrsg.): Talent Management. Talente identifizieren, Kompetenzen entwickeln, Leistungsträger erhalten. 2., aktualisierte Auflage. Wiesbaden: Springer Gabler, 235–252.

Ritz, Adrian/Sinelli, Peter (2011): Talent Management – Überblick und konzeptionelle Grundlagen. In: Thom, 891/Ritz, Adrian (Hrsg.): Talent Management Talente identifizieren, Kompetenzen entwickeln, Leistungsträger erhalten 2., aktualisierte Auflage. Wiesbaden: Springer Gabler, 3–23.

Ritz, Adrian/Neumann, Oliver/Schott, Carina (2016): Motivationsmanagement in öffentlichen Oranisationen. Zfo 4/2016, 229–235.

Rohrschneider, Uta (2011a): Die Bedeutung der Personalentwicklung für den Unternehmenserfolg. In: Rohrschneider, Uta/Lorenz, Michael (2011): Der Personalentwickler. Instrumente, Methoden, Strategien. Wiesbaden: Gabler Springer, 13–29.

Rohrschneider, Uta (2011b): Die richtigen Maßnahmen für das eigene Unternehmen finden – Was brauchen wir wirklich? In: Rohrschneider, Uta/Lorenz, Michael (2011): Der Personalentwickler. Instrumente, Methoden, Strategien. Wiesbaden: Gabler Springer, 50–73.

Rohrschneider, Uta/Lorenz, Michael (Hrsg.) (2011): Der Personalentwickler. Instrumente, Methoden, Strategien. Wiesbaden: Gabler Springer.

Rohs, Matthias (2016): Genese informellen Lernens. In: Rohs, Matthias (Hrsg.): Handbuch informelles Lernen. Wiesbaden: Springer, 3–38.

Rosenberger, Bernhard (Hrsg.): Modernes Personalmanagement. Strategisch – operativ – systemisch. Wiesbaden: Springer.

Rosenstiel, Lutz von (2007): Grundlagen der Organisationspsychologie. Basiswissen und Anwendungshinweise. 6. Auflage. Stuttgart: Schäffer-Poeschel.

Ryschka, Jurij/Tietze, Kim-Oliver (2011): Beratungs- und betreuungsorientierte Personalentwicklungsansätze. In: Ryschka, Jurij/Solga, Marc/Mattenklott, Axel (Hrsg): Praxishandbuch Personalentwicklung. Instrumente, Konzepte, Beispiele. 3., vollständig überarbeitete und erweiterte Auflage. Wiesbaden: Gabler, 95–136.

Rudat, Katja (2017): Mentor/in sein! Cross Mentoring als Möglichkeit der persönlichen Entwicklung für erfahrene Führungskräfte. In: Domsch, Michel E./Ladwig, Desirée C./Weber, Florian C. (Hrsg.): Cross Mentoring. Ein erfolgreiches Instrument organisationsübergreifender Personalentwicklung. Berlin Heidelberg: Springer Gabler, 25–43.

Rump, Jutta/Eilers, Silke/Wilms, Gaby (2014): Die Lebensphasenorientierte Personalpolitik. In: Rump, Jutta/Eilers, Silke (Hrsg): Lebensphasenorientierte Personalpolitik. Strategien, Konzepte und Praxisbeispiele zur Fachkräftesicherung. Berlin Heidelberg: Springer Gabler, 3–69.

Sammet, Jürgen/Wolf, Jaqueline (2019): Vom Trainer zum agilen Lernbegleiter. So funktioniert Lehren und Lernen in digitalen Zeiten. Berlin.

Sauter, Werner/Staudt, Franz Peter (2016): Strategisches Kompetenzmanagement 2.0. Potenziale nutzen, Kompetenz steigern. Wiesbaden: Springer Gabler.

Sauter, Werner/Scholz, Christina (2015): Von der Personalentwicklung zur Lernbegleitung. Veränderungsprozess zur selbstorganisierten Kompetenzentwicklung. Wiesbaden: Springer Gabler.

Schaper, Niclas (2014a): Arbeitsgestaltung in Produktion und Verwaltung. In: Nerdinger, Friedemann W./Blickle, Gerhard/Schaper, Niclas (Hrsg.): Arbeits- und Organisationspsychologie. 3. Auflage. Berlin Heidelberg: Springer, 371–392.

Schaper, Niclas (2014b): Aus- und Weiterbildung: Konzepte der Trainingsforschung. In: Nerdinger, Friedemann W./Blickle, Gerhard/Schaper, Niclas (Hrsg.): Arbeits- und Organisationspsychologie. 3. Auflage. Berlin Heidelberg: Springer, 461–488.

Schmid, Bernd/Veith, Thorsten/Weidner, Ingeborg (2010): Einführung in die kollegiale Beratung. Heidelberg: Carl Auer.

Schmidbauer, Ingrid/Rechnitzer, Judith/Weber, Friederike (2018): Übergangsmanagement und Aktive Ausstiegskultur im AMS. Ergebnisse einer Praxisstudie. Präsentation auf der FGÖ-Tagung am 20. Juni 2018; (http://fgoe.org/sites/fgoe.org/files/inline-files/Workshop%201B%2C%20Input%201%2C%20Schmidbauer%2C%20Rechnitzer%2C%20Weber.pdf; (letzter Zugriff: 13.04.2019)

Schmitt, Antje (2018): Übergang in und Anpassung an den Ruhestand als Herausforderung aus psychologischer Perspektive. In: Organisationsberatung, Supervision, Coaching, 25, 337–347.

Schönenberg, Ulrich (2010): Prozessexzellenz im HR-Management. Professionelle Prozesse mit dem HR-Management Maturity Model. Berlin Heidelberg: Springer.

Schöni, Walter (2009). Handbuch Bildungscontrolling. Steuerung von Bildungsprozessen in Unternehmen und Bildungsinstitutionen. Zürich: Rüegger Verlag.

Schöni, Walter (2010): Bildungscontrolling. In: Barz, Heiner (Hrsg.): Handbuch Bildungsfinanzierung. Wiesbaden: VS Verlag, 429–441.

Schöni, Walter/Tomforde, Elke (2012): Bildungscontrolling – Grundlagen, Konzeption und Projektorganisation im Bildungsbetrieb. (http://www.schoenipersonal.ch/Bildungscontrolling_Konzeption_und_Projektorganisation_Schoni_Tomforde_2012.pdf; (letzter Zugriff: 13.07.2019)

Scholz, Christian (2014): Generation Z: Wie sie tickt, was sie verändert und warum sie uns alle ansteckt. Weinheim: Wiley-VCH.

Schreyögg, Astrid (2017): Coaching, Training & Co – Ist das alles Personalentwicklung. Organisationsberatung, Supervision, Coaching, 24/2017, 5–20.

Solga, Marc (2011): Förderung des Lerntransfers. In: Ryschka, Jurij/Solga, Marc/Mattenklott, Axel (Hrsg): Praxishandbuch Personalentwicklung. Instrumente, Konzepte, Beispiele. 3., vollständig überarbeitete und erweiterte Auflage. Wiesbaden: Gabler, 339–368.

Sonntag, Karlheinz/Stegmaier, Ralf (2005): Lernkulturen verstehen, gestalten und messen. Das „Lernkulturinventar" als organisationsdiagnostisches Verfahren zur Messung von Lernkultur. Personalführung, 1/2005, 22–29.

Sonntag, Karlheinz/Stegmaier, Ralf/Schaper, Niclas/Friebe, Judith (2004): Dem Lernen im Unternehmen auf der Spur: Operationalisierung von Lernkultur. Unterrichtswissenschaft 2/2004, 104–127.

Sporket, Mirko (2011): Organisationen im demographischen Wandel: Alternsmanagement in der betrieblichen Praxis. Wiesbaden: Springer VS Verlag.

Spurk, Daniel (2019): Konzeptualisierung und Messung von beruflichem Laufbahnerfolg. Stand der Forschung und eine kritische Reflexion. In: Kauffeld, Simone/Spurk, Daniel (Hrsg.): Handbuch Karriere und Laufbahnmanagement. Wiesbaden. 329–358.

Stepper, John (2015): Working out loud: For a better career and life. New York: Ikigai Press.

Stiefel, Rolf (2010): Strategieumsetzende Personalentwicklung . Schneller lernen als die Konkurrenz. Wien: Linde Verlag.

Thom, Norbert/Nesemann, Kerstin (2011): Talententwicklung durch Traineeprogramme. In: Thom, Norbert/Ritz, Adrian (Hrsg.): Talent Management Talente identifizieren, Kompetenzen entwickeln, Leistungsträger erhalten 2., aktualisierte Auflage. Wiesbaden, 25–38.

Thom, Norbert/Ritz, Adrian (Hrsg.) (2011): Talent Management Talente identifizieren, Kompetenzen entwickeln, Leistungsträger erhalten 2., aktualisierte Auflage. Wiesbaden: Springer Gabler.

Thoma, C. (2014). Generationen-sensible Personal- und Karriereentwicklung – Lebenslanges Lernen fördern. In: Klaffke, Martin (Hrsg.). Generationen-Management. Wiesbaden: Springer, 159–174.

Thommen, Jean-Paul (2007): Coaching als Instrument der Personalentwicklung. In: Thom, Norbert/Zaugg, Robert (Hrsg.): Moderne Personalentwicklung. Mitarbeiterpotenziale erkennen, entwickeln und fördern. Wiesbaden, 133–156.

Tewes, Renate/Stockinger, Alfred (2014): Personalentwicklung in Pflege- und Gesundheitseinrichtungen. Erfolgreiche Konzepte und Praxisbeispiele aus dem In- und Ausland. Wiesbaden: Springer.

Tietze, Kim-Oliver (2012): Kollegiale Beratung: Problemlösungen gemeinsam entwickeln. 5. Auflage. Reinbeck b. Hamburg: rororo.

Troger, Hermann (2018): Die Führungskraft als Personalmanager. Wiesbaden: Springer.

Trost, Armin (2012): Talent Relationship Management. Personalgewinnung in Zeiten des Fachkräftemangels. Wiesbaden: Springer.

Trost, Armin (2018): Neue Personalstrategien zwischen Stabilität und Agilität. Berlin: Springer Gabler.

Trost, Armin (2011): Personalentwicklung 2.0. In: Trost, Armin/Jenewein, Thomas (Hrsg.): Personalentwicklung 2.0. Lernen, Wissensaustausch und Talentförderung der nächsten Generation. Köln: Luchterhand, 11–14.

Ulich, Eberhard (2011): Arbeitspsychologie. 7. überarbeitete und aktualisierte Auflage. Stuttgart: Schäffer Poeschel Verlag.

Ulrich, Dave (1997): Human Resource Champions. Boston, Mass.

Veith, Monika (o. J.): Gelebte Ausstiegskultur, Praxisempfehlungen. http://www.leaders-circle.at/bibliothek/tools/frei/pensionierungen10/ausstiegskultur-praxis10.html (letzter Zugriff: 23.07.2019)

Verhoeven, Tim (Hrsg.) (2016): Candidate Experience. Ansätze für eine positiv erlebte Arbeitgebermarke im Bewerbungsprozess und darüber hinaus. Wiesbaden: Springer Gabler.

Wanous, John P. (1992): Organizational Entry. Recruitment, Selection, Orientation and Socialization of Newcomers. 2nd Edition. Reading, Mass.:

Watzka, Klaus (2014): Personalmanagement für Führungskräfte. Elf zentrale Handlungsfelder. Wiesbaden: Springer Gabler.

Wegener, Robert/Loebbert, Michael/Fritze, Agnès (Hrsg.) (2016): Coaching-Praxisfelder. Forschung und Praxis im Dialog. 2. Auflage. Wiesbaden: Springer.

Wegerich, Christine (2015): Strategische Personalentwicklung in der Praxis. Instrumente, Erfolgsmodelle, Checklisten, Praxisbeispiele. 3. Auflage. Berlin Heidelberg: Springer

Weinert, Stefan/Stulle, Klaus B. (Hrsg.) (2015): Executive Assessment. Instrumente, Trends, Herausforderungen. Wiesbaden: Springer Gabler.

Weitzel, Tim/Laumer, Sven/Maier, Christian/Oehlhorn, Caroline/Wirth, Jakob/Weinert, Christoph (2016): Bewerbung der Zukunft. Ausgewählte Ergebnisse der Recruiting Trends 2016. Studie der Otto-Friedrich-Universität Bamberg. Bamberg: o. V.

Werling, Ursula (2008): Das Mitarbeitergespräch in sozialen Einrichtungen. Sozial Extra 3/2008, 11–13.

Wien, Andreas/Franzke, Normen (2013): Systematische Personalentwicklung. 18 Strategien zur Implementierung eines erfolgreichen Personalentwicklungskonzepts. Wiesbaden: Springer Gabler.

Willke, Helmut (2001): Systemisches Wissensmanagement. 2. Auflage. Stuttgart: Lucius&Lucius.

Wöhrle, Armin (2013): Sozialmanagement und Management in der Sozialwirtschaft. In: Wöhrle, Armin et al. (Hrsg.): Grundlagen des Managements in der Sozialwirtschaft. Baden-Baden: Nomos, 191–234.

Wöhrmann, Anne Marit/Pundt, Leena/Deller, Jürgen (2019): Silver Careers: Laufbahngestaltung im Ruhestand. In: Kauffeld, Simone/Spurk, D. (Hrsg.): Handbuch Karriere und Laufbahnmanagement. Wiesbaden: Springer, 913–934.

Integrationskompetenz für ausländische Fachkräfte – das Beispiel eines Agrarunternehmens. In: Kauffeld, Simone/Frerichs, Frerich (Hrsg.), Kompetenzmanagement in kleinen und mittelständischen Unternehmen. Wiesbaden: Springer, 127–143.

Werquin, Patrick (2016): International Perspectives on the Definition of Informal Learning. In: Rohs, Matthias (Hrsg.): Handbuch informelles Lernen. Wiesbaden, 39–81.

Wiener, Bettina/Winge, Susanne (2018): „Dann waren sie plötzlich da…" – Entwicklung betrieblicher Integrationskompetenz für ausländische Fachkräfte – das Beispiel eines Agrarunternehmens. In: Kauffeld, Simone/Frerichs, Frerich (Hrsg.): Kompetenzmanagement in kleinen und mittelständischen Unternehmen. Deutschland: Springer-Verlag, 128–144.

Wihler, Andreas (2019): Mentoring von Erwerbstätigen in Organisationen. In: Kauffeld, Simone/Spurk, Daniel (Hrsg.): Handbuch Karriere und Laufbahnmanagement. Wiesbaden, 785–810.

Wunderer, Rolf (2011). Führung und Zusammenarbeit. 9., überarbeitete Auflage. München/Mering: Hampp.

Zeckra, Christoph (2014): Strategieorientierte Personal- und Managemententwicklung in der Generali Deutschland Gruppe. Auf dem Weg vom HR-Beitrag zur Effizienzsteigerung zum Employability-Ansatz. In: Rosenberger, Bernhard (Hrsg.): Modernes Personalmanagement. Strategisch – operativ – systemisch. Wiesbaden: Springer Gabler, 264–279.

Zimmer, Annette/Paul, Franziska (2018): Zur volkswirtschaftlichen Bedeutung der Sozialwirtschaft. In: Grunwald, Klaus/Langer, Andreas (Hrsg.): Sozialwirtschaft. Handbuch für Wissenschaft und Praxis. Baden-Baden: Nomos Verlagsgesellschaft, 103–117.

Internet-Quellen und Zusatzmaterialien:

Netzwerk HR (2019): Cross-Mentoring 2019. Das Programm für Frau und Karriere. Info-Folder (https://www.netzwerk-hr.at/fileadmin/user_upload/Cluster/NHR/Downloads/Infofolder_Cross_Mentoring_2019.pdf – letzter Zugriff: 06.07.2019)

Caritas Deutschland: Hospitation (https://www.caritas.de/fuerprofis/arbeitenbeidercaritas/1000neuechancen/wiedereinsteigen/arbeitsfeldkennenlernen/arbeitsfeldkennenlernen.aspx – letzter Zugriff: 26.03.2019)

Caritas Oberösterreich: Weiterbildungsprogramm 2019 (https://www.caritas-linz.at/raw/jobs-bildung/weiterbildung/bildungsprogramm/detail/?eventid=h20412927&cHash=6b73c6ca4555e3fa5f29b154e8be92b8 – letzter Zugriff: 15.08.2019)

Landespflegekammer Rheinland-Pfalz (Hrsg.) (2018): Weiterbildungsordnung der Landespflegekammer Rheinland-Pfalz. Mainz (https://www.pflegemagazin-rlp.de/sites/default/files/2018-01/8-01_ %20Pflegekammer_RLP_Weiterbildungsordnung_final %20-web %28ENT_ID %3D_1.pdf – letzter Zugriff: 23.07.2019)

Stichwortverzeichnis